第三方诉讼资助制度研究

张晓萍◎著

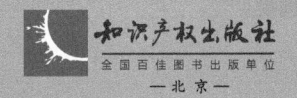

知识产权出版社
全国百佳图书出版单位
—北京—

图书在版编目（CIP）数据

第三方诉讼资助制度研究 / 张晓萍著. —北京：知识产权出版社，2025.3. —ISBN 978-7-5130-9894-6

Ⅰ.D915.104

中国国家版本馆 CIP 数据核字第 2025550CT7 号

责任编辑：薛迎春　　　　　　　责任校对：王　岩
执行编辑：凌艳怡　　　　　　　责任印制：孙婷婷
封面设计：瀚品设计

第三方诉讼资助制度研究

张晓萍　著

出版发行：知识产权出版社有限责任公司	网　　址：http://www.ipph.cn
社　　址：北京市海淀区气象路50号院	邮　　编：100081
责编电话：010-82000860 转 8714	责编邮箱：443537971@qq.com
发行电话：010-82000860 转 8101/8102	发行传真：010-82000893/82005070/82000270
印　　刷：北京建宏印刷有限公司	经　　销：新华书店、各大网上书店及相关专业书店
开　　本：880mm×1230mm　1/32	印　　张：10.125
版　　次：2025年3月第1版	印　　次：2025年3月第1次印刷
字　　数：233千字	定　　价：88.00元
ISBN 978-7-5130-9894-6	

出版权专有　侵权必究
如有印装质量问题，本社负责调换。

本书为海南省教育厅资助项目"自贸港国际商事仲裁中心建设背景下第三方资助仲裁法律规制研究"(项目编号：Hnky2025－19）结项成果

目录
CONTENTS

导　论 ‖ 001

第一章　第三方诉讼资助制度的理论概说 ‖ 022
　　第一节　第三方诉讼资助制度的基本范畴 ／ 022
　　第二节　第三方诉讼资助的运行机理 ／ 036
　　第三节　第三方诉讼资助制度的法理基础 ／ 047

第二章　第三方诉讼资助制度的域外考察与
　　　　评析 ‖ 062
　　第一节　英美法系第三方诉讼资助制度考察 ／ 062
　　第二节　大陆法系第三方诉讼资助制度考察 ／ 094
　　第三节　两大法系第三方诉讼资助制度评析 ／ 106

第三章　第三方诉讼资助制度本土化的功能性
　　　　分析 ‖ 116
　　第一节　第三方诉讼资助制度的诉讼费用
　　　　　　分担功能 ／ 116

第二节　第三方诉讼资助制度的诉讼风险转移功能 / 141

第三节　第三方诉讼资助制度的实践规制功能 / 157

第四章　第三方诉讼资助制度本土化的适应性论证 ‖ 167

第一节　与我国法律文化价值相契合 / 167

第二节　与我国现行法律制度相包容 / 192

第三节　与我国法律金融市场相匹配 / 201

第五章　第三方诉讼资助制度本土化的构建方案 ‖ 208

第一节　第三方诉讼资助制度构建的基础逻辑 / 208

第二节　第三方诉讼资助制度的实体性规则 / 213

第三节　第三方诉讼资助制度的程序性规则 / 237

第四节　第三方诉讼资助制度的利益冲突消减规则 / 269

结　语 ‖ 287

参考文献 ‖ 289

导　论

一、问题提出

为资金困难的当事人提供帮助，使其能够通过司法途径救济权利、接近正义，一直以来是世界各国司法改革的重要目标。为此，各国先后创设了司法救助、法律援助、律师风险代理、诉讼保险等制度。但由于各国政府对司法救助、法律援助资金支持的收缩，以及律师风险代理、诉讼保险等制度使用率较低等问题，资金困难的当事人难以诉诸司法的问题并未得到有效解决。在经济全球化和民事诉讼国际化背景下，诉诸司法、接近正义不仅是资金困难当事人的问题，也是资金富裕的当事人面临的难题。经济全球化在带来服务贸易增长的同时，也带来纠纷数量的增长和纠纷解决难度的提升，当事人往往需要支出更多的费用解决纠纷。于是，许多当事人面临着是将有限资金投入诉讼用于维权，还是投入生产经营获得利润的两难选择。尤其是在当前企业收缩开支的背景下，如何解决此类当事人难以诉诸司法的问题，传统的诉讼救助体系因功能定位的问题显然无能为力。

在旧问题尚未解决新问题又凸显的情况下，国际社会开始打破传统学科的理论界限转向民商法领域，试图在私法领域完成诉权保障制度的理论重构。第三方诉讼资助制度因能够帮助当事人支付与诉讼有关的费用且败诉后不对投资进行追索，极大地减轻了当事人的费用负担，降低了诉讼风险而备受关注。第三方诉讼资助制度作为争端解决的一种范式转变，被认为是民事司法领域最具影响力的发展趋势之一。过去三十年，第三方诉讼资助在全球多个司法管辖区兴起，包括英美法系的澳大利亚、英国、美国及大陆法系的德国、法国等。第三方资助已经形成产业，全球市值超过 100 亿美元。[1]

与国际社会第三方诉讼资助发展风生水起相比，我国民事诉讼领域对这一制度鲜少关注。这与我国普通民商事案件中诉讼费用较低、律师费用制度较为自由，使得我国当事人诉讼费用的压力不大有关。但随着经济全球化、司法专业化、律师精英化的发展，我国也开始出现高标的额的商事案件。根据一项关于诉讼费用的比较法研究可知，在大型商事案件中我国的诉讼费用已然较高。[2] 如何解决大型民商事案件中当事人诉诸司法的高额成本难题，第三方诉讼资助为我们提供了新思路。我国现行法律没有对第三方诉讼资助作出明确规定，既没有禁止性法律规定，又没有

---

[1] Report of the ICCA—Queen Mary Task Force on Third-Party Funding in International Arbitration, The ICCA Reports No. 4, 2018, p. 17.

[2] Christopher Hodges, Stefan Vogenauer, Magdalena Tulibacka, *The Costs and Funding of Civil Litigation: A Comparative Perspective*, Hart Publishing Ltd, 2010, pp. 57–59.

明确认可其合法性,更未在立法或者司法层面上对其合理运作作出规定。❶

对于在诉讼中能否使用第三方诉讼资助,我国有无必要构建第三方诉讼资助制度,学界分为两派。支持者认为:第三方诉讼资助制度作为诉讼费用分担和诉讼风险转移机制,有助于资金不足或因规避诉讼风险而处于弱势的当事人提起诉讼,实现当事人诉诸司法、接近正义的目的。❷ 第三方诉讼资助制度将法律与金融资源予以整合,提高了市场经济纠纷解决和资金流转的效率,提高了我国当事人的商事纠纷处理能力。❸ 反对者认为:第三方诉讼资助容易对纠纷主体起到负面激励,使得部分无价值的案件涌入法院,导致案件数量激增,浪费司法资源。在第三方诉讼资助的投资属性下,一些资助者为了获得预期收益会试图干预诉讼程序,影响案件和解,阻碍诉讼进程。❹

在学界对是否要构建第三方诉讼资助制度争论不休的时候,国内已有多家机构开始提供诉讼资助服务。如帮瀛网络科技(北京)股份有限公司、深圳前海鼎颂法务创新集团有限责任公司、盛诉无忧第三方诉讼资助服务平台、深圳律石资本有限公司、赢火虫诉讼投资平台等。以深圳前海鼎颂法务创新集团有限责任公

---

❶ 中国国际经济贸易仲裁委员会在2017年发布的《中国国际经济贸易仲裁委员会国际投资争端仲裁规则(试行)》第27条中明确规定,允许在国际投资仲裁中使用第三方资助。
❷ 程雪梅:《第三方诉讼融资制度研究》,西南政法大学2014年博士学位论文,第3页。
❸ 侯鹏:《第三方出资机制的二元监管模式》,载《法学评论》2019年第3期。
❹ 李欢:《第三方诉讼融资:域外实践与我国的引入》,载《市场周刊》2018年第9期。

司经营的鼎讼商事争议解决支持平台为例，截至 2022 年 12 月共资助案件 830 余件，涉及知识产权纠纷、股权转让纠纷、企业重整中的债务收购、证券投资者维权、建设工程纠纷以及房屋租赁纠纷等类型，所涉争议标的额 100 亿元。❶ 数据显示第三方诉讼资助有扩大趋势。2020 年深圳律石资本有限公司设计制作了一份名为《客户选择律师问卷调查》的调查问卷，对部分上市公司和重点企业决策管理层进行了调查，结果显示在 1900 份问卷中有 1588 位企业高管表示愿意在企业遇到纠纷时接受第三方诉讼资助，占到了总人数的 83.58%。❷

相关法律的缺失在引发理论争议的同时，也导致了司法实践中的争议。在第三方诉讼资助的案件中，部分存在真实资助关系的资助协议被法院认定为借贷合同，鉴于我国法律对高利贷的禁止，资助者往往无法收回预期收益。❸ 另外，我国出现了由诸多律师成立的诉讼资助公司，以提供诉讼项目管理之名行诉讼代理之实，如帮瀛网络科技（北京）股份有限公司（简称帮瀛公司）诉东润锦泰（深圳）投资管理中心（有限合伙）合同纠纷一案（〔2019〕京 0101 民初 5727 号）。该案中，帮瀛公司与东润锦泰签订《诉讼项目投资管理咨询服务协议书》，约定帮瀛公司对东润合伙的法院判决执行项目进行全流程管理并承担律师费用和其他费用，实现回款后东润合伙按约定支付帮瀛公司项目管理咨询服务费。东润合伙收到债权转让款 18572 万元后，因拒绝支付后

---

❶ 鼎颂官网：http://www.dslegalcapital.com/，最后访问时间：2021 年 3 月 31 日。
❷ 律石诉讼资助：《怎样选择律师：数据分析及建议》，https://mp.weixin.qq.com/s/CG-q-S4kxf0O_RUf-B1L_g，最后访问时间：2021 年 3 月 2 日。
❸ 董暖：《国际投资仲裁中的第三方资助问题研究》，对外经济贸易大学 2020 年博士学位论文，第 109 页。

期管理咨询服务费 1871.6 万元，被帮瀛公司起诉至北京市东城区法院。该案中双方当事人就《诉讼项目投资管理咨询服务协议书》是否有效激烈辩论。被告东润锦泰基于以下理由主张合同无效：帮瀛公司法定代表人作为律师，未以律师事务所名义而以其实际控制的帮瀛公司名义签订涉案协议，属于违法从事法律代理业务；帮瀛公司代理诉讼项目提供法律服务超出其经营范围；协议书中帮瀛公司工作范围的约定系以合法形式掩盖非法目的、协议书对服务费的约定严重损害社会公共利益。而原告帮瀛公司以如下理由主张合同有效：涉案协议是双方的真实意思表示，不违反法律、行政法规的强制性规定；公司的设立不存在违法行为，不存在超范围经营；相关法律的限制经营规定只是限制个人未取得律师执业资格证而对外以律师名义代理诉讼，但并未限制公司经营；双方约定的服务费包含帮瀛公司的投资收益和项目管理、咨询服务等费用，不是代理费、律师费等。❶

在第三方诉讼资助中，资助者应该具备哪些资质，能够资助哪些案件，资助协议应包含哪些内容，法院是否有权要求当事人披露受资助的事实，能否作出针对资助者的费用担保命令，资助者败诉的情况下能否要求其承担对方当事人为抗辩而支出的合理费用，以及如何防范第三方诉讼资助中的利益冲突问题，已经不仅是理论问题，而且是需要实实在在解决的、会影响合同效力和当事人权益的问题。尤其是在我国建立国际商事法庭、涉外案件增多的情况下。在回答这些问题时我们不妨

---

❶ 法院认为《诉讼项目投资管理咨询服务协议书》系双方当事人的真实意思表示，内容不违反法律、行政法规的强制性规定，应属合法有效，当事人应当如约履行义务。

回到制度的初衷，通过分析第三方诉讼资助制度的基础理论，考察域外实施状况，结合我国诉讼费用分担和诉讼风险转移制度的实施状况，来探讨我国要不要构建以及如何构建第三方诉讼资助制度。

二、研究综述

（一）国外研究现状综述

第三方诉讼资助兴起于20世纪90年代的澳大利亚，到目前为止已经经历了三十余年的时间，形成了丰富的理论成果，这些理论成果来自不同的群体。

（1）第三方资助从业者和商业研究机构。这些主体主要通过发布年度总结报告、提交法律委员会咨询报告以及出版书的方式，对第三方诉讼资助中的热点问题予以回应。如市场占有率曾经一度超过50%的第三方诉讼资助者IMF Bentham有限公司（IMF Bentham Ltd）❶ 发布《诉讼资助大师班》❷、《IMF诉讼资助圆桌会议：关键问题和最佳实践》❸、《澳大利亚第三方诉讼资助中的利益冲突监管》❹ 等研究成果。资助者基于自身实践和

---

❶ IMF Bentham 有限公司（IMF Bentham Ltd），之前叫作破产管理基金有限公司（Insolvency Management Fund Limited），现已经合并至欧姆尼桥路有限公司（Omni Bridgeway Limited）。
❷ IMF Bentham Ltd, *Litigation Funding Masterclass*, October 2015.
❸ IMF Bentham Ltd, *Bentham IMF Litigation Funding Roundtable: Key Issues and Best Practices*, January 2014.
❹ Wayne Attrill IMF (Australia) Ltd, *The Regulation of Conflicts of Interest in Australian Litigation Funding*, Paper prepared for the UNSW Class Actions: Securities and Investor Cases Seminar Sydney, 29 August 2013.

思考提出了观点和看法。商业研究机构如伦敦法律商业研究有限公司从 2017 年开始出版的《第三方诉讼资助法律评论》❶，则站在更加宏观的角度概括总结了各国第三方诉讼资助制度的发展。

（2）官方机构包括立法机关、司法机关、政府下设的独立研究机构。立法机关通过制定法律、法规、条例的形式对第三方诉讼资助制度予以确立和监管。如澳大利亚《公司法修订（诉讼资助）条例 2012（第 6 号）》[Litigation Funding Corporations Amendment Regulation 2012（No. 6）]，《公司法修订（诉讼资助）条例 2020》[Corporations Amendment (Litigation Funding) Regulations 2020]，澳大利亚证券及投资管理委员会颁布的《监管指南 248：诉讼计划和债务证明方案——管理利益冲突》（ASIC Regulatory Guide 248：Litigation Schemes and Proof of Debt Schemes：Managing Conflicts of Interests，以下简称《监管指南 248》），《公司法（诉讼资助计划）工具 2020/787》[ASIC Corporations (Litigation Funding Schemes) Instrument 2020/787]。英格兰和威尔士第三方资助者协会 2012 年颁布《第三方资助者指引》（The Association of Litigation Funders of England & Wales，Code of Conduct for Litigation Funders），并于 2014 年和 2018 年进行修订。美国律师协会道德委员会 2012 年 2 月发布《向参议院提交的关于第三方诉讼资助协议的白皮书》（ABA Commission on Ethics

---

❶ Leslie Perrin, *Third - Party Litigation Funding Law Review*, 1st ed, Law Business Research Ltd, 2017.

20/20，White Paper on ALF filed with the House of Delegates）❶，2020 年 8 月 3 日发布《美国律师协会第三方诉讼资助最佳实践》（American Bar Association Best Practices for Third–Party Litigation Funding）❷ 等。

  国外的司法机关主要是通过判例的方式，影响并引导社会对第三方诉讼资助的接纳。这些判例为第三方诉讼资助者设定了一些限制，审查了法院对资助者作出费用担保、承担败诉费用裁判的权限来源，以及败诉费用的承担限度等问题。在第三方诉讼资助制度发展历史上具有里程碑意义的案件有：1996 年电影制作人有限公司诉斯密斯电影制作人案［Movitor Pty Ltd（Receivers and Manager Appointed）（in liq）v. Sims（Re Movitor），以下简称 Movitor 案］❸，在该案中澳大利亚联邦法院确立了破产诉讼中第三方资助协议的合法性。2006 年坎贝尔现金和运输有限公司诉福斯特有限公司案（Campbells Cash and Carry Pty Ltd v. Fostif Pty Ltd，以下简称 Fostif 案）❹，该案中澳大利亚高等法院判定第三方诉讼资助本身并不构成滥用诉讼程序，不违反公共政策。2003 年汉密尔顿诉法耶德案［Hamilton v. Al–Fayed（NO. 2）］❺，

---

❶ ABA Commission on Ethics 20/20, *White Paper on ALF filed with the House of Deleg‐Ates*，https：//www. americanbar. org/groups/professional_responsibility/committees_commissions/standingcommitteeonprofessionalism2/resources/ethics2020hompeage/，last visited at 2025–01–19.

❷ *American Bar Association Best Practices for Third–Party Litigation Funding dated August 2020*，https：//www. americanbar. org/content/dam/aba/directories/policy/annual–2020/111a–ann–ual–2020. pdf，last visited at 2025–01–19.

❸ ［1996］64 FCR 380.

❹ ［2006］229 CLR 386.

❺ ［2003］QB 1175.

该案中英国法院对"公益型资助者"(pure funder)和"营利型资助者"(professional funder)进行了区分,在"公益型资助者"参与的案件中,法院通常的做法是优先考虑被资助者获得司法救助的公共利益,而不是对方当事人收回费用的权利,因此"公益资助者"不必承担败诉费用。2005年阿尔金诉博查德航运有限公司案(Arkin v. Borchard Lines Ltd,以下简称Arkin案)❶,该案中英国法院将"营利型资助者"对败诉费用的责任限定为其所提供的资助金额,即著名的"阿尔金上限"规则(Arkin Cap)。2020年查佩尔盖特信贷机会基金有限公司诉现金公司一案(Chapelgate Credit Opportunity Master Fund Ltd v. Money & Ors,以下简称Chapelgate案)❷,该案中英国法院突破了"阿尔金上限",将诉讼资助者承担败诉费用的责任提升至被告方支出的全部。

政府下设的独立研究机构和各层级法律改革委员会,通过发布咨询报告,探析第三方诉讼资助在接近正义、集体诉讼中的作用,并提出有针对性的改革建议。如澳大利亚生产委员会2014年发布《接近正义计划咨询报告》❸,澳大利亚法律改革委员会于2018年发布《集体诉讼程序和第三方诉讼资助者讨论文件》❹、《诚信、公平与效率——集体诉讼程序与第三方诉讼资助

---

❶ [2005] EWCA Civ. 655.
❷ [2020] EWCA Civ. 246.
❸ Australian Productivity Commission, *Access to Justice Arrangements: Overview*, Inquiry Report No. 72, Vol. 2, 2014, p. 608.
❹ Australian Law Reform Commission, *Class Action Proceedings and Third-Party Litigation Funding*, Discussion Paper No. 85, 2018.

者探究报告》❶，维多利亚州法律改革委员会 2018 年发布《接近正义——诉讼资助和集体诉讼报告》❷，澳大利亚法律委员会 2020 年发布《诉讼资助和对集体诉讼产业的监管》❸ 等。这些研究机构以发布征询意见的方式征求第三方诉讼资助利益相关方意见，后形成讨论文件对第三方诉讼资助中的焦点问题进行讨论，最后定稿发布改革意见。

（3）学者。学者们围绕第三方诉讼资助制度诞生的原因、历程、运作中存在的律师利益冲突、费用担保、败诉费用承担等法律与道德问题以及监管等方面展开。最为著名的学者是迈克尔·莱格，其先后与路易莎·特拉弗斯、埃德蒙·帕克等人合作撰写了《澳大利亚第三方诉讼资助》❹、《澳大利亚第三方诉讼资助的兴起和规制》❺、《必要性是发明之母：澳大利亚第三方诉讼资助和封闭式集体诉讼的采用》❻，单独撰写了《澳大利亚第

---

❶ Australian Law Reform Commission, Integrity, *Fairness and Efficiency—An Inquiry into Class Action Proceedings and Third - Party Litigation Funders Final Report*, No. 134, 21 December 2018.

❷ Victorian Law Reform Commission, *Access to Justice—Litigation Funding and Group Proceedings Report*, March 2018.

❸ Law Council of Australian, *Litigation Funding and the Regulation of the Class Action Industry*, 16 June 2020.

❹ Michael Legg, Louisa Travers, Edmond Park, et al, *Litigation Funding in Australia*, 2010 Annual Civil Litigation One Day Seminar, 13 March 2010, Hilton Hotel, Sydney.

❺ Michael Legg, Edmond Park, Nicholas Turner, et al, The Rise and Regulation of Litigation Funding in Australia, *Northern Kentucky Law Review*, Vol. 38, 2011.

❻ Michael Legg, Louisa Travers, Necessity is the Mother of Invention: The Adoption of Third - Party Litigation Funding and the Closed Class in Australian Class Actions, *Common Law World Review*, Vol. 38：3, 2009.

三方诉讼资助：识别和强调律师利益冲突》[1]。其他代表性的作者和作品还有：安德鲁·沃森和迈克尔·唐纳利的《资助接近正义：澳大利亚第三方诉讼资助和集体诉讼》[2]，卡米尔·卡梅伦的《澳大利亚民事法庭准入的价格——老问题、新解决方案：商业诉讼资助案例研究》[3]，朱莉安妮·塔尔和乔治的《第三方诉讼资助在澳大利亚：更多的外部监管还是加强司法监督》[4]，以及韦恩·阿特里尔的《澳大利亚第三方诉讼资助的未来》[5] 等。还有学者站在比较法的角度，比较澳大利亚与英国、美国、欧洲等地第三方诉讼资助制度的异同，如乔治·巴克的《第三方诉讼资助在澳大利亚和欧洲》[6]，尼古拉斯·迪特施的《第三方诉讼资助在美国、英国和澳大利亚的发展历程》[7] 等。

---

[1] Michael Legg, *Litigation Funding in Australia: Identifying and Addressing Conflicts of Interest for Lawyers*, U. S. Chamber Institute for Legal Reform, February, 2012.
[2] Andrew Watson, Michael Donelly, Financing Access to Justice: Third Party Litigation Funding and Class Action in Australia, *Canadian Business Law Journal*, Vol. 55: 17, 2021.
[3] Camille Cameron, *The Price of Access to the Civil Courts in Australia—Old Problems, New Solutions: A Commercial Litigation Funding Case Study*, in M. Reimann eds, Cost and Fee Allocation in Civil Procedure, Ius Gentium: Comparative Perspectives on Law and Justice, Vol. 11, Dordrecht: Springer, 2012, pp. 59 – 68.
[4] Julie-Anne Tarr, Dr A. J. George, Third – Party Litigation Funding in Australia: More External Regulation and/or Enhanced Judicial Supervision, *Company and Securities Law Journal*, Vol. 36: 3, 2018.
[5] J. Wayne, Attrill, *The Future of Dispute Resolution*, 2nd ed, Lexis Nexis Butterworths Australia, 2012, pp. 167 – 179.
[6] George R. Barker, Third – Party Litigation Funding in Australia and Europe, *Journal of Law, Economics & Policy*, Vol. 8: 3, 2012, pp. 451 – 524.
[7] N. Dietsch, Litigation Financing in the US, The UK, and Australia: How the Industry has Evolved in Three Countries, *Northern Kentucky Law Review*, Vol. 38: 4, 2011.

(二) 国内研究综述

我国关于第三方诉讼资助制度的研究起步较晚,学术成果较少。学者们的研究主要围绕我国引入第三方诉讼资助的必要性、可行性以及监管等方面展开。

其中代表性的成果有:西南政法大学程雪梅的博士论文《第三方诉讼融资制度研究》,该文介绍了第三方诉讼资助制度的内涵与定位、历史与现状,探析了第三方诉讼资助制度运行机理及其本土化。❶ 程雪梅在论文《第三方诉讼融资:效力、发展及其对我国的启示》中指出,诉讼资助对我国诉讼费用转移机制的构建具有重要启示,我国现存的诉讼费用转移机制法律援助制度,因社会救济的本质特征,其适用范围难以拓展,只能局限于社会底层主体,绝大多数的当事人,尤其是商事主体,可用的诉讼费用转移机制几乎没有,引入第三方诉讼资助有助于让更多人摆脱除因诉讼费用而只能"接近司法"的羁绊。❷ 张光磊在《第三方诉讼融资:通往司法救济的商业化路径》一文中阐述了第三方诉讼资助在转移原告败诉风险、震慑不法行为、整合小额诉讼形成规模效应等方面的功能,在我国司法改革以保障当事人诉权为重、法律金融服务市场日渐繁荣的背景下,制度构建既有必要也切实可行。❸ 谷浩、林玉芬在《中国国际商事法庭构建初探》一文中认为,借鉴域外国际商事法庭的制度经验,我国应该从第三

---

❶ 程雪梅:《第三方诉设融资制度研究》,西南政法大学2014年博士学位论文。
❷ 程雪梅:《第三方诉讼融资:效力、发展及其对我国的启示》,载《学术界》2014年第4期。
❸ 张光磊:《第三方诉讼融资:通往司法救济的商业化路径》,载《中国政法大学学报》2016年第3期。

方诉讼资助制度的引入、国际商事专家委员会的组建等方面进行改革。❶ 吴维锭在《诉讼中的第三方资助协议研究：域外经验与中国选择》一文中，考察了第三方资助协议的内容、性质和效力，认为第三方诉讼资助协议属于一类独立合同。在当前国际社会第三方资助协议合法化大趋势下，我国应顺应这一趋势，认可资助协议的法律效力。❷ 侯鹏在《第三方出资机制的二元监管模式》一文中认为，第三方出资机制涉及金融产品与法律服务两个层面的监管，应构建金融市场和仲裁程序二元监管模式。❸

关于第三方诉讼资助可能引发的法律与道德风险，民事诉讼法学者的研究甚少，国际经济法学者在第三方资助国际商事仲裁和国际投资仲裁中作出了较为充分的论述，讨论了第三方资助的正当性危机❹，第三方仲裁资助滥诉风险与防治❺，对仲裁员独立性的挑战与防范❻，第三方资助信息披露❼，利益冲突合理规制❽，以及费用担保等问题。以上论述可为第三方诉讼资助制度

---

❶ 谷浩、林玉芳：《中国国际商事法庭构建初探》，载《大连海事大学学报（社会科学版）》2018年第4期。

❷ 吴维锭：《诉讼中的第三方资助协议研究：域外经验与中国选择》，载《时代法学》2019年第2期。

❸ 侯鹏：《第三方出资机制的二元监管模式》，载《法学评论》2019年第3期。

❹ 肖芳：《国际投资仲裁第三方资助的规制困境与出路：以国际投资仲裁"正当性危机"及其改革为背景》，载《政法论坛》2017年第6期。

❺ 郭华春：《第三方资助国际投资仲裁之滥诉风险与防治》，载《国际经济法学刊》2014年第2期。

❻ 谈晨逸：《第三方资助仲裁对仲裁员独立性的挑战与防范》，载《国际商务研究》2019年第1期。

❼ 范冰仪：《论国际投资仲裁中第三方资助披露问题》，载《国际商务研究》2020年第2期。

❽ 宋锡祥、吴瑶芬：《国际商事仲裁第三方资助利益冲突的合理规制及其借鉴意义》，载《海峡法学》2018年第2期。

中的道德和风险防范问题提供一定的借鉴。

(三) 既有研究存在的不足

综观域外对第三方诉讼资助制度的研究，可以发现其已经超越了制度在接近正义方面的作用、诉权宪法化等公法层面，深入制度运作中如何保护被资助者利益等私法层面。域外研究既有数据支撑也有实践案例和学者观点，体系化程度较高。

我国学者对第三方诉讼资助制度的研究还停留在宏观的层面。大多数国内学者侧重于探讨第三方诉讼资助制度对公法层面的影响，没有对第三方诉讼资助进行微观的分析，没有对域外理论和实务界最为关注的私法层面的问题，如第三方诉讼资助中的利益冲突问题、资助者费用担保和败诉费用承担等问题，进行更为深入的分析和探讨。同时，我国学者在论证我国构建第三方诉讼资助制度的必要性和可行性时，仅从该制度在域外的发展繁荣说起，没有分析该制度兴起的历史背景和发展原因，没有结合我国现有的诉讼费用分担和诉讼风险转移机制。总体来看，我国对第三方诉讼资助制度的研究仍不够深入。

三、研究意义

(一) 理论意义

(1) 填补我国权利救济理论研究不足。接近正义是社会法治的核心目标。接近正义有助于消除隔阂、促进和谐。世界各国对诉讼权利都予以各种救济，其中包括国家救济、社会救济和自力救济等。我国对诉讼权利的救济主要体现在国家救济和社会救济上，如司法救助、法律援助等，但缺乏权利主体的自我救济。

第三方诉讼资助作为一种权利主体用胜诉权益置换垫付诉讼费用的自我救济方法，对其进行深入研究有助于弥补我国存在的研究空白。

（2）深化我国第三方诉讼资助制度研究。在本书之前，已有学者对第三方诉讼资助制度进行了一定的研究，但研究内容多局限于该制度的内涵、定位、运行现状、运行机理等，未对第三方诉讼资助兴起的原因、历史以及第三方诉讼资助中最引人关注的法律道德问题等进行论证分析。随着国际社会第三方诉讼资助制度的快速发展，本书对第三方诉讼资助制度研究在前人的基础上进一步深化。

（3）拓宽我国诉讼费用分担机制研究。第三方诉讼资助制度作为一种诉讼费用分担机制，在本质上与司法救助、法律援助等制度具有共性，但在具体运行上又存在针对当事人群体、案件范围、运作机理上的不同。对第三方诉讼资助制度的研究，有助于理顺以上几种制度之间的逻辑关系，厘清不同制度的功能定位和使用顺位，在为当事人提供多元化的诉讼费用分担机制的同时，减轻国家在助力当事人诉诸司法、接近正义上的财政压力。

（4）拓宽我国诉讼风险转移机制研究。第三方诉讼资助制度作为一种诉讼风险转移机制，在本质上与律师风险代理、诉讼保险等制度具有共性，但在具体运作上针对的当事人群体、接受的法律监管等均有所不同。对第三方诉讼资助制度的研究，有助于弥补以上制度在诉讼风险转移方面存在的功能性不足，满足当事人转移诉讼风险的现实需求。

（二）实践意义

（1）满足我国当事人分担诉讼费用和转移诉讼风险的现实

需求。在大型商事案件中，我国的诉讼费用已经处于较高水平。当事人面临着较重的诉讼费用负担和较高的诉讼风险，但现有机制因功能定位等原因无法解决这一问题。随着全球经济发展变化，公司企业面临的经济不确定性较大，即便是财务状况良好的企业也更倾向于采用更为保守的支出方案。企业可用于投资的费用减少，用于法律事务的费用更是如此。当前的种种困难使得诉讼中的第三方资助需求明显提升。对第三方诉讼资助制度的研究，有助于丰富立法者、司法者、律师以及当事人对该制度的认识，方便当事人诉诸司法。

（2）规制第三方诉讼资助实践存在的问题。第三方诉讼资助是一项复杂的诉讼博弈计划，它对诉讼市场的影响是明确的：更多的诉讼数量，更多的不确定性。如何对第三方诉讼资助进行有效监管，一直以来是研究者关注的重点。我国第三方诉讼资助虽在立法上缺乏相关规定，但实践中有一些尝试发展。然而，立法的缺失既引发了相关风险，也导致了实践中的乱象。对第三方诉讼资助制度进行研究，构建风险防范和规则约束机制，可以确保第三方诉讼资助在法治轨道上运行，避免其对诉讼秩序造成冲击、损害当事人权益。

（3）助力我国国际商事纠纷解决机制和机构的发展。随着经济全球化的发展，"一带一路"倡议的推进，我国在深圳、西安等地设立了国际商事法庭，并提出支持自贸港建立国际经济贸易仲裁机构和国际争端调解机构等多元纠纷解决机构。于我国而言，国际商事纠纷解决机制和机构的设立，不仅是创设一种新的机构和机制，同时也是培育国际争端解决与国际法律服务的一种

"新生态"。[1] 国际商事纠纷解决机构和机制的建立发展，不仅涉及一国法治营商环境的建立、法律服务和专业人才市场的发展，更涉及一国国际商事规则的制定和发展能力等。[2] 对标国际规则，吸收、借鉴国际先进的第三方资助制度，是新加坡、伦敦、中国香港以及斯德哥尔摩等地成为全球最受欢迎的纠纷解决地的制胜法宝之一。[3] 深入研究第三方诉讼资助制度，构建符合我国国情的制度规则，有助于提高我国国际商事纠纷解决机构的竞争力，扩大我国商事纠纷解决机制的国际影响力，提升我国的文化软实力。

四、研究方法

（一）文献研究法

在本书的制度介绍部分，主要运用文献研究方法。通过广泛搜集有关第三方诉讼资助制度的中英文著作、学术论文、研究报告、立法文件等，对核心观点进行归纳总结，掌握理论和实务界对第三方诉讼资助制度的研究现状及不足，以此作为本书的研究起点和基础。

（二）比较分析法

民事诉讼法的比较研究有助于发现制度本身的结构及其运行

---

[1] 《最高国际商事法庭呼之欲出》，载法制网，https://baijiahao.baidu.com/s?id=1601656050916779583&wfr=spider&for=pc，最后访问时间：2021年3月8日。
[2] 蔡伟：《国际商事法庭：制度比较、规则冲突与构建路径》，载《环球法律评论》2018年第5期。
[3] Anselmo Reyes, Weixia Gu, *The Developing World of Arbitration a Comparative Study of Arbitration Reform in the Asia Pacifice*, Hart Publishing Ltd, 2018, p. 3.

问题，通过比较研究能够更充分地认识自身制度所存在的问题，进而提出改革和调整的思路。❶ 本书通过对两大法系主要国家第三方诉讼资助制度的兴起原因、发展历程、监管法规的梳理，比较分析其中的相同和不同，为我国制度构建的必要性、可行性分析奠定基础。

（三）案例分析法

国外已有不少第三方诉讼资助案例，我国亦有第三方资助的实践和案例。查找以上案例，分析案例中第三方诉讼资助引发的问题，以及不同时期法院对此类案件的不同判决，可以总结出我国构建第三方诉讼资助制度需要防范的风险，以及立法机关和司法机关在法律制定和司法裁判中的尺度和考量的问题。

（四）跨学科研究法

从制度定位上讲，第三方诉讼资助制度不仅是诉讼费用分担机制、诉讼风险转嫁机制的综合体，还是一种风险投资方式，更是当事人接近正义、诉诸司法的重要方式。这决定了对第三方诉讼资助制度的研究不能仅限定在诉讼法领域，还需要运用法哲学、经济学、管理学等人文社会科学的理论，分析第三方诉讼资助中资助者、被资助者以及律师的行为动机和利益诉求，以寻求平衡利益冲突、减少矛盾纠纷的方法。

（五）价值分析法

第三方诉讼资助制度被有些研究者视为"灵丹妙药"。它是对现有诉讼费用分担机制和诉讼风险转移机制的平行补强，体现

---

❶ 张卫平：《民事诉讼法比较研究方法论：对民事诉讼法比较研究中若干关联因素的思考与分析》，载《国家检察官学院学报》2019 年第 6 期。

了接近正义、保障救济的法律逻辑，但第三方诉讼资助作为助诉及包揽诉讼的一种商业运营模式，容易对诉讼秩序、诉讼伦理造成冲击。笔者从价值层面进行分析论证，进一步探讨我国需要对该制度进行取舍，并需要对相关负面影响予以合理规制。

五、创新之处

（一）在研究角度上专注于诉讼中的第三方资助

目前我国学者对第三方诉讼资助的研究多集中在国际商事仲裁领域，且研究诉讼资助的文献数量有限。这与近年来国际商事仲裁不断受到商事主体的认可，以及商事仲裁机构大刀阔斧的改革有关。但仲裁作为一种纠纷解决机制，不管怎样改革，有些局限性是始终无法避免的，如保密性带来的不透明性和可仲裁性带来的范围局限性等问题。近几十年来，许多国家的国际商事纠纷解决实际上经历了"从法院到仲裁庭再到法院"的发展轨迹，❶诸多国际商事法庭的成立足以说明这一问题。❷ 与仲裁相比，国际商事诉讼具有可裁决范围广泛、更易于执行、可上诉、效率高、成本更低等优势。在此国际背景以及我国国际商事法庭不断成立的国内背景下，研究第三方诉讼资助制度，更契合当今时代

---

❶ Gareth Seah, Choong Yeow Choy, International Commercial Courts as the Third Alternative: Are Litigants Spoilt for Choice?, *Journal of the Commonwealth Magistrates' and Judges' Association*, Vol. 23: 1, 2017.

❷ 如英国商事法院（English Commercial Court）、英国技术和建筑法院（English Technology and Construction Court）、特拉华衡平法院（Delaware Court of Chancery）、迪拜国际金融中心法院（Dubai International Financial Centre Courts）、新加坡国际商事法院（Singapore International Chamber of Commerce）、最高人民法院国际商事法庭（China International Commercial Court）等。

国际商事纠纷解决机制的发展趋势。同时，仲裁作为一种准司法机制，其中第三方资助规则的构建，与诉讼资助规则的构建，具有高度的共通性。研究第三方诉讼资助对司法秩序的影响，规制第三方诉讼资助中法官、资助者、律师的行为，可类推至第三方资助仲裁中。这也是在第三方诉讼资助制度发达的国家如澳大利亚、英国和美国，其诸多的资助规则是针对诉讼而非仲裁进行立法的重要原因。研究第三方诉讼资助制度，既可以填补我国诉讼研究领域的不足，也可以为仲裁领域提供重要的借鉴和参考。

(二) 在研究内容上重点分析制度的本土化

我国学者对第三方诉讼资助制度的研究侧重于界定该制度是什么及制度是如何运作的，没有对制度兴起的原因、发展的历程与趋势进行更为深入的阐述。以上内容的缺失导致了在论述我国构建第三方诉讼资助制度必要性时缺乏针对性。第三方诉讼资助制度的兴起有其深刻的历史背景。通过背景分析，可以概括总结出制度兴起的原因，比照我国是否也面临同样的问题。在明确了我国面临同样问题并有引入制度必要性的情况下，再深入分析该制度是否与我国的法治传统一致，是否与我国的法律制度规范相容，是否与我国的法律服务和金融市场相匹配。最后，再结合第三方诉讼资助制度规范的经验教训以及我国现有的资助实践情况，构建符合我国国情的第三方诉讼资助制度。

(三) 在研究方法上将法学和经济学分析相结合

在研究方法上，本书不仅对第三方诉讼资助制度进行了法学研究，还进行了经济学分析。第三方诉讼资助制度除了作为诉讼费用分担机制和诉讼风险转移机制之外，还是一种金融投资机制。首先，第三方诉讼资助制度的兴起，源于经济全球化背景下纠纷数量和标的额快速攀升，这给当事人带来了分担诉讼费用和转移诉讼风险的现实需求。其次，第三方诉讼资助制度的快速发展与金融危机有关。金融危机洗礼下全球市场的动荡和不确定性，促使投资者开始寻求与金融市场动荡和不可预测性没有直接关联的投资。诉讼因其独立于市场的特性，成为资本的蓝海市场。最后，对资助者而言，每资助一个案件都是一项投资，资助者按照经济学上的投入产出计算回报，试图通过对被资助案件的管理确保收益。第三方诉讼资助制度的经济学属性，使得我们在解析该制度时要尊重市场规律，不能将其简单地与律师风险代理、诉讼贷款、诉讼保险等制度相提并论，与以上制度相比，资助者付出了更多的成本、承担了更大的风险。

第一章
第三方诉讼资助制度的理论概说

第一节 第三方诉讼资助制度的基本范畴

一、第三方诉讼资助制度的概念

(一) 第三方诉讼资助的词源考辨

第三方诉讼资助作为舶来品,在不同的法域有不同的英文表述,即使在同一法域的不同阶段其表述也不尽相同。通过对英文表述的梳理,可以解释我国学者在表述上存在差异的原因,以及本书为何将其翻译为"第三方诉讼资助"。

官方文件中最早提及第三方诉讼资助的是2006年澳大利亚司法部常设委员会发布的《澳大利亚诉讼资助:咨询文件》,采用了 Litigation Funding

的表述。❶ 但这一英文表述随着时间的推移发生了变化，在 2011 年澳大利亚法律委员会发布的《澳大利亚第三方诉讼资助的监管》中变成了 Third – Party Litigation Funding。目前，澳大利亚立法文件中多使用 Litigation Funding 的表述，如《公司法修订（诉讼资助）条例 2020》❷，《公司法（诉讼资助计划）工具 2020/787》❸ 等。英国官方文件最先提及第三方诉讼资助的是 2009 年的《民事诉讼费用评论：最终报告》❹，报告中采用了 Third Party Funding 的表述。英格兰和威尔士第三方资助者协会在 2011 年出台的《诉讼资助者行为指引》采用了 Litigation Funding 的表述，在 2014 年和 2018 年的修订中延续了这一表述。美国官方文件中最先提及第三方诉讼资助的是美国律师协会 2011 年发布的《美国律师协会道德委员会 20/20 给众议院的信息报告》❺，报告中采用了 Alternative Litigation Finance 的表述。这一表述在其 2020 年 8 月发布的《美国律师协会第三方诉讼资助最佳实践》❻ 中，变更为 Third – Party Litigation Funding。

不同国家以及同一国家不同时期，对第三方诉讼资助英文表

---

❶ Standing Committee of Attorneys – General, *Litigation Funding in Australia: Discussion Paper*, May 2006.
❷ Corporations Amendment (Litigation Funding) Regulations 2020.
❸ ASIC Corporations (Litigation Funding Schemes) Instrument 2020/787.
❹ Lord Justice Jackson, *Review of Civil Litigation Costs: Final Report*, Tso Information & Publishing Solutions, 2010, p. 117.
❺ ABA Commission on Ethics 20/20, White Paper on ALF filed with the House of Delegates, https://www.americanbar.org/groups/professional_responsibility/committees_commissions/standingcommitteeonprofessionalism2/resources/ethics2020hompeage/, last visited at 2024 – 01 – 19.
❻ American Bar Association Best Practices for Third – Party Litigation Funding Dated August 2020, https://www.americanbar.org/content/dam/aba/directories/policy/annual – 2020/111.pdf, last visited at 2024 – 01 – 19.

述的不同，加上英文语义的多样性，导致了这一概念在翻译成中文时存在差异。如程雪梅在其博士论文中采用了"第三方诉讼融资"的表述；❶ 侯鹏在其文章中采用了"第三方出资"的表述；❷ 陈文倩在其文章中采用了"第三方资助诉讼"的表述。❸ 比较三位学者的表述，除均有使用"第三方"（Third‐Party）这个词外，个性主要体现在 funding 到底是翻译成"融资""出资"还是"资助"。

笔者认为，应将 funding 翻译成"资助"。理由在于：首先，在第三方诉讼资助中，融资方是诉讼案件的当事人，被融资方是第三方资助者，采用第三方"融资"的表述，容易造成资助主体和融资主体的混淆。其次，与"出资"相比，"资助"不仅包含了"出资"的意思，还体现了该制度"帮助"资金困难当事人诉诸司法、接近正义的制度取向。最后，"资助"更符合当前的使用习惯。我国香港地区《仲裁及调解法例（第三者资助）（修订）条例》中文版本、中国国际经济贸易仲裁委员会 2017 年《国际投资争端仲裁规则》、海南国际仲裁院《仲裁规则》（2020 版），均采用了"资助"表述。继续沿用这一表述，可以保持统一。

在确定使用"资助"这一翻译后，接下来的问题是使用"第三方诉讼资助"还是"第三方资助诉讼"。笔者认为应该选用"第三方诉讼资助"。"第三方诉讼资助"这一表述，一方面

---

❶ 程雪梅：《第三方诉讼融资制度研究》，西南政法大学 2014 年博士学位论文，第 1 页。
❷ 侯鹏：《第三方出资机制的二元监管模式》，载《法学评论》2019 年第 3 期。
❸ 陈文倩：《商业第三方资助诉讼的中国实践及域外经验借鉴》，载《商业研究》2019 年第 4 期。

可与"Third – Party Litigation Funding"英文表述直接一一对应，另一方面在第三方诉讼资助中"资助"是核心名词，与我们要讨论的中心和重点一致；而第三方资助诉讼中"诉讼"成了核心名词，难以反映研究的重点。

（二）第三方诉讼资助制度的定义

在解决了英文表述和中文翻译问题后，接下来的任务是对第三方诉讼资助进行界定。第三方诉讼资助从业者、官方机构、学者站在不同的立场，给出了各有侧重的定义。

在历史上，最早给诉讼当事人提供资金的商事主体是破产管理基金有限公司[1]。该公司由澳大利亚前检察官休·麦克勒农（Hugh McLernon）在1989年创立，作为澳大利亚首家在证券交易所上市的诉讼资助公司，市场份额一度高达69%。[2] 它将第三方诉讼资助界定为：投资者通过支付当事人的诉讼费用，包括但不限于律师费用、法院费用、担保费用以及败诉费用等，以换取案件胜诉后的部分收益，在案件败诉的情况下投资者无法收回其成本。[3] 在该定义下，第三方诉讼资助是一种投资行为。

澳大利亚司法部常设委员会（Standing Committee of Attorneys – General）是第一个对第三方诉讼资助作出定义的官方机构。其将第三方诉讼资助定义为：商事主体与一个或多个潜在诉讼当事人之间的一种协议，在该协议下资助者承诺支付与诉讼有关的费用，如果案件胜诉，资助者可以获得扣除诉讼费用后的部分收益。该定义下，第三方诉讼资助为一种协议。

---

[1] 参见 https://omnibridgeway.com/about/overview/#History。
[2] IMF Bentham Litigation Funding Masterclass October 2015 Presentation，p.9.
[3] 参见 https://omnibridgeway.com/litigation – funding。

美国律师协会将第三方诉讼资助定义为：诉讼各方或其律师以外的实体为当事人提供资助，通过支付一方的部分或全部法律费用，以换取最终判决或和解的份额。❶ 美国律师协会给出的单一狭义定义，无法涵盖可能出现的资助活动范围。国际商事仲裁委员会（International Council for Commercial Arbitration，ICCA）和伦敦玛丽女王大学（Queen Mary University of London）联合发表的《国际商事仲裁委员会、玛丽女王特别工作组关于国际仲裁第三方资助的报告》（Report of The ICCA-Queen Mary Task Force on Third-Party Funding in International Arbitration）中进行了拓展。该报告将第三方资助定义为：非争议一方向争议一方，以及该方的关联公司或代理该方的律师事务所，以提供资金或其他物质支持的方式，支付单独案件或一系列特定案件争议解决程序中的部分或全部费用，并根据争议解决结果换取全部或部分回报或报酬，或以政府或机构拨款的形式提供，或以支付保险费的形式提供。❷ ICCA 的定义是在全面研究现有各类第三方资助的基础上提出的，试图囊括各种第三方资助类型。

澳大利亚《公司法修订（诉讼资助）条例 2020》[Corporations Amendment（Litigation Funding）Regulations 2020，以下简称《诉讼资助条例 2020》]将第三方诉讼资助定义为：资助者根据资助协议，为索赔人提供资金，以雇用律师就某项申索提出付款要求并开展与此有关的诉讼活动，资助者不是提供法律服务的

---

❶ ABA Comm'n on Ethics 20/20, Informational Report to the House of Delegates 1 (2012), week/2018/04/17/litigation-funding-what-you-need-to-know-about-this-fast-growing-business/.

❷ Report of the ICCA-Queen Mary, *Task Force on Third-Party Funding in International Arbitration*, The ICCA Reports No. 4, 2018, at 8.

律师或者律师事务所，其全部或者部分投资仅在胜诉时支付，如果索赔失败，索赔人无须支付资助者和律师任何费用。该条例在正面规定什么是第三方诉讼资助的同时，也暗含了以下内容：首先，诉讼保险不是第三方诉讼资助。这可以从《诉讼资助条例2020》5C.11.01（4）(a)的规定中看出来。该规定指出，资助者要为索赔人提供费用。而诉讼保险不论是事前保险（before the event insurance）还是事后保险（after the event insurance），[1]均要求索赔人向保险公司支付费用，以换取败诉后保险公司的理赔，保险公司不会向索赔人提供资金和费用。其次，诉讼贷款（litigation loan）不是第三方诉讼资助，这可以从《诉讼资助条例2020》5C.11.01（4）(c)的规定中看出来。该规定要求，如果索赔失败，索赔人无须支付资助者的投资。而诉讼贷款要求索赔人不论诉讼成功还是失败，均需要在指定的时间内偿还本息。最后，律师资助不是第三方诉讼资助。这可以从《诉讼资助条例2020》5C.11.01（4）(d)的规定中看出。该规定指出，资助者不是提供法律服务的律师或者律师事务所，即律师或者律所不能成为诉讼资助者，因而律师不管与当事人签订哪种收费协议，都不能成为第三方诉讼资助者。

以上机构和组织给出的第三方诉讼资助的定义侧重点各有不同。资助者将第三方诉讼资助界定为一种投资行为，强调资助者与当事人之间的资金流转关系。澳大利亚司法部常设委员会作为法治管理者，站在法律关系的视角更强调资助者和当事人之间的

---

[1] 事前保险是指客户在纠纷发生前购买的保险，可涵盖后续诉讼中部分或者全部潜在费用的险种。事后保险是指纠纷发生后购买的保险，可涵盖客户在后续诉讼中的担保费用、律师费用等。

合同关系；立法机关在界定第三方诉讼资助时，更注重法律概念的准确，在界定什么是第三方诉讼资助时，还指出了什么不是第三方诉讼资助。尽管以上的定义各有侧重，却也有共同之处：即第三方诉讼资助的核心是资助者通过支付当事人与诉讼有关的费用，以换取胜诉后部分收益且在案件败诉情况下不对投资进行追索的一种行为模式。

综上，笔者认为第三方诉讼资助应当定义为：当事人为了分担诉讼费用和转移诉讼风险，而与商事主体签订资助协议，约定资助者支付当事人与诉讼有关的费用，包括但不限于法院费用、律师费用、担保费用等，胜诉后资助者收取判决金额的一定比例或者投资金额的一定倍数作为报酬，败诉后不对投资进行追索的一项制度。

二、第三方诉讼资助制度的特征

（一）商业运作的自律性

第三方诉讼资助的推动者是资助公司，其通过自筹资金、自负盈亏的方式运作，需要严格遵守市场成本与收益的规律。

一方面，资助者需要自筹资金。资助者的资金不依附于国家的财政支持，资助者需要通过招商引资的方式吸引资金建立资金池，并保证资金充裕。诉讼资助者主要有两种不同资金筹集方式：一种是注册公司模式，通过发行债券和股权获得用于投资诉讼的资金。在这种模式下，公司需要制作招股说明书，在证券交易所上市，并遵守证券法中关于上市公司的规定，如持续披露义务等。另一种是私人财富管理模式，即资助者从国内外的富人、公司或对冲基金中寻找资金。后一种模式透明性差，在某些情况下资助实体可能在海外运作，可以利用有利的税收制度，给监管带来了一定的困扰。❶ 与资助者和被资助者的互动相比，投资人和诉讼资助者之间的互动没有引发过多关注。❷

另一方面，资助者需要自负盈亏。第三方诉讼资助遵循等价有偿、自负盈亏的原则。在激烈的市场竞争之中，资助者要生存下来必须保证具有核心竞争力，如更好的诉讼管理服务机制、更高的投资胜诉率、更低的抽成回报率等。资助者通过案件的筛选、机制的优化，降低风险提高收益。

（二）个案适用的专项性

第三方诉讼资助是资助者在个案评估基础上决定的，这是由其商业运行自律性决定的。

资助者在决定资助之前会对案件进行仔细的，有时甚至是漫长的尽职调查。资助者在对案件评估时会考虑索赔成功的可能性、索赔需要的时间、索赔涉及的费用、诉讼中的固有风险，如案件胜诉后执行的风险。只有当案件的胜诉率高于一定的百分比或者有特殊的原因使得投资委员会认为低于百分比也合理的情况下资助者才投资。❸ 在案件证据过于薄弱、过于依赖口头证据或者案件事实复杂需要专家论证，以及索赔由众多小额索赔组成、成本过高或者被告无力支付败诉金额的情况下，资助者则不会对案件进行资助。

---

❶ Michael Legg, Louisa Travers, Necessity is the Mother of Invention: The Adoption of Third Party Litigation Funding and the Closed Class in Australian Class Actions, *Common Law World Review*, Vol. 38: 3, 2009.

❷ Michael Legg, *Litigation Funding in Australia Identifying and Addressing Conflicts of Interest for Lawyers*, U. S. Chamber Institute for Legal Reform, February, 2012, p. 5.

❸ Corporate Governance Manual (18 January 2010), para 4. 18. 6.

(三) 诉讼费用分担的广泛性

第三方诉讼资助中资助者除了承担当事人的案件受理费，还承担当事人聘请律师的费用、专家证人费、鉴定费、担保费、申请执行费以及败诉费用等，具体承担内容以资助协议约定为准。虽然资助者承担具体费用的种类或限度由双方约定，但是资助者一般会承担案件起诉至案件审结发生的费用。因为唯有如此，当事人才能拿到胜诉判决，资助者才能获得报酬。

第三方诉讼资助的这一特征，大大减轻了当事人的成本负担，这也是在法律援助、律师风险代理发达的地方，如英国和美国，第三方诉讼资助仍受到市场青睐的原因。第三方诉讼资助弥补了法律援助、律师资助模式下，当事人可能因无力支付其他诉讼费用，而无法提起诉讼的缺陷。诉讼资助者承担担保费用、败诉费用的功能，与诉讼保险中保险公司会根据购买的险种为当事人支付费用担保或败诉费用相似。但不同的是，被保险人想要获得这一保障，通常需要在实际付费义务发生之前，预先支付给保险公司一笔大额的保费。这对资金困难的当事人来说，亦是无法承受之重。

(四) 诉讼经济风险转移的彻底性

第三方诉讼资助模式下诉讼资助者通常承担诉讼的全部经济风险。第三方诉讼资助是在无追索权的基础上进行的，只有案件胜诉资助者才收取回报，在案件败诉的情况下资助者不但不收取回报，对之前的投资也不进行追索。

败诉后不享有追索权是第三方诉讼资助的核心特征，其他特征都是由其派生。败诉后不享有追索权，使得资助者承担了较大的诉讼风险。因此，资助者在选择案件时会选择那些案件价值大、胜诉率高的案件，以免败诉情况下血本无归。同时按照风险和收益成正比的经济规律，资助者通过高额的潜在回报来补偿其承担的高风险。在资助案件胜诉的情况下资助者通常收取胜诉赔偿金额 25% 至 40% 作为回报，在极端情况下这一比例甚至可达 75%。[1] 败诉后不享有追索权，已经成为第三方诉讼资助最大的商业卖点。

败诉后不对投资进行追索，也是第三方诉讼资助与诉讼贷款的主要区别。诉讼贷款指身处法律纠纷的一方从银行等金融机构或者市场上的借贷公司处借贷资金，用于案件的索赔或者抗辩。诉讼贷款协议一般包含了贷款额度、贷款利率、贷款抵押、还款事项以及违约责任等条款。诉讼贷款是享有追索权的资助，即使案件败诉，借款人照样要还本付息。借款人承担着绝对的还本付息的义务，且义务的履行不取决于案件结果。

（五）服务内容的双重性

第三方诉讼资助是金融服务在诉讼制度中的扩张适用，因此其兼具金融服务和法律服务的双重特征。金融服务内容主要体现在费用分担的广泛性上，法律服务内容主要体现在资助者对案件的管理上。

商业运作的自律性、承担费用的广泛性以及风险转移的彻底性，使得资助者付出了大额的成本、承担了较高投资风险。为了使以上成本和风险能够转化成利润，资助者将每一个案件都作为

---

[1] D. Grave, K. Adams, J. Betts, *Class Actions in Australia*, 2nd ed, Sydney: Thomson Reuters, 2012, p. 802.

其投资的一项项目进行管理。资助者会与当事人一道为案件挑选合适的律师，与律师商议制订案件的诉讼策略和诉讼方案、商讨案件的和解与调解的时机、监控诉讼的进展、管理相关法律费用、协助推动案件的执行等。第三方诉讼资助服务内容的双重性，有助于监督律师在诉讼代理中的行为，提高纠纷解决的效率，减少当事人和律师之间的信息不对称。

三、第三方诉讼资助制度的模式

（一）消费型第三方诉讼资助与商业型第三方诉讼资助

根据被资助方是个人还是法人、非法人组织，可以将第三方诉讼资助分为消费型第三方诉讼资助和商业型第三方诉讼资助。

消费型第三方诉讼资助的使用者是个人，资助者在人身伤害、侵权及类似诉讼中，向个人原告提供资金。这一资助类型的出现源于人身伤害、侵权类诉讼的结构性缺陷，以上诉讼结果的延迟性和滞后性使得资金困难的被侵权人，不仅需要支付诉讼费用，还需承担因侵权行为造成的医疗费用、交通费用等。在无法获得法律援助等外部资助的情况下，当事人难以诉诸司法。为此，资助者推出了消费型第三方诉讼资助产品。该产品在美国拥有广阔的市场，在澳大利亚较为少见。这与两国的第三方诉讼资助发展基点、诉讼费用转移规则有关。[1]

商业型第三方诉讼资助的使用者是公司、企业、律所等法人或者非法人组织，具体又可以分为公司型第三方诉讼资助和律所

---

[1] Joseph J. Stroble, Laura Welikson, Third-Party Litigation Funding: A Review of Recent Industry Developments, *Defense Counsel Journal*, 2020（1）.

型第三方诉讼资助。公司型第三方诉讼资助的使用者是公司、企业等法人组织。资助者通过投资该公司的某一诉讼或者某一系列诉讼获得回报。律所型第三方诉讼资助的使用者一般是律所及律师，资助者直接投资于律所，由律所将资金用于单一大型案件或者一系列案件。律所希望通过使用第三方诉讼资助保持偿付能力、平衡现金流，将更多资源投资于未决案件，以便有财力接手更多案件，或者有能力与其他律师事务所竞争业务。❶

作此区分的意义在于立法者对不同类型的第三方诉讼资助规制的法律重点并不相同。在消费型诉讼资助中资助者可能利用其强势的合同地位，对消费者施加潜在的不平等条件，因此美国诉讼资助协会（American Litigation Funding Association）规定了资助者在消费型第三方诉讼资助领域的最佳做法。而对于商业投资型第三方诉讼资助，并非所有的法域都允许律所型第三方诉讼资助。如美国纽约市律师协会职业道德委员会在 2018 年出台的《正式意见 2018－5：诉讼资助者在法律费用中的或有权益》（Formal Opinion 2018－5：Litigation Funders' Contingent Interest in Legal Fees）❷ 规定，律师不得与诉讼资助者（非律师）签订资助协议，约定律师未来支付给资助者的款项取决于律师收到的法律费用或在一个或多个特定事项中收到的法律费用金额。

---

❶ Steven Garber, Alternative Litigation Financing in the United States Issues, Knowns, and Unknowns, Santa Monica, CA: Rand Corporation, https://www.rand.org/content/dam/rand/pubs/occasional_papers/2010/RAND_OP306.pdf, last visited at 2025－01－19.

❷ Formal Opinion 2018－5：Litigation Funders' Contingent Interest in Legal Fees, https://nysba.org/NYSBA/Coursebooks/Fall% 202018% 20CLE% 20Coursebooks/Ethics% 20in% 20Legal% 20Practice% 202018/3% 20－% 20NYCBAR% 20Opinion% 202018－5.pdf, last visited at 2025－01－19.

(二) 被动型第三方诉讼资助与主动型第三方诉讼资助

根据资助者是否享有诉讼控制权,可以将第三方诉讼资助分为被动型第三方诉讼资助和主动型第三方诉讼资助。

被动型第三方诉讼资助中诉讼控制权牢牢掌握在被资助者手中。律师作为被资助当事人的代理人,应按照被资助者的指示行事。资助者就像是赌马比赛的下注者,在下注前应尽可能地了解有关马和骑师的一切情况,一旦决定下注后就只能坐在场外观看比赛。下注者不会在场外指导,也不会参与决定如何骑马或管理赛道或骑师。同样,在决定提供资金后,资助者不会要求被资助者在律师选择、和解、诉讼策略或谈判等事项上按照自己的意思行事。即便资助者对以上事情有一定影响,也仅仅因为资助者是精明的商业人士,并且有多年的从业经验。

主动型第三方诉讼资助中资助者享有广泛的控制权。资助者在律师的选择、诉讼策略的决定、是否调解和解、上诉撤诉等事项中,享有发言权和决定权。资助者可以对律师发号施令,要求律师按照资助者的指示行事。澳大利亚允许第三方资助者在诉讼中享有广泛的程序控制权,认为既然资助者要承担诉讼风险,那么资助者想对诉讼进行控制就不足为奇。

作此区分的意义在于,主动型第三方诉讼资助容易受到被资助一方当事人的挑战。第三方资助者对诉讼程序的控制,一是容易造成当事人程序自决权与资助者控制权之间的矛盾冲突,资助者成为诉讼程序包揽者、被资助者成为傀儡。二是容易引发律师利益冲突,律师作为被资助者的代理人,却要按照资助者的指示行事,在被资助者和资助者利益不一致时,律师按照资助者的指示行事,违反了其对客户的忠实信托义务。同时,非资助一方当事人基于以上原因，会以"诉讼资助者试图控制诉讼、构成诉讼程序的滥用"为由申请法院中止诉讼程序。英国、中国香港等地区禁止第三方诉讼资助者控制诉讼，系被动型第三方诉讼资助的典型代表。

（三）公益型第三方诉讼资助和营利型第三方诉讼资助

根据资助者资助第三方诉讼的目的，可将第三方诉讼资助分为公益型第三方诉讼资助和营利型第三方诉讼资助。本书对第三方诉讼资助的研究侧重于营利型第三方诉讼资助。

公益型第三方诉讼资助，指的是资助者出于维护公共利益或推动某些政策实施的目的，而对诉讼进行资助。公益型第三方诉讼资助者被称为"公益资助者"。公益型第三方诉讼资助者非常少见，时代法律辩护基金（Times Up Legal Defense Fund）是一个例子。该基金支持援助在工作中受到性骚扰或者职场报复的个人提起诉讼，并为其支付与诉讼有关的费用，以保障职场中弱势群体的权益，减少此类行为的发生。[1]

营利型第三方诉讼资助者，指的是资助者出于追求利润的角度对诉讼进行资助的主体。该模式下的诉讼资助者被称为"营利型资助者"，其对诉讼结果具有个人利益，且把诉讼资助作为一项业务。营利型第三方诉讼资助是主流模式。

作此区分的意义在于，营利型资助者可能被法院要求承担败诉费用，而公益资助者不需要承担。英国的法院在汉密尔顿诉法

---

[1] Times Up Legal Defense Fund, 官网：https://timesupfoundation.org/work/times-up-legal-defense-fund/，最后访问时间：2021年9月8日。

耶德案件中指出，一般来说法院不会对公益资助者行使费用命令裁量权。在公益资助者资助的案件中，法院通常的做法是优先考虑被资助者获得司法救助的公共利益，而不是资助方收回费用的权益，因此资助者不必承担维护其权利的费用。❶ 但如果非当事方不仅为诉讼提供资金，而且在很大程度上控制诉讼或从中受益，如果诉讼失败资助者需支付胜诉方的费用。在这些案件中，资助者与其说是为被资助者诉诸司法提供便利，不如说是为自己的目的诉诸司法；他本人是诉讼的"真正当事人"。❷

第二节 第三方诉讼资助的运行机理

一、第三方诉讼资助的主体

（一）资助者

提供第三方诉讼资助的实体，即资助者，通常是金融机构，如银行或对冲基金，以及专门从事诉讼资助的公司。❸ 目前世界上主要的第三方资助机构（见表1.1）多成立在第三方诉讼资助产业发达的国家，如澳大利亚、英国、美国、德国、荷兰、加拿大、南非和新西兰等。❹

---

❶ Arkin v. Borchard Lines Ltd[2005] EWCA (Civ) 655, [2005] CP Rep 39 (2).
❷ Arkin v. Borchard Lines Ltd[2005] EWCA (Civ) 655, [2005] CP Rep 39 (3).
❸ Susan Lorde Martin, Litigation Financing: Another Subprime Industry that has a Place in the United States Market, *Villanova Law Review*, Vol.53: 1, 2008.
❹ Lisa Bench Nieuwveld, Victoria Shannon Sahan, *Third Party Funding in International Arbitration*, 2nd ed, Kluwer Law International, 2017, p.1.

表1.1：全球主要第三方诉讼资助者统计

公司	伯福德资本公司	欧姆尼桥路公司	哈伯诉讼基金	泰瑞资本管理公司	朗福德资本管理公司	帕拉贝鲁姆公司
成立时间（年）	2009	1986	2007	2009	2011	2012
资金规模（万欧元）	2589	1339	982	800	497	402
全球分布（个）	6	18	11	6	2	1

目前全球排名前三的资助者是：

伯福德资本公司（Buford Capital LLC）是全球管理第三方诉讼资助资产最多的公司。该公司成立于2009年10月，欧盟办事处位于伦敦。伯福德资本公司在单个案例或投资组合的基础上，根据法律资产的价值向公司客户和律师事务所提供资助。该公司2019年的税前利润为2亿欧元，投资组合规模达到35亿欧元。2020年资本回报率从85%上升到了93%。

欧姆尼桥路有限公司（Omni Bridgeway Limited）是全球增速最快的诉讼资助公司之一。该公司1898年成立于荷兰，2019年11月与IMF合并，创造了一个拥有超过12.5亿欧元资本的经济实体。欧姆尼桥路有限公司拥有一百多名资助专家，专注于不良资产的回收和重组，同时为银行不良贷款的强制执行提供资金。截至2020年8月，该公司报告收入为2.61亿欧元，净资产为6.35亿欧元，几乎是2016年的4倍。

哈伯诉讼基金公司（Harbour Litigation Funding Limited）是全球第三大私人诉讼基金。该基金2007年成立，总部设在伦敦，为美国、加拿大、欧洲和亚洲的客户提供诉讼资助。自成立以来，哈伯诉讼基金已资助案件126起，总索赔价值约为170亿欧元。在过去10年的运营中，该基金规模大幅增长，从2010年的7千万欧元增至2019年的9.2亿欧元。该公司的资产在2015年至2019年的5年间几乎翻了一番，从180万欧元增加到350万欧元，使净资产达到190万欧元，几乎是2015年的两倍，而现金储备在过去5年中增加了10倍以上。

（二）被资助者

在第三方诉讼资助中，被资助者通常为案件的原告。[1] 因为一般只有原告才能从诉讼中获得收益。被告作为被动卷入诉讼的一方，在诉讼中通常无利可图甚至要承担赔偿责任。只有在极少数的情况下，如被告提出反诉的情况下，才可能成为被资助当事人。按照被资助者使用第三方资助的原因，可将其分为两类：

一类是资金困难的当事人。该类当事人要么无力支付自己的诉讼费用，要么虽有钱支付自己的诉讼费用但无力支付败诉费用，需要第三方诉讼资助者介入才能或者才敢提起诉讼。对于此类当事人而言，第三方诉讼资助的主要功能在于帮助其承担诉讼费用。

另一类是资金富裕的当事人。该类当事人有能力支付与诉讼有关的所有费用，但对资金流动性要求较高，不愿意将现有资金

---

[1] Cassandra Burke Robertson, *The Impact of Third-Party Financing on Transnational Litigation*, Case Western University School of Law, 2011.

投入诉讼，或是不愿承受诉讼风险，需要第三方诉讼资助者介入来支付费用、分担风险。对此类当事人而言，第三方诉讼资助的主要功能在于帮助其分担诉讼风险。

二、第三方诉讼资助的对象

尽管寻求第三方诉讼资助的当事人情况各有不同，但他们的诉讼具有共性：胜诉可能性高、胜诉收益可观。第三方诉讼资助者倾向于为以下诉讼提供资助。

（1）破产诉讼。第三方资助最初是在破产领域兴起的，并且目前仍然是这一法律领域非常普遍的做法。[1] 第三方诉讼资助之所以能够在破产诉讼中广泛使用，是因为企业在破产时通常资金困难，没有资源进行诉讼，但可能具有优质的合法债权，债权人希望最短期限内收回财产。第三方诉讼资助为破产企业提供资金的做法，既解决了破产企业面临的困境，又有效地满足了债权人的期待。

（2）群体诉讼。群体诉讼旨在提供一种真正有效的补救措施，使得消费者侵权、环境污染、证券欺诈、反垄断和不正当竞争等案件的众多当事人能够诉诸司法。在以上案件中，尽管有众多人权益受到了侵害，涉及的总金额也很大，但每个人的损失很小。这类诉讼从经济角度来看，在个人行动中是不可行的。群体诉讼可以将那些想要采取行动但无力支付高昂费用的人组织起来，使其能够诉诸司法。但群体诉讼制度在设计之初没有构建适当的费用机制，使得这一制度被搁置，直到第三方诉讼资助制度

---

[1] Jones *v.* Great Southern Ltd（in liq）[2012] FCA 807.

兴起才迸发出了新的生命力。

（3）知识产权、能源矿产、基础设施建设等大规模索赔。大规模索赔中高昂的诉讼费用、律师费用、鉴定费用以及专家证人费用，对索赔当事人形成了巨大的财务压力。以知识产权纠纷为例，高度创新的利益相关者如发展中的中小企业、持有专利的研究人员等，在面临知识产权侵权时，虽持有一定价值的权利主张，但没有资金来追求这些权利主张。第三方诉讼资助一方面可以帮助当事人减轻费用负担，另一方面可以借助第三方诉讼资助者在专业领域内的优势，指导当事人索赔，起到保护知识产权、激励社会创新的作用。

（4）人身伤害等其他民商事诉讼。历史上诉讼资助者不愿意资助人身伤害类事项或其他较小的案件，原因有二：一是以上案件难以满足诉讼资助者所寻求的投资回报金额，二是根据"近似"损失评估人身伤害类案件损害赔偿额，对进行尽职调查的资助者来说风险太大，尤其是在胜诉前景不明朗的情况下。但随着诉讼资助者之间竞争的日益激烈，第三方诉讼资助者开始转变资助方向，除了大型案件，诉讼资助也被越来越多地用于一般的诉讼案件中，如侵权、产品责任、就业、消费者索赔等类型的民商事诉讼中。尤其是在美国，在法律允许的情况下，诉讼资助对于个人和公司原告来说都是常见的。美国人身伤害诉讼的原告也经常寻求诉讼资助公司的帮助。

三、第三方诉讼资助的运作

（一）第三方诉讼资助模式

第三方诉讼资助在发展过程中，形成了三种常见的模式：

(1) 个案资助模式 (One-Off Funding)。该模式下资助者为单一索赔案件提供诉讼费用，以换取预期的财务回报份额。单一索赔案件不同于单一当事人案件，在群体诉讼中有多个当事人，但因为以上当事人归属于一个案件，因此也属于个案资助模式。

(2) 组合资助模式 (Portfolio Funding)。该模式下资助者为一方当事人持有的多个同质或者异质债权资助者，这些债权可以是不同类型的，或多或少直接涉及争议的。当事人的类型主要是公司企业、人身伤害索赔管理公司或者破产受托人、顾问等。组合资助模式将第三方诉讼资助从一种纯粹的法律和成本风险对冲工具，转变为一种新的企业融资工具。从预算的角度考虑，诉讼费用是作为负债出现在公司财务报表上的，在争端结束之前公司不能指望诉讼带来的任何积极收益。因此，公司管理层在准备提起诉讼时必须考虑诉讼费用带来的负面财务效益和对公司股票价格的影响等。而组合资助模式中公司不需要支付任何费用，提供给公司的费用还可以作为公司正向的财务收入，形成良好的财务效益。

(3) 律师事务所资助模式 (Law Firm Funding)。该模式资助者为律师事务所代理的一揽子或者一系列案件提供资助。这种资助模式的出现源于客户自身需求的变化，律师事务所及其正常工作方式发生了转变。客户要求律师事务所改变原有的按小时收费模式，希望通过延期支付的方式与律师事务所分担诉讼的成本和风险。第三方诉讼资助者的介入可以帮助律师事务所，一方面保留其传统的计费系统，另一方面积极响应客户的需求。

组合资助模式和律师事务所资助模式作为衍生资助模式，是第三方诉讼资助者为了降低投资风险而开发的新模式。在传统资助模式下，资助者因一个案件的胜负，一不小心就可能损失全部投资；而在衍生资助模式下，资助者对一揽子案件进行交叉资助，以案件的多样性降低了资助者的风险。

（二）第三方诉讼资助流程

第三方诉讼资助流程主要包括：诉讼当事人提出资助申请、资助者进行案例评估、签订资助协议、案件推进、收益分配。

（1）当事人提出资助申请。第三方诉讼资助流程通常从当事人提出资助申请开始。寻求第三方诉讼资助的当事人在律师的协助下概述其索赔要求，形成资助申请书，交由第三方资助者审查。并与资助者签订保密协议，要求双方当事人不得将申请书内容以及之后的审查建议提供给第三人。

（2）资助者进行案例评估。案例评估是诉讼资助业务的核心环节。资助者在决定是否资助之前会对案件进行仔细的，有时甚至是漫长的尽职调查。资助者案例评估的流程包括：事实调查、获得外部法律意见、提交内部投资委员会表决。资助者在对案件评估时，会考虑索赔成功的可能性、索赔需要的时间、索赔涉及的费用、失败的可能，以及诉讼中固有的其他风险，如被告无力支付全部或者部分金额。只有当案件的成功率高于一定的百分比或者有特殊的原因使得委员会认为低于一定的百分比也合理的情况下资助者才投资。[1] 在案件证据过于薄弱、过于依赖口头证据或者事实复杂需要专家调查论证，以及索赔由众多小额索赔组成、成本过高或者被告无力支付败诉金额的情况下，资助者不

---

[1] Corporate Governance Manual（18 January 2010），para 4.18.6.

会对案件进行资助。

（3）双方签订资助协议。在案件通过审查，资助者决定投资后，双方会签订资助协议。资助协议条款根据内容，可以分为实体权益条款、程序控制条款和附属条款。实体权益条款包含了资助者向被资助者提供争议解决程序费用义务的费用资助条款、被资助者向资助者分割胜诉赔偿金的回报补偿条款，以及在诉讼失败的情况下，资助者根据签订的资助协议，决定是否需要承担败诉费用支付义务的条款。程序控制条款包含了资助者对诉讼程序的控制、资助协议的解除以及纠纷的解决等问题。附属条款旨在确保资助者能够从胜诉收益中获得投资回报。经验表明，索赔人的其他利益相关方可能会妨碍资助者这一潜在回报利益的实现，如索赔人的某一特定债权人或股东可能会与索赔人管理层在如何为索赔提供资金或是否进行索赔等方面持有不同的观点，他们可能对索赔人行使权利或采取行动，最终导致公司被清算或者清盘，损害索赔人继续索赔的能力。索赔人的律师，可能不同意资助者关于如何分配诉讼收益的观点，尤其是当涉及诉讼延期或按条件收费时。

（4）资助案件推进。在签订资助协议后，资助协议双方及律师着手推进案件进程，包括搜集证据、提起诉讼、开庭答辩、举证质证、进行调解与和解等。这个阶段耗时可能较为漫长，如在澳大利亚一个案件从起诉到判决，大概需要1~5年，具体时间取决于案情的复杂程度、诉讼当事人的配合程度等。IMF资助案件的平均解决周期是2.4年。案件进入审判阶段后，诉讼资助者会收到律师关于案件进展的定期报告等。在主动型第三方诉讼资助中，资助者还会提供有关诉讼的战略建议，决定是否和解、调解等事项。

（5）收益分配。在营利型第三方诉讼资助案件胜诉的情况下，对方当事人将向被资助者律师的信托账户支付赔偿金。律师根据资助协议中约定的支付顺序和支付金额，支付资助者的费用并将剩余的赔偿金支付给被资助者。资助者的收益分配额远远高于其他行业。

（三）第三方诉讼资助协议

资助协议按照所设要素可以分为三个部分，分别是实体权益条款、程序控制性条款以及补充协议。

（1）实体权益条款。实体权益条款，也叫财务条款，系第三方诉讼资助协议谈判中双方首先达成的条款。在当事人提出申请，资助者对案件进行初步评估并充分了解案例后，双方就投资回报条款进行协商并尽快达成一致意见。这种方法背后的逻辑是，在投资回报数额条款尚达不成一致意见的情况下，花费时间、精力去谈判其他合同条款并进行尽职调查是没有意义的。财务条款包含以下内容：①预算和最大投资额度（Budget and Maximum Investment）。预算或成本估算是资助协议财务条款的关键，其结构决定了现金的使用阶段和使用方向。没有预算，索赔人和第三方资助者将无法确定第三方资助者的投资范围并就财务交易达成一致。在预算之外，双方还会约定最大投资额度，以覆盖在诉讼过程中可能出现的其他费用成本，如担保费用、败诉费用等。资助者需要为此准备费用担保所需的现金预付款和不利成本风险准备金。随着案件的进展，不可避免地会出现偏离预算的情况，此时原告、律师和资助者需持续协商，以确保案件胜诉并合理控制费用。②败诉费用和费用担保

(Adverse Costs and Security for Costs)。若实施"败诉者付费"的费用转移规则,当事人败诉后需要支付对方当事人在诉讼中的合理支出。为了确保费用转移规则能够有效实施,众多地方规定了费用担保机制。案件的被告可以向法院申请由原告提供费用担保。因此,受资助的索赔人可能需要第三方资助者也支付这些款项或与保险公司达成协议由其承保。③胜诉收益(Successful Return)。胜诉收益即在索赔成功情况下,资助者可以取得的报酬额度。资助者的胜诉收益一般为投资总额的一定倍数或者胜诉赔偿金的一定比例,这取决于资助者所涉及的风险和时间以及投入的资金总额。澳大利亚改革委员会报告指出,2017年3月至2018年3月其联邦法院受理的集体诉讼中,第三方诉讼资助的佣金中位数为30%。然而,在破产诉讼资助中,佣金率可能更高。

(2)程序性条款。程序性条款是资助者与被资助者约定的,关于资助过程的程序性事项,具体包括:①程序管理权条款(Management of Proceeding)。资助协议通常将项目管理责任和诉讼管理控制权分配给资助者,由资助者协同律师推动诉讼的进程。从实务的角度出发给予资助者一定的诉讼控制权是合适的。因为资助者要确保其投资能够获得最佳的回报结果。但过多的诉讼控制权容易导致在资助者和被资助者存在利益冲突时,律师因听命于资助者而违背其对客户的忠实义务。因此,虽然资助者可以保持对索赔的适当控制,但律师应就和解、撤诉、上诉等关键问题与客户协商。在这方面,资助协议往往保留客户推翻资助者指示的权利。②资助终止权条款(Termination for Fault)。资助终止权是第三方诉讼资助协议中争议最大的条款,被资助者担心资助者会以此要挟被资助者及律师听命于被资助者，或者对方当事人担心资助者终止资助会使得诉讼难以为继进而无法收回已经投入的成本。但从商业投资的角度而言，赋予资助者一定的终止权是必要的。因为法律不能强人所难，在被资助者违约或者案件出现重大不利情况而胜诉无望的情形下还要求资助者继续投资是不科学的。因此，为了平衡多方利益，资助协议中会约定资助者有权行使终止权的情形，以及双方违约的责任承担。③纠纷解决条款（Dispute Resolution）。在资助协议履行过程中，资助者与被资助者难免会就部分条款或者权利义务关系产生分歧。此时可以通过聘请案外独立第三人，就争议领域提供最后的和具有约束力的意见。④特权和保密条款（Confidentiality and Privilege）。在签署第三方诉讼资助协议时，第三方资助者和被资助者通常已经签署了某种形式的保密协议。理想情况下，该协议通过法律特权和共同利益特权理论，为维护共享材料的法律特权奠定基础。将这类条款纳入资助协议是一种良好的做法，这样就不会破坏权利的链条，也可以使得三方主体之间能够共享信息。

（3）附属条款。作为无追索权的资助者，其只能指望从胜诉收益中获得投资回报。但经验表明，被资助者的其他利益相关方可能会妨碍资助者这一潜在回报利益的实现，如被资助者的某一特定债权人或股东可能会与被资助者管理层在如何为索赔提供资金或是否进行索赔等方面持有不同的观点，他们可能对被资助者行使权利或采取行动损害被资助者继续索赔的能力。被资助者的律师，可能不同意资助者关于如何分配诉讼收益的观点，尤其是当涉及诉讼延期或按条件收费协议时。而暂停协议、托管协议和优先权协议旨在处理这些情况。具体来说：①暂停协议

(Standstill Agreements)。为确保被资助者能够妥善管理程序直至诉讼完结,第三方诉讼资助者通常会与被资助者的主要股东和债权人事先达成共识,签订一份暂停协议。根据该协议,主要股东和债权人同意在诉讼结束前不对原告强制执行其权利,或采取任何可能危及诉讼的措施。②优先权协议(Priorities Agreement)。一旦诉讼得到解决或胜诉,优先权协议将规范收益向利益相关方的分配。通常的做法是委托代理人或被资助者的律师成为本协议的一方,并同意管理对相关方的付款。③托管协议(Escrow Agreement)。为了解决诉讼收益分配问题,特别是在可能涉及巨额资金的情况下,被资助者从一开始就会同意将收益直接支付给托管代理。一旦从被告处收到收益,托管协议将限制双方控制收益分配的能力。资金的有效控制权将转移给托管代理,因为托管代理没有偏离预先商定的分配规则的动机。托管代理将收益存入托管账户,以信托形式持有,随后在各方之间分配。托管代理通常是金融服务提供商。但是在索赔金额较小的情况下,被资助者的律师可以充当托管代理人。

第三节 第三方诉讼资助制度的法理基础

一、理论基石:接近正义理论

接近正义理论是第三方诉讼资助制度的理论基础。意大利著名法学家卡佩莱蒂(Appelletti)是接近正义理念的倡导者,他提出了各国政府有义务保护当事人的裁判权,为当事人从实质上实现裁判权提供应有保障的观点。[1] 卡佩莱蒂在其《接近正义》一书中指出:"接近正义一词是不容易被定义的,但它旨在关注法律制度的两个基本目的,一是司法系统必须对所有人开放,二是司法系统必须产生对个人和社会公正的结果。"[2]

接近正义要求一国的司法制度易接近、适当、平等、及时和有效。"易接近"倡导减少一国司法制度的复杂性,使得公民能够理解并行使他们的权利。"适当"要求一国司法制度能够激励人们在最合适的水平上解决争端,避免过度索赔和防御。"平等"要求一国司法系统应该公平,并对所有人包括那些有资金困难的或者存在其他劣势的群体开放。"及时"要求一国司法制度可以在纠纷的早期对当事人提供援助和支持,防止争端升级。"有效"要求一国司法系统在争议解决中传递公平适当的结果。

接近正义之所以如此重要,原因在于:首先,接近正义是法治的关键宗旨。而维护法治是一国政治稳定和经济繁荣的基础。法治框架下国家建立了一套公认的社会、政治和经济规范,它使人们能够按照自己的选择规划生活,进而支撑社会和经济发展。在一个社会中诉诸司法的机会越多,执法的可能性就越大,不法行为受到遏制的程度也就越高。这对于保护公民利益和促进社会对金融市场完整性的信心尤为重要。其次,接近正义是民主的象征。民主的制度可以保护人们的权利不受肆意侵犯,在受到侵犯

---

[1] 唐力:《民事诉讼构造研究:以当事人与法院的作用分担为中心》,2003年西南政法大学博士学位论文,第44页。
[2] Bryant Garth, Mauro Cappelletti, Access to Justice: The Newest Wave in the Worldwide Movement to Make Rights Effective, *Buffalo Law Review*, Vol. 27, 1978.

时能够要求司法机关提供保护。再次，接近正义有助于消除贫穷和隔阂。维持强大法治的先决条件是保护弱势群体。弱势群体面临的诸多民生问题，如婚姻家庭、信贷、住房、就业和歧视等，如果这些得不到解决将会加剧以上群体的贫困程度，并造成社会主体之间的隔阂和排斥。最后，成本收益分析经济学理论认为，诉诸司法是件好事。当公民不能诉诸司法时可能会诉诸暴力，引发社会动荡。

在接近正义理念倡导下各国掀起了接近正义运动，运动围绕降低诉讼费用、提供法律援助、使用多元化纠纷解决机制等展开。接近正义运动分为三个阶段：一是通过法律援助、司法救助等制度，为资金困难的当事人提供帮助。如1945年英国出台《拉什克利夫报告》，引入法律援助制度。法律援助被视为一种必要的工具，它不仅有助于落实公民诉诸司法、法律面前平等及获得公平审判的权利，还有助于落实一系列社会权利。接近正义理论认为，如果公民不能诉诸司法，那么其享有的住房权、受教育权、劳动权等社会保障权就是一纸空文。二是通过建立法律中心，提起群体诉讼、私人检察长诉讼等方式，为妇女、儿童、残障人士、消费者、环境污染受害者等弱势群体提起诉讼，以弥补权利福利空白。"诉诸司法"是公民获得其他社会权利的"钥匙"，诉诸司法成为现代宪法的一个基本支柱。接近正义理论不仅有助于实现上述社会目标，而且最终改变了人们对诉讼的看法，诉讼不再是一种社会罪恶而是一种政治表达形式，尤其是原告（即受害者）实现法律权利的途径。三是将争端解决系统视为一个行业，通过更多地使用非对抗性、多元化纠纷解决机制，设立小额诉讼程序、快速审理等程序来化解纠纷。[1]

第三方诉讼的资助制度的诞生，得益于接近正义理论及其运动的开展。在过去好几个世纪第三方为当事人提供资金支持是非法的，诉讼资助被普通法系助诉及包揽诉讼规则（Maintenance and Champerty）所禁止。助诉（Maintenance）指的是在诉讼中没有实体的权益的人，通过向一方当事人提供协助或者怂恿当事人提起诉讼的方式干预诉讼，且干预动机不被法律所认可。[2] 包揽诉讼（Champerty）作为助诉的一种特别形式，指的是与案件实体争议无关的第三人支持或者协助他人提起诉讼，其目的在于从他人的诉讼中分享诉讼目标或者胜诉权益。[3] 有证据表明古希腊和古罗马时期助诉行为就存在。但这一时期第三方助诉的目的在于，展示其社会地位以获得政治支持。[4] 到了中世纪的英国，包揽诉讼作为助诉的特别形式开始出现。[5] 这一时期封建制度的结束，并没有立即熄灭强大的男爵们希望通过"资助一大群全副武装的人，将他们带到巡回法庭给法官们留下深刻印象，或者带到议会吓唬国王"以维持往日辉煌的愿望。[6] 同时，土地作为当时唯一的实质性财富，贵族和富人希望通过对他人的土地纠纷进

---

[1] John Peysner, *Access to Justice A Critical Analysis of Recoverable Conditional Fees and No Win No Fee Funding*, UK: Palgrave Macmillan, 2014, pp. 16 – 18.

[2] Hill *v.* Archbold [1968] 1 QB 686 (CA).

[3] *Proposals for the Reform of the Law Relating to Maintenance and Champerty*, Report No. 7, 1966.

[4] Gian Marco Solas, *Third Party Funding Law, Economics, and Policy*, Cambridge University Press, 2019, p. 17.

[5] Wild *v.* Simpson [1919] 2 KB 544, 562.

[6] Bishop Stubbs, *Constitutional History of England*, Oxford Clarendon Press, 1880, pp. 436 – 441.

行资助以获得回报增加自己的财产。在司法机制内部缺乏力量、司法机关被肆无忌惮的当权者掌控时，司法无法抵制富人对穷人的压迫。包揽诉讼成为富裕地主之间"圈地运动"的工具，❶ 成为有权有势之人扩增财产的手段。❷ 助诉及包揽诉讼的行为对法律的统一执行造成了威胁。❸ 助诉及包揽诉讼者贿赂、威胁陪审员、法官的情形，严重削弱了司法的独立性。

助诉及包揽诉讼造成的恶劣影响，亟须一部法令来遏制。最早做出尝试的是 1275 年《威斯敏斯特第一法令》。《威斯敏斯特第一法令》规定："包揽诉讼行为构成犯罪。国王的任何官员不得为了土地、房屋或其他利益与他人达成契约，资助他人提起诉讼。违反者，将受到处罚。"❹ 普通法对诉讼资助的禁止，源于司法系统不应成为投机性商业活动场所的考虑，但主要目的是防止资助者通过无理取闹或压迫性诉讼、提高损害赔偿、隐瞒证据、收买证人等手段谋取私利。正如丹宁勋爵所言："普通法不喜欢包揽诉讼者，包揽诉讼者是个令人讨厌的角色，应禁止其进入法庭，否则正义的纯洁性将受到玷污。"❺ 法院只允许在普通法已经确定的例外情况下进行诉讼资助，这种例外情况通常要求被资助者提起诉讼的目的是善意的，或者被资助者资金困难，若非上述两种情况资助协议将因违反公共政策而无效。

---

❶ M. Radin, Maintenance by Champerty, *California Law Review*, Vol. 24：1, 1935.
❷ Maya Steinitz, Abigail C. Field, A Model Litigation Finance Contract, *Iowa Law Review*, Vol. 99, 2014.
❸ John Baker, *The History of the Laws of England*, Oxford University Press, 2003, p. 69.
❹ First Statute of Westminster, Cap. XXV.
❺ Re Trepca Mines (NO. 2) ［1963］1 Ch 199.

随着法治社会的建立和司法的逐步独立，人们对司法可能被投机行为玷污以及诉讼资助可能造成司法腐败的担心不再那么强烈。历史上禁止资助诉讼的理由开始受到质疑，主要是因为禁止助诉及包揽诉讼阻碍了穷人诉诸司法。1843 年边沁在公开发表的文章中指出：限制诉讼资助是"野蛮时代"的"野蛮防预措施"。❶ 阿宾格勋爵也发表言论指出：必须对包揽诉讼的行为进行严格的限定；包揽诉讼仅指那些为了不当目的挑起诉讼，鼓励他人在没有权利的情况下提起诉讼或者作出辩护的情形。当穷人被虐待压迫却无法诉诸司法时，将为穷人提供诉讼资助或法律服务的行为界定为包揽诉讼，并让行为者承担罪责是不合理的。❷ 1967 年英国《刑法法案》正式废除了助诉及包揽诉讼构成刑事犯罪和民事侵权的规定。❸《刑法法案》第 14 条第 1 款规定：根据英格兰和威尔士民事权利法，任何人不会因其行为与普通法所称的助诉及包揽诉讼有关而在侵权行为中承担责任，除非助诉行为发生在本条款生效前。1969 年澳大利亚维多利亚州出台《废止过时犯罪法案》（Abolition of Obsolete Offences Act），废除了助诉及包揽诉讼的民事侵权和刑事责任。❹ 法案第 32 条第 1 款规定："除 1969 年《废止过时犯罪法案》生效前的案件，任何人将不再因普通法中所称的助诉及包揽诉讼承担侵权责任。"继维多利亚州之后，澳大利亚的新南威尔士州、首都地区、南澳大利亚州

---

❶ Jeremy Bentham, The Works of Jeremy Bentham (ed. Bowring) (William Tait, 1843), Vol. 3, Part 1, A Defence of Usury, Letter XII, Maintenance and Champerty, 19.
❷ Findon v. Parker (1843) 11 M & W 675, 682 – 683; 152 ER 976, 979.
❸ Criminal Law Act 1967, Section 14.
❹ Abolition of Obsolete Offences Act 1969, Section 32.

相继废除了助诉及包揽诉讼构成刑事犯罪和侵权的规定。[1] 之后美国的纽约州、加利福尼亚州等39个州,以及加拿大、新加坡、中国香港等地也相继废除了助诉及包揽诉讼构成侵权犯罪的规定。

在接近正义思潮的影响下,政府更看重当事人诉权的实现。改善当事人诉诸司法的机会,已成为各国决策者、司法机关和法律人士的一个主要关切。第三方诉讼资助制度因契合了接近正义的理念而得以合法化。第三方诉讼资助制度在尚未得到司法机关的确认前,利益相关者对它看法不一。[2] 支持者强调第三方诉讼资助在接近正义方面的好处,反对者担心第三方资助增加诉讼量导致不必要的索赔。但最终司法机关认为:"接近正义作为一项人人应该享有的、随处可得的基本人权,其重要性显然是触发人们对代表诉讼或集体诉讼重新思考的新因素。诉讼资助者为包括集体诉讼在内的多种诉讼提供资金,为当事人提供了更多诉诸司法和平等抗辩的机会。"[3]

第三方诉讼资助制度发展至今,有人对该制度在促进当事人接近正义方面的功能提出了质疑。质疑主要分为三个方面:一是第三方诉讼资助者有选择地拒绝资助不符合投资标准但有价值的案例,如小额索赔和非金钱救济索赔,在集体诉讼中资助者坚持

---

[1] Civil Law (Wrongs) Act 2002, S. 221 (ACT); Maintenance, Champerty and Barratry Abolition Act 1993, SS. 3, 4 (NSW); Criminal Law Consolidation Act 1935, Sch 11 SS. 1 (3), 3 (SA); Wrongs Act 1958, S. 32 (Vic.) and Crimes Act 1958, S. 322A (Vic.).
[2] Productivity Commission, *Access to Justice Arrangements: Overview*, Inquiry Report, No. 72, 2014, p. 22.
[3] Campbells Cash and Carry Pty Ltd *v.* Fostif Pty Ltd (Fostif) (2006) 229 CLR 386.

实行"封闭式集体诉讼",将没有签署资金协议的潜在集体成员排除在外;二是与法院的受案数量相比,获得第三方诉讼资助的案件数量较少,诉讼资助对诉诸司法的影响充其量是"有限的";三是诉讼的功能是解决纠纷,诉讼程序不能也不应该成为第三方资助者挣钱的手段。

关于第一点质疑,必须承认资助者选择案例的标准确实是严格的、具有排斥性的。世界上没有一个地方的诉讼资助体系,能够资助所有提交申请的案件,无论是公共资助还是私人资助。诉讼资助者在集体诉讼中实行"封闭式集体诉讼"是为了防止"搭便车"行为的出现,即潜在的集体诉讼成员不同意支付资助费用但可以从胜诉中获益。

关于第二点质疑,第三方诉讼资助案件数量相对较少是事实。澳大利亚作为第三方诉讼资助产业最发达的国家,最大的资助者 IMF 和 LCM 在十年间资助的案件数量加起来不超过 300 件。这与法院受案数量相比数量非常少。但不容忽视的是,虽然资助案件数量较少,但获得资助的被资助者数量非常多。根据莫拉比托教授估计,在他研究的 18 个受资助集体诉讼中共有 70500 人获得帮助,有 5500 人获得赔偿款。[1]

关于第三点质疑,需要探讨民事司法系统的功能和作用。毫无疑问,法院作为司法机关的宪法任务是解决纠纷、平息争议、维护法治安定有序,而非诉讼交易的商业市场。但是,认为诉讼资助破坏了司法纯粹性的说法,既误解了诉讼资助的作用和影

---

[1] Vince Morabito, *An Empirical Study of Australia's Class Action Regimes*, Fifth Report: The First Twenty Five Years of Class Actions in Australia, July 2017.

响，又低估了法院控制诉讼程序的能力，同时也忽视了接近正义的重要性。第三方诉讼资助并不发明权利，它只是将那些有权利主张的人组织起来通过资助的方式，使他们能够有机会诉诸司法。

因此，我们应该站在客观理性的立场上，看待第三方资助在保障当事人诉权、促进接近正义方面的作用。第三方诉讼资助是市场主体的自发行为，而非政府自上而下的政策，市场主体更多关注的是自身经济利益。但不可否认的是第三方诉讼资助者在追求有利可图的同时，确实促进了正义的实现，提升了社会福利。如果没有第三方诉讼资助，众多关于侵害消费者权益、环境污染问题的群体诉讼难以诉诸司法。在当今严格区分政府义务、社会义务和个人义务的时代，建立普适性的、公益性的法律援助体系是国家和政府而非第三方诉讼资助者应承担的职责。[1] 第三方诉讼资助在促进正义方面的功能是有限的，但有限也是一种进步。同时，值得庆幸的是为较低价值的索赔提供资金是第三方诉讼资助行业的发展趋势。澳大利亚最大的第三方诉讼资助者 IMF 指出，第三方诉讼资助的市场正在发生变化，第三方诉讼资助者尤其是一些新进入市场的资助者，越来越多地考虑为债权较小的当事人提供资金。[2] 这一观点也得到了从事第三方诉讼资助业务的律师事务所的证实。律师界亦认为，当前诉讼资助者主要投资股东诉讼和集体诉讼，第三方诉讼资助处于相对初期的发展阶段，

---

[1] 黄鹂：《域外第三人诉讼资助制度的发展》，载《理论界》2016 年第 10 期。
[2] IMF Bentham Limited, *Submission to the Victorian Law Reform Commission: Access to Justic Litigation Funding and Group Proceedings*, 6 October 2017.

吸引资助的事项正呈多样化的发展趋势。[1] 诉讼资助者将资助更多种类的索赔,将有效地解决其接近正义有限性的问题。

综上,接近正义作为第三方诉讼资助制度的理论基石,促成了禁止助诉及包揽诉讼规则的逐渐解绑,为第三方诉讼资助制度的兴起扫清了障碍。随着第三方诉讼资助的索赔案件类型增多,第三方诉讼资助促进当事人接近正义的功能将得到进一步提升。第三方诉讼资助制度与司法救助、法律援助、律师风险代理、诉讼保险等其他诉讼费用分担和诉讼风险转移机制一道,减轻当事人的负担,使得更多有诉诸司法需求的当事人,走进法律程序,实现公平正义。

二、制度定位:一种诉讼费用分担和诉讼风险转移机制

(一)作为一种诉讼费用分担机制

诉讼费用有广义和狭义之分。广义上的诉讼费用(litigation cost)指当事人在诉讼过程中支出的相关费用,包括缴纳给法院的诉讼费、聘请律师的代理费、进行司法鉴定的鉴定费,以及其他方面支出,如因参加民事诉讼活动而必然支出的差旅费、证据调查搜集费、文件打印复印费等费用。狭义上的诉讼费用(court fee)指当事人为了保障诉讼活动的正常进行而向法院缴纳的费用,包括受理费、申请费及其他费用等,即《中华人民共和国民事诉讼法》(以下简称《民事诉讼法》)第 121 条的规定中的费用。[2]

---

[1] Slater Gordon, *Submission to the Victorian Law Reform Commission: Access to Justice - Litigation Funding and Group Proceeding*, 6 October 2017.
[2] 《民事诉讼法》第 121 条规定:当事人进行民事诉讼,应当按照规定交纳案件受理费。财产案件除交纳案件受理费外,并按照规定交纳其他诉讼费用。当事人交纳诉讼费用确有困难的,可以按照规定向人民法院申请缓交、减交或者免交。收取诉讼费用的办法另行制定。

为了准确区分，本书用"诉讼费用"指代"广义"上的诉讼费用，用"诉讼费"指代"狭义"上的诉讼费用。根据此分法，本书中诉讼费用＝诉讼费＋律师费＋鉴定费＋差旅费＋打印、复印费＋其他费用。

诉讼费用对当事人和法院来说非常重要。首先，诉讼费用影响当事人的诉讼观念和诉讼行为，制约着当事人诉权的实现程度。从索赔人的角度而言，索赔人在提起诉讼之前会评估争议解决所需的费用，以及胜诉后收回费用的可能性大小，以确定适用诉讼程序的风险和益处。如果诉讼费用过高或者收回的可能性过低，当事人很可能拒绝诉诸司法，其诉权将难以实现。从抗辩当事人的角度，类似费用计算和收回风险影响着他的诉讼策略，如果抗辩的费用过高或者败诉后需要支付对方当事人的费用过多，被告通常会倾向和解或者简化诉讼程序。诉讼费用与当事人的直接利益相关，因此对当事人诉讼观念的影响也非常明显。其次，诉讼费用影响司法系统的运作。一个司法管辖区内诉讼费用的高低，以及为诉讼提供多少资助机会，构成了该司法管辖区内民事诉讼结构和效率的根本问题。[1] 国家政府需要在矛盾的价值观之间寻求平衡：从促进法治以及保持社会经济稳定的角度，司法应充分可及，即诉讼费应足够低，以允许个人能够提起诉讼维护自身合法权益；但也要抑制无意义的索赔并促进和解，即诉讼成本应足够高，以阻止无意义的诉讼或无理取闹的当事人，并激励双方和解结案。

---

[1] Christopher Hodges, Stefan Vogenauer, Magdalena Tulibacka, *The Costs and Funding of Civil Litigation A Comparative Perspective*, Hart Publishing Ltd, 2010, p. 4.

诉讼费用的重要性不仅是静态上的，而且是动态上的。澳大利亚法律改革委员会在1995年名为《成本转嫁：谁为诉讼买单》的报告中指出："成本是当事人诉诸司法的一个关键因素。对于那些希望提起诉讼的人来说，这是一个根本性的障碍。对于陷入法律纠纷的人来说，这可能成为一种无法承受的负担。"[1] 诉讼费用需要提前支付再加上败诉费用风险，对于资金困难或缺乏现金流但有合理主张的当事人而言，是诉诸司法的重大障碍。

第三方诉讼资助制度提供了一种机制：即诉讼资助者为当事人支付诉讼费用，消除当事人在诉诸司法方面的障碍。资金困难的当事人被排除在司法大门之外，违反了法律面前人人平等的原则。法律面前人人平等，不仅指法律适用面前人人平等，也意味着所有人都应该有平等的机会诉诸司法，获得法律咨询和代理。对于一个运作良好的司法系统来说，诉诸该系统不应取决于支付能力，弱势的诉讼当事人不应处于不利地位。诉诸司法所包含的隐含承诺是，法律制度能够实现诉诸司法的目标，一个公正的社会拥有实现诉诸司法目标所需的资源。第三方诉讼资助者支付与诉讼有关的费用，使得索赔人在评估是否提起诉讼时不再受自身财务状况的影响，减轻了当事人的成本负担。

对于严重依赖资金流和营利性的当事人，第三方诉讼资助者提供诉讼费用的做法，使得其在能够提起诉讼寻求合法的索赔的同时，还可以将资金投入生产运营，省去了在将大额资金投入诉讼还是生产经营之间的摇摆。对营利性的实体，第三方诉讼资助

---

[1] Australia Law Reform Commision, *Cost Shifting: Who Pays for Litigation*, ALRC 75 (1995), p. 17.

除了可以转移风险之外，还有其他方面的益处。从公司会计收益的角度来看，第三方诉讼资助的介入可为当事人产生积极的会计效应。❶ 借助第三方诉讼资助，法人实体可以更好地评估索赔的潜在价值，将索赔转化为资产。通过第三方诉讼资助，法人实体对侵权、不正当竞争行为予以打击，可以树立良好的商业形象，减少同类侵权行为的发生。

（二）作为一种诉讼风险转移机制

风险转移是指一方通过合同或者非合同的方式，将风险转嫁给另一方的一种风险处理方式。❷ 诉讼风险转移指的是，诉讼当事人对诉讼中存在的风险和可能造成的损失以及不利后果转嫁给他人。

诉讼风险是客观存在的。诉讼风险包括：一是败诉风险。尽管法律的终极目标是追求客观真实，但由于时空的不可逆性，法院在审理案件时只能根据现有证据认定事实，得到法律真实，而法律真实和客观真实存在差异。诉讼时效、举证责任的设计，使得并非所有持合理主张的当事人都能胜诉。当事人必须评估败诉后承担己方费用和对方当事人费用的风险。二是胜诉后执行不能风险。索赔当事人在起诉时还需要评估胜诉后能否顺利执行的问题。在对方当事人有资金困难或者主要营业地、资产在海外的情况下，索赔当事人即使胜诉也未必能够顺利收回胜诉后的权益。

---

❶ 诉讼债权实际上是公司的应收账款，但根据会计准则，该应收账款不被视为企业的资产负债表内容，且会计规则会将诉讼费用计入费用，即使索赔成功，相关收入也被视为一次性收入，而不是营业收入。

❷ 赵家仪、陈华庭：《我国买卖合同中的"交付"与"风险转移"》，载《法商研究》2003年第2期。

三是成本和收益的风险。严重依赖现金流的当事人，在起诉时还需评估将一笔现金投入诉讼所产生的成本和收益与将等额的现金投入经营所产生的成本和收益。在前者明显低于后者的情况下，营利性实体往往会选择稳妥地经营生产，而非铤而走险提起诉讼。另外，诉讼费用作为一笔可观的支出会计入公司的账目，成为负债管理中的一部分。在诉讼周期过长，诉讼收益无法短时期内收回的情况下，提起诉讼会影响公司的财务报表，影响公司的股票价格和行业声誉等，因此公司亦不愿意贸然提起诉讼。索赔当事人在提起诉讼时面临的以上风险，使得其提起诉讼时顾虑重重。

诉讼风险是不确定的。诉讼的成败，不完全与当事人的预期相符合。法院对同一案件的裁判结果应当是唯一确定的，但事实上基于当事人的举证能力、法官自由裁量权运用，以及某一时期的司法政策，类似的案件判决结果可能并不一致。诉讼风险是当事人不愿意面对和承受的。索赔人提起诉讼的目的在于维护其合法权益，希冀从诉讼中获得收益。但是诉讼风险的客观存在性、不确定性以及发生损害的可能性，使得当事人在提起诉讼时患得患失。尤其是在原被告双方实力悬殊的环境污染、食品药品安全案件中，弱势的个人根本无法与资金实力雄厚的当事人相抗衡，当事人的诉讼风险因诉讼能力不足而陡然上升。

第三方诉讼资助提供了一种诉讼风险社会化共担机制：资助者承担与诉讼有关的风险，被资助者在胜诉且顺利执行的情况下，分割部分胜诉权益给资助者；在案件败诉的情况下，被资助者无须返还资助者支出的费用。第三方诉讼资助将与案件有关的诉讼风险转移给了资助者，使得对风险厌恶或者资金紧张的当事人在具有合理诉讼请求的情况下，可以提起诉讼维护自身的权益。

第三方诉讼资助的风险转移功能，不论对当事人而言还是对整个社会而言意义重大。众所周知，违法者的违法行为数量与违法成本、受到惩罚的可能性成反比例。违法成本越高、受到惩罚可能性越高，违法行为数量就越少，违法动机进一步得到抑制。如果一个社会没有相应的诉讼风险转移机制，人们因为害怕承担诉讼风险而不愿诉讼，少有人勇于同违法行为作斗争，那么违法行为将变得更加猖獗。在侵害消费者权益、污染环境、垄断、不正当竞争等违法行为频出的情况下，第三方诉讼资助的风险转移功能，使得弱势群体能够提起诉讼维护自身的合法权益，起到了监督其他社会主体遵纪守法的功能。第三方诉讼资助制度的风险转移功能，有助于诚实信用社会的建设，有助于社会良好风尚的形成。

第二章
第三方诉讼资助制度的域外考察与评析

第一节 英美法系第三方诉讼资助制度考察

一、澳大利亚第三方诉讼资助制度

(一) 澳大利亚第三方诉讼资助制度的孕育与诞生

助讼及包揽诉讼的民事侵权和刑事犯罪责任的废除,为第三方诉讼资助的发展扫清了法律障碍,但这尚不能解释第三方诉讼资助为何兴起。因为从20世纪70年代废除助讼及包揽诉讼的侵权责任和刑事责任,到20世纪90年代第三方诉讼资助兴起,中间间隔了20余年的时间。这20余年发生的改变,成为第三方诉讼资助制度兴起的催化剂。第三方诉讼资助制度最先在澳大利亚兴起,这与澳大利亚独特的司法环境有关系。

在澳大利亚提起诉讼是一项昂贵的支出,索赔人必须支付大量费用。❶ 澳大利亚诉讼费用涉及三项:诉讼费(court fee)、律师费用(attorney fees)和取证费用(the expenses of taking evidence)。因为律师是取证的主要主体,并且专家证人等费用,也由律师提前垫付,因此取证费用通常被包含在律师费用中。同时,澳大利亚诉讼费按照法律规定收取,典型的诉讼费包括向法院提交文件的费用、发出传票的费用、使用法院多媒体服务的费用、审理费和执行判决等日常费用。❷ 澳大利亚法院没有"用户付费"系统,法院收取的诉讼费远低于实际开支。根据澳大利亚《2009年联邦接近司法报告》,2007~2008年联邦法院收取的诉讼费仅为其总支出的9.3%,联邦治安法院的诉讼费回收率较高为22.4%,家庭法院的费用回收率最低仅为0.9%。相比之下,英国法院的成本回收率约为80%。❸ 澳大利亚诉讼费,约占一方当事人诉讼费用的1/10,诉讼费不是当事人接近司法的重要障碍。❹ 但澳大利亚民商事案件中法院费用有上涨趋势。诉讼费用较低,增加了政府必须依赖其他资金来源(如一般税收等)为

---

❶ Productivity Commission, *Access to Justice Arrangements: Overview*, Inquiry Report No. 72, 2014, p. 19.
❷ Federal Court of Australia Act 1976 (Cth), S. 60 and Federal Court of Australia Regulations 2004 (Cth), Schedule 1.
❸ Commonwealth Access to Justice Report 2009, ch 3, p. 45.
❹ Productivity Commission 2014, *Access to Justice Arrangements: Overview*, Inquiry Report No. 72, Canberra, p. 19.

法院提供资金的压力。一些法院提出了在重大经济纠纷中提高法院的诉讼费收取比率，使其接近法院的诉讼成本的改革意见。❶因此，澳大利亚民商事案件中的诉讼费用日后可能上涨。澳大利亚诉讼费用低廉，但当事人在诉诸司法上仍存在困难，原因在于：

第一，澳大利亚律师费用高昂。以按小时计费为例，合伙人律师每小时收费通常超过 600 美元，一般律师每小时收费约 400 美元，在听证过程中律师每小时工资水平从每小时 350 美元到 600 美元不等。❷ 这一费用的高昂程度，可以通过与澳大利亚全职员工的平均时薪比较发现，后者仅为 34 美元。❸ 最近一项调查发现，83% 的受访者认为在澳大利亚只有非常富有的人才能保护自己的合法权利。

第二，澳大利亚实行"败诉者付费"（loser pays）成本转移规则。该规则下败诉方需要支付胜诉方在诉讼中支出的合理费用。合理费用意味着胜诉方实际上很少能够收回全部的费用，收回费用和支出费用二者之间通常存在 30% ~ 50% 的差距。❹ 在接近正义的理念之下，败诉者付费规则被描述为"一种粗糙的手段，使得成本费用不成比例地落在了个人和社

---

❶ Law Institute of Victoria, sub. DR221, p. 46.
❷ Productivity Commission, *Access to Justice Arrangements：Overview*, Inquiry Report No. 72, 2014, p. 116.
❸ ABS 2012, Productivity Commission, *Access to Justice Arrangements*, Inquiry Report No. 72, 2014, p. 116.
❹ Christopher Hodges, Stefan Vogenauer, Magdalena Tulibacka, *The Costs and Funding of Civil Litigation：A Comparative Perspective*, Hart Publishing Ltd, 2010, p. 202.

区团体身上，而这些个人和团体并不像政府和公司那样财大气粗"。❶ 败诉者付费规则在一定程度上使得那些遭遇失业、失去房产的个人以及在诉讼中没有私人利益的公益组织，因担心败诉后需要支付对方费用而不敢提起诉讼。❷

第三，澳大利亚民商事案件申请法律援助困难。澳大利亚法律援助倾向于刑事案件。优先考虑刑事案件，不仅因为刑罚对人们生活影响更广泛，还因为澳大利亚最高法院确立了"为严重刑事案件提供免费法律援助"的原则。因此澳大利亚民商事案件要想获得法律援助非常困难，尤其是在法律援助资金减少和法律援助手续严苛的情况下。在澳大利亚只有8%的家庭可能通过收入和资产测试，获得法律援助。❸

第四，澳大利亚除维多利亚州之外其他州均禁止律师实行按百分比收费的风险代理，违反者将构成执业不当并受到罚款处罚。禁止律师按百分比收费，阻碍了当事人转移诉讼风险。在允许律师按百分比收费的国家，如我国，胜诉后收取一定比例的赔偿金激励了律师去承担当事人诉讼中的费用和败诉后收不回律师费用的风险，减轻了当事人起诉时的成本负担和败诉后的费用风险。但澳大利亚禁止律师按百分比收费，使得这一成本和费用风险难以在当事人和律师之间流动起来，加重了当事人诉讼负担，

---

❶ Victorian Environmental Defender's Office, *Quoted in Victorian Law Reform Commission*, Civil Justice Review, Report, 2008（VLRC Civil Justice Review 2008）.
❷ Australian Law Reform Commission, *Cost Shifting: Who Pays for Litigation in Australia*, Cost Shifting（1995）at [4.14].
❸ Productivity Commission, *Access to Justice Arrangements: Overview*, Inquiry Report No. 72, 2014, p. 120.

阻碍了当事人接近正义。❶

第五，澳大利亚保险市场欠发达。❷ 这一点与英国形成了鲜明的对比，英国有发达的"事后保险"市场来覆盖不利成本，这也是英国最先废除禁止助诉及包揽诉讼立法，但没有最先发展出第三方诉讼资助制度的主要原因。澳大利亚法律费用保险机制的缺乏，阻碍了当事人转移诉讼风险，为第三方诉讼资助制度的发展留下了余地。

高昂的诉讼费用阻碍了公民诉诸司法。调查显示，澳大利亚约有851.3万名15岁及以上的公民曾遇到法律问题，其中31%的公民在没有得到任何法律建议的情况下处理纠纷，18%的公民面临法律问题时什么也不做，27%的公民指出费用是其寻求法律建议的障碍。❸ 以上数据凸显了澳大利亚公民法律需求未得到满

---

❶ 澳大利亚禁止律师按百分比收费，但允许律师按条件收费。禁止律师按百分比收费所阻止的风险转移，并不能通过按条件收费协议弥补。因为这两种模式下案件败诉后律师承担的风险基本一致，但胜诉后收益率却大不相同。按百分比收费模式下，律师可以收取赔偿金的一定比例，但按条件收费模式下律师只能额外收取律师费用的一定比例，显然后者远远低于前者。某些在按百分比收费模式下可行的案件，在按条件收费模式下并不可行，如集体诉讼。集体诉讼所具有的周期长、案情复杂、费用高昂等特征，决定了如果律所为其按条件收费，将承担与收益不成比例的诉讼风险。已有案例证明这种风险并非理论上的。在彼得森诉默克夏普和多梅（澳大利亚）有限公司 [Peterson v. Merck Sharp & Dohme (Australia) Pty Ltd] 集体诉讼一案中，律所与原告签订了附条件收费协议，约定不赢不收费。在原告一审胜诉但二审败诉的情况下，律所不能收回的律师费共计1050万美元，使得当年律所税后净利润下降了10.5%。这给所有律所一个警示，即在集体诉讼等案件中谨慎的做法是继续根据已经完成的工作获得报酬，而不是为了获取额外报酬奖励而选择按条件收费。

❷ Christopher Hodges, Stefan Vogenauer, Magdalena Tulibacka, *The Costs and Funding of Civil Litigation a Comparative Perspective*, Hart Publishing Ltd, 2010, pp. 195 – 216.

❸ Law and Justice Foundation of New South Wales, *Legal Australia-Wide Survey: Legal Needs in Australia*, 2012, xvii.

足。正如西澳大利亚首席法官韦恩·马丁所说："法律费用超出了许多普通澳大利亚人的承受能力……理论上，所有人都可以利用司法体系，但实践中真正能够进入法院大门的仅限于大型商事企业、富人以及获得某种形式援助的人。"❶ 澳大利亚为了扫除费用给当事人诉诸司法造成的障碍，采取了一系列的改革，如律师费用估算、法院案件管理、❷ 法院程序改革❸等，但效果并不十分理想。以律师费用估算为例，尽管澳大利亚所有司法管辖区都要求律师向当事人提供代理费用估算，但这些估算并没有让当事人更好地了解费用状况。因为当事人聘请律师后，律师根据实际情况会不可避免地修改费用估算或者在小时计费模式下为了多收取费用采取拖延政策，当事人仍面临很大的费用不确定性。

创新填补法律实践空白。第三方诉讼资助制度在很大程度上填补了索赔人因资金困难、无力支付高昂费用而无法提起诉讼的法律实践空白。澳大利亚第三方诉讼资助制度的兴起是从法院确定第三方诉讼资助协议合法性开始的。澳大利亚在废除助诉及包揽诉讼的侵权责任和刑事责任的同时，保留了"不影响任何关于合同被视为违反公共政策或非法的法律规则"的规定。❹ 这使得

---

❶ Productivity Commission 2014, *Access to Justice Arrangements*, Inquiry Report No. 72, Canberra, p. 6.
❷ 案件管理旨在通过取消正式诉状，严格控制审前出庭次数，严格遵守时限等目标明确、运用得当的措施，提高效率、降低成本和减少延误，进而产生效益。
❸ 在法院程序改革方面，法院围绕诉讼费用和成本中最重要的"贡献者"——证据发现和专家证人规则作为突破口。要求法院对律师拟调查的严格审查，以确保证据与案件存在利害关系；要求当事人及律师在援引专家证据之前寻求指导，以及更多地使用并行证据和单一或法院指定的专家，以提高专家证据的质量，减少不必要的费用和与使用相关的延误。
❹ 如澳大利亚维多利亚州《废止过时犯罪法案》第32条第2款规定："废除立法，并不影响任何关于合同被视为违反公共政策或非法的法律规则。"

第三方诉讼资助合同的可执行性具有极大的不确定性。1996 年澳大利亚联邦法院在 Movitor 案❶中确立了破产程序中第三方诉讼资助协议的合法性。该案中清算人 Movitor 有限公司申请法院确认，其与第三方资助者 Lumley 保险公司签订第三方诉讼资助协议的合法性。该资助协议约定：第三方资助者 Lumley 保险公司向 Movitor 有限公司的清算人提供资金，以便清算人能够代表公司开展诉讼；Lumley 保险公司每为一项索赔提供资金，即可在该项索赔胜诉并获得赔偿后获得其前期垫付资金以及净收益 12% 的"风险溢价"。法院认为清算人 Movitor 有限公司与第三方资助者 Lumley 保险公司签订的资助协议在通常情况下是无效的，因为它违背了公共政策。但在破产清算案件中可被算为例外，该资助协议合法有效。破产清算人出售部分胜诉权益，以换取诉讼资助不涉及助诉及包揽诉讼的原因在于：根据澳大利亚《公司法》（Corporation Law）第 477 (2)(c) 条的规定："清算人有权以任何方式出售或处置公司的财产。"❷清算人破产诉讼中的"胜诉收益"属于"公司财产"的一部分。❸ 法律赋予清算人出售破产财产的权利，这种交易不受其他法律规则的约束，否则这些法律规则将使出售成为非法。❹法院的判决允许第三方诉讼资助者为破产诉讼者提供资金，为诉讼资助者在澳大利亚发展商业模式创造了机会。

---

❶ (1996) 64 FCR 380.
❷ (1996) 64 FCR 380, at [22].
❸ (1996) 64 FCR 380, at [29].
❹ (1996) 64 FCR 380, at [23].

（二）澳大利亚第三方诉讼资助制度的发展与完善

尽管第三方诉讼资助最先在澳大利亚破产程序中得以适用，但其惊人的崛起通常要追溯到 2006 年的 Fostif 案。该案是一起集体诉讼案件，原告是新南威尔士的众多小烟草零售商，被告是烟草批发商，原告通过被告向州税务机关转交烟草特许费。1997 年 8 月 5 日，高等法院在哈诉南威尔士州（Ha v. New South Wales）一案中，判决具有州税性质的特许费用违宪，烟草许可证无效。在许可证制度生效期间，被告向新南威尔士州支付了与他们每月销售的烟草价值相关的许可证费。原告将这笔费用转嫁给消费者，作为烟草产品购买价格的一部分。原告支付了 1997 年 8 月的执照费，但该案的判决意味着被告没有义务支付该月的执照费。原告起诉要求赔偿，以收回其向被告支付的，但被告未交给州政府的那部分许可证费用。因为每个原告的索赔费用大概在 1000 美元，单独提起诉讼并不划算。因此，一家名为费尔斯通（Firmstones）的第三方资助公司向有资格追讨特许费的零售商发信，请求准予代表他们展开针对被告的法律程序。后 2000 多名原告与第三方资助公司签订了资助协议。资助协议约定 Firmstones 支付原告在诉讼中的费用及败诉后的费用，以换取胜诉后 33% 的胜诉赔偿金；资助者在诉讼中代表零售商行事，享有诉讼的主要控制权，可以与对方达成和解；律师不得与零售商直接联系。被告就此请求法院中止诉讼程序：Firmstones 属于诉讼中介，他通过主动联系当事人挑起诉讼；Firmstones 控制诉讼程序的行为，属于滥用诉讼程序，导致了当事人的利益服从于诉讼资助者的利益；Firmstones 是他人诉讼中的投机者，资助他人诉讼的目的是获利，违反了公共政策。该案中，高等法院以 5：2 的多数票裁定，仅仅由第三方提供诉讼资助的行为不构成滥用诉讼程序，❶ 在助诉及包揽诉讼已经被废除的司法管辖区，第三方诉讼资助不违反公共政策。❷

Fostif 案后，第三方诉讼资助在澳大利亚取得了前所未有的高水平持续增长。第三方诉讼资助不再局限于破产清算案件，在集体诉讼、大型商业诉讼，以及一般的诉讼或者仲裁案件中都开始出现，如产品责任、就业、消费者和环境索赔等领域的民商事诉讼中。最近的判例表明，在保留了助诉及包揽诉讼构成侵权和犯罪的地区和州，第三方诉讼资助也是被允许的。如在昆士兰州上诉法院审理的格莱斯顿港口有限公司诉墨菲运营商有限公司等（Gladstone Ports Corporation Limited v. Murphy Operator Pty Ltd & Ors）一案中，上诉法院认为：从历史上看，构成助诉和包揽诉讼的合同，因违反公共政策而无效。但公共政策不是一成不变的，而是随着时间的推移而变革的。助诉及包揽诉讼所具有的威胁，在现代社会已经不再存在，现在法院具备了防止诉讼程序被助诉及包揽诉讼者滥用的能力。❸

澳大利亚拥有发达繁荣的诉讼资助市场。以收入为例，2020年澳大利亚诉讼资助行业的市场规模为 1.412 亿澳元，该行业的市场规模在 2015 年至 2020 年平均每年增长 20.1%，预计在未来五年继续增长。❹ 根据澳大利亚法律改革委员会（Australian Law Reform Commission，ALRC）统计，大约有三十多个诉讼资助者

---

❶ Ha v. NS（1997）HCA 34.
❷ Fostif,（2006）229 CLR 386, para 432 –435.
❸ Gladstone Ports Corporation Limited v. Murphy Operator Pty Ltd & Ors（2020）QCA 250.
❹ IBISWorld, *Litigation Funding in Australia: Market Research Report*, 15 April 2021.

活跃在澳大利亚市场。❶ 在 2015 年之前,澳大利亚的诉讼资助市场由 IMF 主导。❷ IMF 的优势因国内和国际资助者对市场的争夺受到了严重削弱。现在澳大利亚第三方资助市场上活跃的本土资助者还有:希尔克雷斯特诉讼服务有限公司(Hillcrest Litigation Services Ltd)、LCM 诉讼基金有限公司(LCM Litigation Fund Pty Ltd)、诉讼借贷服务有限公司(Litigation Lending Services Pty Ltd)等。活跃的国际资助者有:综合法律资助有限责任公司(Comprehensive Legal Funding LLC)、国际诉讼资助合作伙伴私人有限公司(International Litigation Funding Partners Pte Ltd)和量子诉讼资助有限公司(Quantum Litigation Funding Pty Ltd)等。❸

澳大利亚第三方诉讼资助制度多用于高价值的商事索赔,这与第三方诉讼资助的结构有关。经验数据表明,在澳大利亚只有当索赔的"核心价值"高于 100 万美元时,才能保证诉讼资助者的利益,并使得索赔人及其利益相关方的融资成本合理。❹ 澳大利亚第三方诉讼资助市场很大一部分由集体诉讼组成,如灾难或

---

❶ Australian Law Reform Commission, *Inquiry into Class Action Proceedings and Third-Party Litigation Funders*, Discussion Paper 85, June 2018, p. 16, para 1. 12.

❷ IMF 是澳大利亚规模最大的诉讼资助者,于 2001 年在澳大利亚证券交易所(ASX)上市。IMF 在澳大利亚开展业务,却是全球诉讼资助行业的先驱。在 ASX 上市的 16 年里,IMF 资助了 162 起案件,平均结案时间 2.6 年。162 起案件中 133 起和解,14 起进入判决或上诉阶段并胜诉,15 起案件资助失败;收入为 21 亿美元,其中 13 亿美元(62%)返还给被资助者;剩余的 38%,3.06 亿美元(15%)为 IMF 为支付索赔而支付的法律费用,4.86 亿美元(23%)为净收入(不包括间接费用)。

❸ Productivity Commission 2014, *Access to Justice Arrangements*, Inquiry Report No. 72, Canberra, p. 608.

❹ Litigation Funding Solutions, Characteristics of a Good Case (2018) Litigation Funding Solutions, http://www. litigationfundingsolutions. com. au/characteristics-of-a-good-case-page/.

大规模侵权索赔、股东和投资者索赔、产品责任索赔以及就业、消费者和环境索赔等。第三方诉讼资助已成为澳大利亚集体诉讼格局的一个突出特征。根据联邦法院统计数据显示，自1992年3月至2013年3月，向联邦法院提起的集体诉讼中有14.7%获得了资助；2013年3月到2017年3月，获得资助的集体诉讼百分比增长到63.9%；2017年3月至2018年2月，获得资助的集体诉讼占所有提交的集体诉讼的77.7%，如图2.1所示。

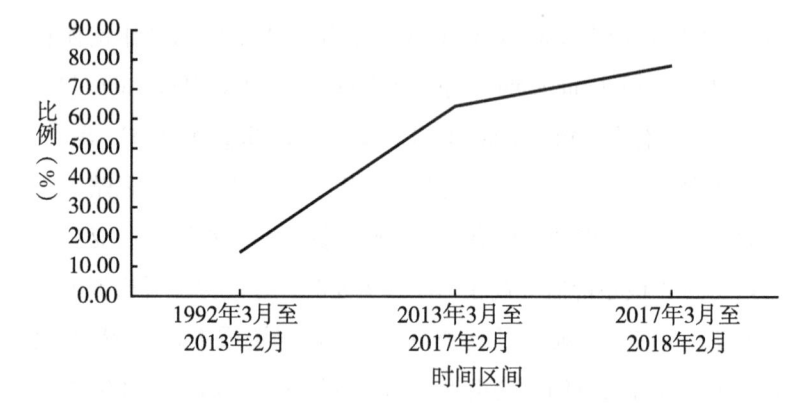

图2.1：澳大利亚联邦法院集体诉讼资助比例

同时，部分类型的集体诉讼中第三方资助的使用率极高。根据联邦法院统计数据显示，在2013年至2018年，所有的股东索赔集体诉讼（37起）都得到了资助；特许经营商、代理商或经销商索赔资助比例为66.6%（2起）；投资者索赔的集体诉讼有65%（17起）的案件得到了资助；而消费者保护索赔集体诉讼的资助比例较低，13件集体诉讼中只有4件得到了资助，资助比例仅为30.7%，如图2.2所示。随着第三方诉讼资助市场竞争的白热化，普通的商事诉讼、知识产权、家事诉讼开始获得诉讼资助。

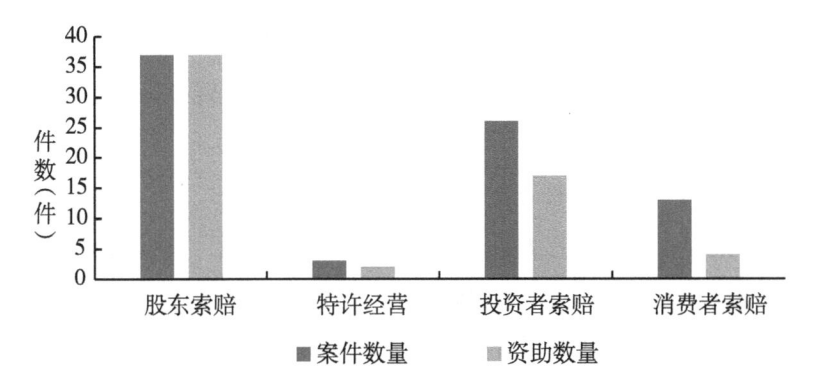

图 2.2：澳大利亚联邦法院不同类型集体诉讼获得资助情况

（三）澳大利亚第三方诉讼资助制度规则与监管

澳大利亚对第三方诉讼资助制度的规定，主要集中在澳大利亚《联邦法院集体诉讼事务说明》[1]；证券投资委员会作出的临时条例 CO 10/333[2]、CO 11/555[3]、CO 13/18[4] 及《监管指南 248》[5]、《公司法诉讼资助计划工具 2020/787》[6]；联邦政府制定的《公司法修订（诉讼资助）条例 2012（第 6 号）》（以下简称

---

[1] Federal Court of Australia, *Practice Note*（*CM 17*）—*Representative Proceedings Commenced under Part IV A of the Federal Court of Australia Act* 1976, 5 July 2010, [3.6].

[2] Australian Securities and Investment Commission, ASIC Class Order（CO 10/333）- Funded Representative Proceedings and Funded Proof of Debt Arrangements, http://www.asic.gov.au/asic/pdflib.nsf/LookupByFileName/co10 - 333.pdf/ $ file/co10 - 333.pdf.

[3] Australian Securities and Investments Commission, ASIC Class Order（CO 11/555）, 23 June 2011.

[4] Australian Securities and Investments Commission, ASIC Class Order（CO 13/18）, 11 July 2017.

[5] ASIC Regulatory Guide 248, *Litigation Schemes and Proof of Debt Schemes: Managing Conflicts of Interest*, April 2013.

[6] ASIC Corporations（Litigation Funding Schemes）Instrument 2020/787.

《公司条例 2012》)❶、《诉讼资助条例 2020》❷;以及澳大利亚诉讼资助者协会的《诉讼资助者和管理人员最佳实践指南》❸ 等文件当中。

1. 对第三方诉讼资助的监管

澳大利亚在第三方诉讼资助发展初期采取了"轻触式"监管政策,法院在司法个案中确定的严厉监管政策,一再被政府文件推翻,表明了政府不希望严苛地监管第三方诉讼资助的态度。澳大利亚法律委员会指出,诉讼资助在澳大利亚是一个新兴行业,为了保障公民获得司法救助,必须允许其发展和扩大。❹ 严苛的监管政策将束缚第三方诉讼资助产业的发展,抑制该行业的发展,从而阻碍第三方诉讼资助在集体诉讼等大型诉讼中促进接近司法功能的实现。就像政府在声明中指出的一样:"法院的裁决将导致诉讼资助者及其与客户签订的资助协议应满足受管理投资计划系统实施的广泛要求。这些规定不适用于第三方诉讼资助。政府的主要目标是确保消费者不会失去诉诸司法的这一重要手段。"但随着第三方诉讼资助在澳大利亚的逐步繁荣,澳大利亚采取了政府法规审慎监管模式,立法明确要求资助者持有金融服务许可证(Australian Financial Services License,AFSL),并满足金融服务许可证下的各项要求。澳大利亚诉讼资助者协会于 2019 年 1 月出台了《诉讼资助者和管理人员最佳实践指南》(以

---

❶ Litigation Funding Corporations Amendment Regulation 2012 (No. 6).
❷ Corporations Amendment (Litigation Funding) Regulations 2020.
❸ Association of Litigation Funding of Australia, Best Practice Guidelines for Litigation Funders & Managers, January 2019.
❹ Regulation of Third Party Litigation Funding in Australia Position Paper, June 2011, p. 4.

下简称《实践指南》)。《实践指南》规定了作为澳大利亚诉讼资助者协会以及分会成员的资助者,在诉讼资助和管理相关争议解决方面应遵守的实践和行为标准。《实践指南》不具有强制力,但代表了一个最佳实践框架,成员可以在此框架内制定自己的标准。如果成员的行为偏离了指南,则该成员应向潜在的被资助者披露该偏离。

2. 第三方诉讼资助制度实体性规则

2020年5月22日澳大利亚联邦财政部部长宣布,政府将根据澳大利亚公司法中"受管理投资计划"对诉讼资助者施行更大程度上的监管,要求诉讼资助者持有金融服务许可证。2020年7月24日《诉讼资助条例2020》落实了政府的这一公告。《诉讼资助条例2020》将诉讼资助分为三种,第一种是破产诉讼资助计划(Insolvency Litigation Funding Scheme),与澳大利亚《公司法》第5章法人团体有关,指的是法人团体的债权人或成员向法人团体或外部管理人提供资金,使得其能够进行调查或寻求执行针对第三方的补救措施,或为针对法人团体提起的与该法人团体的外部管理有关的诉讼进行辩护。第二种是个人诉讼资助计划(Individual Litigation Funding Arrangement),该计划主要为个人索赔提供资助。第三种是合法权益诉讼资助计划(Legally Entitled Litigation Funding Arrangement),该计划主要为集体诉讼成员提供资助。之所以作此区分,是因为需要对不同种类的诉讼资助进行不同的监管。《诉讼资助条例2020》规定:从2020年8月22日起,诉讼资助计划的经营者通常需要持有AFSL,且每项诉讼资助都需要按照"受管理投资计划"要求进行注册;这些变化不适用于2020年8月22日之前订立的诉讼资助协议,不适用于破产诉讼和个人诉讼资助计划中的诉讼资助者。该条例还明确规定，根据《公司法》的规定，诉讼资助中的权益属于"金融产品"。❶

3. 第三方诉讼资助制度程序性规则

澳大利亚《联邦法院集体诉讼实务指南》规定，集体诉讼的各方当事人应在第一次案件管理听证会议之前，向联邦法院披露资助协议中关于资助者承担诉讼费用、支付费用担保或败诉费用规定的内容。披露的资助协议可以进行修订，以隐藏可能给对方当事人带来战术优势的信息。❷ 如有下列情况发生当事人有义务通知联邦法院：费用协议或诉讼资助协议发生变更，参与集体诉讼的诉讼资助者发生变化，资助者资不抵债、无法或不愿意继续为集体诉讼提供资助。

4. 第三方诉讼资助制度利益冲突规则

澳大利亚《公司条例2012》规定："受管理投资计划"在定义上不包括诉讼资助，但诉讼资助者要有适当的程序管理利益冲突。❸ 管理利益冲突的适当做法包括：第一，资助者应对与诉讼资助业务有关的运营进行审查，以评估和确定潜在的利益冲突。第二，资助者具有识别和管理利益冲突的书面程序，并已实施该程序。第三，书面程序每隔一段时间审查一次，间隔时间最长不超过12个月。第四，书面程序包括以下内容：监测资助者的业

---

❶ Explanatory Statement Issued by Authority of the Treasurer Corporations Act 2001.

❷ Federal Court of Australia, *Practice Note* (*CM* 17) —*Representative Proceedings Commence Under Part IVA of the Federal Court of Australia Act* 1976, 5 July 2010, [3.6].

❸ Explanatory Statement, Select Legislative Instrument 2012 NO. 172 1. Corporations Regulations 2001 (Cth) reg 7.6.01AB.

务以确定潜在的利益冲突，资助者向被资助者披露利益冲突的方式，资助者管理潜在利益冲突的情况，保护被资助者和潜在资助者的利益，如何处理律师同时代表资助者和被资助者的情况等。第五，以上事项的执行、监测和管理由资助者的高级管理层或合伙人进行。[1]《监管指南248》对《公司条例2012》进行了补充。鉴于资助者、律师和被资助者之间利益分歧而造成的利益冲突问题，资助者要做出强有力的安排，以查明和评估不同的利益和冲突，并根据需要作出反应。资助协议中必须包含以下条款：设置冷静期，以便被资助者可以寻求法律建议；律师有义务优先考虑被资助者给出的意见，而非资助者给出的指令；在资助者和被资助者对和解等重大事项的解决方案存在分歧时，可将争议提交至独立的第三方，由第三方提供解决方案。第三方可以是独立的律师，也可以是商事调解机构。

二、英国第三方诉讼资助制度

（一）英国第三方诉讼资助制度的孕育与诞生

1967年英国《刑法法案》取消了助讼及包揽诉讼的刑事责任，并废除了任何可能源于这两种学说的侵权责任，但保留了助讼及包揽诉讼可能因违反公共政策而无效的规定。[2] 因此，作为一项公共政策，如果原告没有正当理由，第三方诉讼资助协议可能会因为违反公共政策被裁定为不可执行。[3] 1990年英国议会通过了《法院和法律服务法》，废除了禁止助诉及包揽诉讼的规

---

[1] Corporations Regulations 2001（Cth）reg 7.6.01AB（4）（e）.
[2] Criminal Law Act 1967, Section 12.
[3] Criminal Law Act 1967, Sections 13 and 14.

定，第三方诉讼资助具有了兴起的条件。

英国第三方诉讼资助的兴起，源于高昂的诉讼费用与当事人接近正义需求之间的矛盾。英格兰和威尔士在《民事诉讼程序规则 1998》（Civil Procedure Rules 1998）第 1 条 1 款 1 项中规定："民事诉讼改革的宗旨在于法院能够公正和按成本比例处理案件。"❶ 但对大多数人来说，诉讼费用仍然是进入司法的一个障碍。❷ 伍尔夫勋爵在《接近正义报告》（Access to Justice Report）中指出，英国的民事司法系统存在一系列问题，其中包括诉讼费用过高；除非得到财政援助，否则大多数英国公民难以负担诉讼费用；诉讼费用取代诉讼请求的是非曲直，成为诉讼的决定性因素。❸

首先，英国的法律援助制度难以满足公民诉诸司法的需求。英国于 1949 年引入法律援助制度，旨在为无法诉诸司法的索赔人提供政府帮助。❹ 然而法律援助存在重大问题，一是索赔人在获得法律援助资格之前要接受案件是非曲直和收入水平的测试，这导致了中产阶级被排除在外。英国人杰克逊在其改革报告中将这类人称为中等收入无资格获得法律援助者（Middle Income Not Eligible for Legal Aid Support，MINELAS）。❺ 这类人"太富"，因此无法申请到法律援助；同时又"太穷"没有能力支付法律

---

❶ Civil Procedure Rules 1998 Rule 1.1 (1).
❷ Sir Terence Etherton, Costs after Jackson, Conkerton Me Mrmorial Lecture 2018, *Livepool Law Society*, 15 March 2018.
❸ The Right Honourable Lord Woolf, *Access to Justice: Final Report*, July 1996.
❹ Legal Aid and Advice Act 1949.
❺ Lord Justice Jackson, *Review of Civil Litigation Costs: Final Report*, Tso Information & Publishing Solutions, 2010, p. 88.

咨询和代理费用。中产阶级这种"比上不足、比下有余"的状态，使得其成为接近正义中新型的权利贫困者。[1] 二是获得法律援助资格并不意味着索赔程序是免费的，在某些情况下索赔人可能会被要求支付案件的部分费用，这阻碍了部分资金困难的无产阶级通过法律援助进行诉讼。三是之后的一系列改革导致了法律的覆盖面和资金面有所下降，[2] 在1998年至2007年，民事法律援助的资助量几乎减半，2005年至2007年降幅尤其大。[3] 在2009年英格兰和威尔士只有29%的人口有资格获得民事代理，法律援助的大部分费用被用于刑事案件。

其次，历史上英国禁止律师实行"按百分比收费"的风险代理，这阻止了当事人将诉讼风险转移。这一禁令因2010年《基于损害赔偿的协议条例》（Damages – Based Agreements Regulations）[4]的颁布而失效。英国允许律师进行风险代理，但收取的费用金额不得超过客户收回金额的35%。[5]

最后，与澳大利亚不同的是，英国的诉讼费用保险机制较为

---

[1] Dr Warren Mundy, Submission to the Victorian Law Reform Commission, *Access to Justice Litigation Funding and Group Proceedings*, September 2017.
[2] 英国1988年《法律援助法》（Legal Aid Act）将法律援助的责任置于中央政府之下，随后法律援助委员会（Legal Aid Board）成立。该委员会随着1999年《诉诸司法法》（Access To Justice Act）颁布后法律服务委员会（Legal Services Commission）成立而解散。民事法律援助系社区法律服务（Community Legal Service）的一部分，刑事法律援助属于刑事辩护服务（Criminal Defence Service）。律师事务所希望开展法律援助工作需要与社区法律服务委员会和刑事辩护委员会签订合同且法律援助金额设置具有上限。
[3] A. Griffith, Dramatic Drop in Civil Legal Aid Eligibility, Legal Action, September 2008.
[4] Damages – Based Agreement Regulations 2010/1206.
[5] 这为支付给第三方资助者或律师资助者的费用水平的持续问题设定了一个重要的公共政策基线。

完善。诉讼费用保险在费用分担和风险转移方面起到了一定的作用,这也是为什么英国先于澳大利亚废除禁止助诉及包揽诉讼传统,但第三方诉讼资助后于澳大利亚兴起的主要原因之一。英国有较为完善的事后保险制度,该制度兴起于 1995 年。事后保险制度在兴起之初,保险费用由原告支付。在 1999 年规则有所改变,法律规定原告胜诉时有权要求被告支付已经购买的保险费用。这一规则转变下,保险公司趁机提高保险费用,招致公众诸多抱怨。

英国第三方诉讼资助的兴起可追溯至 Arkin 案。[1] Arkin 案中,阿尔金作为 BCL 航运有限公司的所有者起诉欧洲航运会议联合信息系统会议(UNISCON)的四名成员,指控被告使用掠夺性定价和其他非法活动导致 BCL 破产。阿尔金与专业资助公司索赔管理和处理公司(Managers and Processors of Claims, Ltd, MPC)签订了一项协议,由 MPC 为诉讼的部分费用提供资金。阿尔金败诉后,根据英国"败诉者付费规则",阿尔金应该支付胜诉方的法律费用。但是阿尔金资金困难无力赔付。胜诉方向法院提出申请,要求由 MPC 代替阿尔金支付相关费用,法院驳回了该申请。一审法院认为:诉讼资助制度通过提供诉诸司法的机会推进了公共政策;在诉讼资助协议不构成助诉及包揽诉讼的情形下,法院不应通过迫使资助者支付对方当事人法律费用来阻止该协议。但是,上诉法院推翻了一审判决,并命令 MPC 支付对方当事人的费用,费用的限度以其提供资助的总额为限制。上诉法院希望通过资助者承担部分败诉费用的方式,来平衡"败诉方

---

[1] Arkin v. Borchard Lines Ltd [2005] EWCA Civ. 655.

付费"费用转移规则与诉讼资助制度。上诉法院认为，在资助者仅资助了案件的一部分，没有参与被资助者对案件的处理也没有试图控制诉讼的情况下，要求其承担被告的全部费用，将导致没有资助者愿意提供资助，接近正义的途径将受阻。但鉴于资助者在案件胜诉的情况下有利可图，因此一个切实可行且公正的解决办法就是，资助者在其资助金额范围内对对方的费用承担潜在责任。要求资助者承担与其资助金额相当的败诉费用，可以使得正义得到更好的伸张，避免被告处于无权从营利型资助者处收回任何费用的境地。要求资助者承担部分败诉费用，可以促使资助者将风险限制在合理的水平，督促专业资助者在挑选资助案件时更加谨慎。

该案中，法院作出了"资助者承担败诉费用的责任，仅限于其提供的资助金额"的判决，该规则被称为"阿尔金上限"规则（Arkin Cap），被认为是第三方诉讼资助行业扩张的催化剂。Arkin 案中法院支持诉讼资助公司的做法，几乎等于认可了诉讼资助行业。2007 年 6 月，英国民事司法委员会（Civil Justice Council）在《促进接近正义：供资选择和费用相称》（Improved Access to Justice：Funding Options and Proportionate Costs）报告中指出，在 Arkin 案判决之后，第三方资助已经在英格兰和威尔士确立。[1] 在该案中上诉法院详细审查了第三方诉讼资助问题，默认了诉讼资助的合法性。[2] 2010 年《杰克逊成本回顾》（The

---

[1] Chrispher Hodges, John Peysner, Angus Nurs, *Litigation Funding：Status and Issues*, January 2012, p. 12.

[2] Michael Napier, Peter Hurst, Richard Moorhead et al, *Improved Access to Justice Funding Options & Proportionate Costs*, June 2007, p. 12.

Jackson Costs Review）报告中，对第三方诉讼资助给予了高度评价，指出第三方诉讼资助是有益的，它促进了原告诉诸司法的机会，没有给被告带来财政负担，并过滤掉了不合理的案件。[1]

（二）英国第三方诉讼资助制度的发展与完善

根据 2017 年的一项调查报告，英国的律师事务所对第三方诉讼资助的使用频率和认识程度普遍高于其他任何受调查的司法管辖区。大多数的英国律师事务所认为，使用第三方诉讼资助为诉讼提供资金是法律业务中一个日益增长且逐渐重要的领域，是一种诉讼费用分担的创新举措，有助于提高律师事务所的竞争力。目前，英国第三方诉讼资助市场由英格兰和威尔士资助者协会的成员主导。

与澳大利亚一样，英国第三方诉讼资助绝大多数是在商业纠纷的背景下进行的。绝大多数受资助当事人要么是商业实体的代表，要么是有经验的专业人士。英国资助者主要是对冲基金、保险公司、大型投资公司和私人投资者，大多数资助公司属于大型企业实体，通常为索赔价值超过 10 万英镑的诉讼提供资助。资助者协会成员不能资助人身伤害类索赔。英国牛津大学和林肯大学的研究人员发布的初步调查结果表明，英国当前的资助模式改善了中小企业诉诸司法的机会，但单个原告并未获得同样的好处。在英国第三方诉讼资助行业不专注于迎合低收入的个人原告，而是采取复杂的投资方式为诉讼提供资助。

---

[1] Lord Justice Jackson, *Review of Civil Litigation Costs: Final Report*, Tso Information & Publishing Solutions, 2010.

(三) 英国第三方诉讼资助制度规则与监管

1. 对第三方诉讼资助的监管

与澳大利亚侧重行政审慎监管不同，英国第三方诉讼资助制度在发展过程中形成了独特的行业监管模式。英国是世界上最早成立诉讼资助者协会对诉讼资助者进行监管的法域。[1] 行业自愿监管模式是在英格兰和威尔士第三方诉讼资助产业发展初期，各监管机构不愿承担监管职责情况下作出的最佳选择。2010 年英国司法部发起了一项《第三方诉讼资助自我监管守则咨询意见》（A Self‑Regulatory Code for Third Party Funding）[2]，法律专业人士和诉讼资助者应邀考虑第三方诉讼资助监管问题。第三方诉讼资助是继续维持现状还是引入自律或者引入正式监管？其中引入正式监管被大多数资助者作为首选方案，但困难在于没有一家监管机构愿意承担正式监管者的角色。而维持现状又会使得被资助者和资助者处于弱势，资助者容易遭到对方当事人的攻击，被资助者容易在资助者缺乏费用的情况下承担败诉费用指令。认识到监管的必需性以及正式监管的复杂性，自我监管被确定为报告中的首选途径。

英格兰和威尔士于 2011 年 11 月 23 日成立了英格兰和威尔士诉讼资助者协会，协会成员资格向所有以前从事或者正在从事第三方诉讼资助的从业者开放。协会成立当天公布了《诉讼资助

---

[1] Philip Ells, Third Party Funding: Self‑Regulation in the UK, *University of West London*, Vol. 5: 2.

[2] Civil Justice Council, Consultation Paper On A Self‑Regulatory Code For Third Party Funding Summary of Responses, p.3. https://www.judiciary.uk/related‑offices‑and‑bodies/advisory‑bodies/cjc/archive/costs‑funding‑and‑third‑party‑funding/third‑party‑funding‑2/.

者行为守则》（Code of Conduct for Litigation Funders）。[1] 该守则旨在通过要求投资者应做出合理行为以保护被资助当事人的利益。该守则为当前英格兰和威尔士诉讼资助者规定了最佳做法和行为标准。《诉讼资助者行为守则》于2011年颁布后，先后于2016年和2018年进行了修订。资助者协会专门制定了《英格兰和威尔士资助者协会被资助者对资助者的投诉程序》（Association of Litigation Funders of England & Wales A Procedure to Govern Complaints Made Against Funder Members by Funded Litigants），规定被资助者可就与资助协议有关的事项，向委员会发起投诉。委员会设置了调查律师、董事会、独立法律顾问等，在资助者违反行为指引规定的情况下，这些主体可以作出警告、罚款、暂停或开除会员资格等处罚。资助者对处罚不满的，可以提起上诉程序。迄今为止，英格兰和威尔士诉讼资助者协会还没有成员面临正式投诉。

2. 第三方诉讼资助制度实体性规则

（1）资助者资本充足率要求。资助者必须保持充足资金资源以履行资方义务，资助者子公司和关联实体为其同意出资的所有争议提供资金。特别要确保：资助者、资助者子公司和关联实体保持偿还到期应付的所有债务的能力，以支付所有诉讼资助者至少36个月的总资助负债。保持至少500万英镑的资本或协会规定的其他金额。接受有关资本充足性的持续披露义务，包括资助者认为其在守则下关于资本充足性的陈述因情况变化不再有效

---

[1] 参见 https://associationoflitigationfunders.com/documents/，最后访问时间：2021年9月9日。

时，及时通知协会和被资助者。资助者承诺每年由国家认可的审计公司对其进行审计，并向协会提供审计结果。在收到审计意见后一个月以及在每个会计年度结束后的6个月内，由审计事务所对资助者或资助者的子公司的最新年度财务报表给出审计意见，如果资助者是关联实体的投资顾问，由审计事务所对关联实体给出审计意见。如果所提供的审计意见是有保留的或对公司继续经营的能力表示怀疑，协会有权进一步调查该保留意见，并采取适当的行动。合格第三方（最好是审计员）出具的证明资助者或资助者的子公司或关联实体满足年度认购时的最低资本要求的合理证明，遵守本协会不时修订的资本充足性规则。

（2）资助协议确定资助者费用责任。资助协议应说明资助者或资助者的子公司或关联公司，是否以及他们在何种程度上对被资助者负责，承担被资助者接受的解决方案或法院败诉费用命令责任，支付任何保费（包括保险税费）以获得不利成本保险，为费用提供担保，承担任何其他财务责任。

（3）协议确定资助者终止和批准和解的权利。资助协议应说明资助者或资助者子公司或关联实体，是否可以以及如何为案件的和解提供意见。资助者只有在以下三种情形下，可以终止资助：一是资助者或资助者的子公司或关联实体，合理地认为案件没有胜诉的可能；二是合理地认为争议在商业投资上不再可行；三是合理地认为被资助者对资助协议有实质性的违反。资助协议不得为资助者或者资助者的子公司或关联实体设立终止资助协议的自由裁量权。如果资助协议给予该自由裁量权，那么除非是被资助者出现了重大违约行为，否则资助者的子公司或关联实体仍应对终止日之后产生的诉讼后果负责。资助者、资助者的子公司或关联实体,与被资助者在关于和解或终止资助协议问题上存在争议时,由御用大律师作出有约束力的意见,该御用大律师由律师协会理事会主席共同指定或提名。

(4) 资助协议应确定资助者不得控制诉讼程序。资助者必须采取合理措施,确保被资助者在签署资助协议之前已收到资助条款的独立建议;不得采取任何导致或可能导致被资助者律师违反其专业职责的措施;不得试图影响被资助者的律师放弃对资助者提出异议。

3. 第三方诉讼资助制度程序性规则

资助者承担败诉费用规则。在 Chapelgate 案中法院将诉讼资助者对败诉费用的责任范围,扩展至被告方支出的全部。❶ 法官指出:在 Arkin 案中法院只是简单地提出了一种方法,它设想这种方法可能会得到行使自由裁量权的其他法官的认可。因此,Arkin 案的上限并不是一个硬性规定,并非必须适用于所有涉及商业资助者的案例。Chapelgate 案确立了新的规则,即商业投资者承担败诉费用的比例,由法院视情况自由裁量而定。

三、美国第三方诉讼资助制度

(一) 美国第三方诉讼资助制度的孕育与诞生

从历史上看,美国法律文化是围绕"诉讼本质上是邪恶的"这一原则而构建的,诉讼被视为最后的纠纷解决手段。❷ 在这个

---

❶ [2020] EWCA Civ. 246.
❷ Lisa Bench Nieuwveld, Victoria Shannon Sahan, *Third Party Funding in International Arbitration*, 2nd ed, Kluwer Law International, 2017, p. 140.

框架下助诉及包揽诉讼被法律禁止，以惩罚试图煽动纠纷或从中获利的人。[1] 然而，在过去的一个世纪里，美国人已经将诉讼作为解决纠纷、维护权利和纠正社会弊病的手段，诉讼的内涵从邪恶转化为有用再转化为改革。[2]

与澳大利亚第三方诉讼资助制度在接近正义中扮演着关键作用不同，美国第三方诉讼资助制度在接近正义中扮演了补充作用。美国的诉讼费用分担和风险转移机制较为完善：首先，美国允许律师风险代理。风险代理作为美国法律体系不可或缺的重要组成部分，在实践中广泛存在。[3] 美国是世界上唯一律师风险代理在诉讼资助行业（广义上的诉讼资助）中占很大一部分的司法管辖区。[4] 其次，除风险代理外，律师和客户之间直接达成的其他替代性费用安排越来越普遍，如统一费用、折扣费用等。这些费用安排只需总体上是"合理的"，且律师根据美国律师协会颁布的《律师行为准则》（Model Rule of Professional Conduct）第1.5（c）条的规定，向客户进行适当的披露就被允许。最后，诉讼贷款被广泛使用。根据贷款对象不同，诉讼贷款可分为：消费诉讼贷款和律师事务所贷款。在美国消费诉讼贷款的历史比商业诉讼贷款更长，资助者主要向个人贷款，以资助人身伤害、就

---

[1] Jason Lyon, Revolution in Progress: Third-Party Funding of American Litigation, *UCLA Law Review*, Vol. 58: 5, 2010.

[2] Presser, A Tale of Two Models: Third-Party Litigation in Historical and Ideological Perspective 23 n. 72, *Northwestern Law Searle Center on Law, Regulation, and Economic Growth, Public Policy Roundtable*, Discussion Draft, Oct. 2009.

[3] Leigh Jones, Litigation Funding Begins to Take Off, *National Law Journal*, Nov. 30, 2009.

[4] ABA Commission on Ethics 20/20, *White Paper on ALF Filed With the House of Delegates*, 6–7, 10, 15, 20–21.

业问题、交通事故、房屋租赁等索赔。律师事务所贷款的目的在于开展风险代理和平衡现金流。律师事务所贷款也被用来规避美国禁止律师与非律师分享费用的规定，[1] 这类贷款受到高利贷法的监管。[2] 对于大多数传统银行来说，贷款给一家主要从事风险代理的律所，风险是非常高的。[3] 在以上诉讼费用分担和诉讼风险转移机制较为完善的情况下，第三方诉讼资助制度之所以能够在美国发展起来，是因为经济全球化背景下当事人诉讼费用的提高，以及金融危机背景下当事人转移诉讼风险和投资公司转移投资风险的需求。

美国第三方诉讼资助开始于二十世纪八十年代末和九十年代初。[4] 美国的许多州废除了禁止助诉及包揽诉讼的禁令。[5] 在纽约州、加利福尼亚州、科罗拉多州、特拉华州、马萨诸塞州等39个州，诉讼资助在不违反公共政策的情况下被视为合法。在没有废除禁令的其他州，第三方诉讼资助构成助诉这一观点被视为一方当事人对另一方当事人作出的积极抗辩而已。因此，尽管

---

[1] Jonathan T. Molot, Litigation Finance: A Market Solution to a Procedural Problem, *Georgetown Law Journal*, Vol. 99, 2010.

[2] Mariel Rodak, It's about Time: A Systems Thinking Analysis of the Litigation Finance Industry and its Effect On Settlements, *University of Pennsylvania Law Review*, Vol. 155: 2, 2006.

[3] Steven Garber, Alternative Litigation Financing in the United States: Issues, Knowns, and Unknowns, Santa Monica, CA: Rand Corporation, 2010, https://www.rand.org/pubs/occasional_papers/OP306.html.

[4] Y Shaltiel, J. Cofresi, Litigation Lending for Personal Needs Act: A Regulatory Framework to Legitimatize Third Party Litigation Finance. *Consumer Fin. LQ Rep*, Vol. 58, 2004.

[5] Osprey, Inc. v. Cabana Ltd. P'ship, 340 S. C367, 384 (SC2000); see also Saladini v. Righellis, 426 Mass. 231, 235 (Mass. 1997); Hardick v. Homol, 795 S. 2d 1107, 1108 (Fla. Dist. Ct. App. 2001).

美国律师风险代理广泛存在，但这没有妨碍第三方诉讼资助的兴起。在第三方诉讼资助兴起背景下部分律师开始放弃风险代理转而接受第三方资助，以此来降低财务风险。[1]

（二）美国第三方诉讼资助制度的发展与完善

与澳大利亚、英国第三方诉讼资助被广泛运用于大规模商业索赔相比，美国大规模商业索赔的第三方诉讼资助相对较新，更多地被运用于人身伤害索赔和其他小额索赔。这与两国的第三方诉讼资助发展基点、诉讼费用转移规则有关。[2]

美国第三方诉讼资助市场是由律师提供风险代理发展起来的，律师通过律所的一般业务账户或银行信贷额度来支付法律费用，因此资助的案件索赔金额较低，案件涉及的范围较广；[3] 而澳大利亚禁止律师进行风险代理，因此其第三方诉讼资助市场是由专业资助者资助破产等大型案件发展起来的，索赔金额较低的案件难以满足专业资助者的投资回报要求。与澳大利亚实行"败诉者付费"的费用转移规则不同，美国各方当事人支付己方的费用，因此美国的诉讼资助者可以将资金投入风险较高的人身伤害类案件中，而澳大利亚资助者则不可以。因为在澳大利亚一旦败诉，除支付己方费用之外还需要支付对方的合理费用，风险过高，不具有商业上的可操作性。

---

[1] Jasminka Kalajdzic, Peter Cashman, Alana Longmoore, Justice for Profit: A Comparative of Australia, Canadian and U. S. Third Party Litigaiton Funding, *American Journal of Comparative Law*, Vol. 61: 2, 2013.

[2] Joseph J. Stroble, Laura Welikson, Third-Party Litigation Funding: A Review of Recent Industry Developments, *Defense Counsel Journal*, Janural 2020, p. 6.

[3] Swan G., Economics and The Litigation Funding Industry: How Much Justice Can You Afford?, *New England Law Review*, Vol. 35, 2000.

2020年的一项研究显示，有近100亿美元的资产专门用于美国诉讼资助，其中仅2019年一年就有23亿美元用于与美国有关联的商业诉讼资助交易。[1] 有30多家第三方诉讼资助公司为消费者索赔提供资金，其中包括钱伯斯和合伙人（Chambers and Partners）、领导人联盟（The Leaders League）、谁是合法的（Who's Legal）等公司。截至2020年9月，美国全球领先的诉讼资助者主要为：伯福德资本公司、哈伯诉讼公司、朗福德资本管理公司、欧姆尼桥路公司、泰瑞资本管理公司。在华盛顿特区注册成立的国际法律金融协会（International Litigation Funding Association，ILFA）旨在"代表资助者与政府、监管机构、国际协会以及专业法律机构打交道"，并"充当与该行业相关研究、分析和数据的交换中心"。[2]

（三）美国第三方诉讼资助制度规则与监管

1. 对第三方诉讼资助的监管

由于美国对第三方诉讼资助的监管由各州法规和司法判例拼凑而成，诉讼资助规则实际上是州级立法和法院判决的

---

[1] Business Wire，＄2.3 Billion of Capital Deployed over 12 Month Period Across U.S. Commercial Litigation Finance Industry According to First of its Kind Study（19 November 2019），https：//www.businesswire.com/news/home/20191119005098/en/2.3－Billion－of－Capital－Deployed－Over－12－Month－Period－Across－U.S.－Commercial－Litigation－Finance－Industry－According－to－First－of－Its－Kind－Study；see also Westfleet Advisors，Litigation Finance Buyer's Guide，https：//advantage.westfleetadvisors.com/litigation－finance－buyers－guide.

[2] Dan Packel，Litigation Funders Unite to Form Global Advocacy Group，The American Lawyer，8 September 2020，https：//www.law.com/americanlawyer/2020/09/08/litigation－funders－unite－to－form－global－advocacy－group/.

混合体。❶ 各州对第三方诉讼资助不同的监管方法，使得监管网络零碎且不统一。不同地区的资助者和被资助者，受到的监管不尽相同，如是否要求披露资助协议、如何执行第三方诉讼资助等。❷ 这些差异使得监管制度无法统一保护消费者利益。因此，有学者建议对第三方诉讼资助实行国家层面的监管。联邦监管的统一性，可以消除各地差异，确保各地的诉讼资助者遵守相同的消费者保护标准。❸ 第三方诉讼资助在运作方式上与诉讼贷款非常类似，可以由消费者金融保护局（Consumer Financial Protection Bureau）通过制定一系列的保障措施予以监管。这些保障措施包括：资助者和被资助者约定的费用比例，必须符合公平的商业惯例；必须明令禁止资助者控制诉讼程序；资助者要求客户提供的信息必须受到限制，以避免利益冲突。最后应修订《联邦民事诉讼规则》，强制要求在所有诉讼中披露资助协议。❹ 2019 年 2 月 13 日《诉讼资助透明法案》被提交至参议院司法委员会。❺ 该法案要求以下主体披露资助协议：一是在联邦法院提起任何集体诉讼的一方，或在联邦多地区诉讼程序中任一索赔方；二是与案件结果存在任何利益的第三方资助企业。该法案标志着国会首次涉足诉讼资助

---

❶ Mikey Abts, The Current State of Litigation Finance Legislation: Part 1, LITIG. FIN. J. (June 2, 2017), https://litigationfinancejournal.com/current-state-litigation-finance-legislation.

❷ 缅因州成为第一个通过立法监管诉讼资助协议的州。

❸ Austin T. Popp, Federal Regulation of Third-Party Litigation Finance, *Vanderbilt Law Review*, Vol. 72: 2, 2019.

❹ U. S. Chamber Inst for Legal Reform, p. 14.

❺ Litigation Funding Transparency Act of 2019, Congress. Gov., https://www.congress.gov/bill/116th Congress/senate-bill/471/text.

监管。

2. 第三方诉讼资助制度利益冲突消减规则

美国第三方诉讼资助的法律和监管框架存在于各州层面。对第三方诉讼资助的制度规范主要集中在律师利益冲突防范方面。具体表现如下：①律师提供法律服务时不受资助者的影响。《律师行为准则》第5.4（c）条规定，律师在提供法律服务时不得允许他人影响其专业判断。[1] 因此，在诉讼资助中即使由资助者支付律师费，但律师为客户最佳利益作出专业判断的义务仍然不变。②律师不得与诉讼资助者签订费用协议。纽约市律师协会职业道德委员会在2018年出台的《正式意见2018－5：诉讼资助者在法律费用中的或有权益》[2] 规定，律师不得与诉讼资助者（非律师）签订费用协议。约定律师未来支付给资助者的款项，取决于律师收到的法律费用或在一个或多个特定事项中收到的法律费用金额。律师和资助者之间的这种费用协议，违反了《纽约执业行为准则》第5.4条关于禁止律师与非律师分享费用、律师不得与非律师组成合伙的规定。③律师必须始终代表客户独立行使专业判断。2020年美国律师协会道德委员会《向参议院提交的关于第三方诉讼资助协议的白皮书》（ABA Commission on Ethics 20/20, White Paper on ALF filed with the

---

[1] 《律师行为准则》（Model Rule of Professional Conduct）第5.4（c）条规定："律师在为他人提供法律服务，不得允许推荐、雇用或向律师支付报酬的人影响律师在提供法律服务时的专业判断。"

[2] Formal Opinion 2018－5：Litigation Funders' Contingent Interest in Legal Fees, https://nysba.org/NYSBA/Coursebooks/Fall%202018%20CLE%20Coursebooks/Ethics%20in%20Legal%20Practice%202018/3%20-%20NYCBAR%20Opinion%202018－5.pdf.

House of Delegates）❶，阐释了当律师代理的案件被第三方诉讼资助时，律师应如何处理相关问题。❷首先，律师必须始终代表客户行使独立的专业判断，不受财务或其他考虑的影响；律师不得允许第三方资助者干涉独立专业判断权的行使。其次，律师必须保持警惕，防止披露受《律师行为准则》第1.6（a）条保护的信息，并采取合理的谨慎措施防止放弃律师—客户特权。再次，诉讼资助中任何可能侵害客户权利的行为，律师均需要充分、坦诚地披露相关风险，确保客户的知情同意。最后，律师应充分了解诉讼资助的法律风险，确保自身能够胜任代理工作。④律师协助当事人签订资助协议应谨慎考虑有关事项。2020年8月，美国律师协会发布了《美国律师协会第三方诉讼资助最佳实践》（American Bar Association Best Practices for Third – Party Litigation Funding）（以下简称《第三方诉讼资助最佳实践》）。❸《第三方诉讼资助最佳实践》要求律师在签订诉讼资助协议时应考虑以下问题：第一，任何诉讼资助协议应该是书面的，应明确资助者在

---

❶ ABA Commission on Ethics 20/20, White Paper on ALF filed with the House of Delegates, https://www.americanbar.org/groups/professional_responsibility/committees_commissions/standingcommitteeonprofessionalism2/resources/ethics2020hompeage/.
❷ 美国律师协会的结论和建议对律师没有约束力，律师行为受各州律师执业委员会的监管。白皮书旨在为美国律师在第三方资助相关业务提供有用的职业道德规则概述。
❸ American Bar Association Best Practices for Third – Party Litigation Funding dated August 2020, https://www.americanbar.org/content/dam/aba/directories/policy/annual-2020/111a-annual-2020.pdf. 值得注意的是，《第三方诉讼资助最佳实践》不应被理解为标准的职业行为或律师纪律守则。"最佳实践"一词是律师在达成诉讼资助协议之前应考虑的问题。在不同的司法管辖区律师的执业标准可能与"最佳实践"不同。最佳实践在诉讼资助诸多问题上不表达立场——例如，在特定司法管辖区是否应允许诉讼资助，或者是否、何时以及在多大程度上披露资助协议的细节。"最佳实践"的目标是提醒从业者在考虑诉讼资助时应注意的问题。

索赔中所做投资是无追索权的,以及资助者获得费用的时间和方式。第二,诉讼资助协议应确保诉讼控制权始终在客户手中,而非在资助者或律师手中。第三,书面文件应说明如果客户和资助者在诉讼策略或目标上存在分歧时如何处理。第四,由于诉讼资助的合法性在部分司法管辖区悬而未决,律师应考虑到资助协议中的"交易文件"可能会被披露或者审查。

第二节 大陆法系第三方诉讼资助制度考察

一、德国第三方诉讼资助制度

(一)德国第三方诉讼资助制度的孕育与诞生

作为大陆法系国家的德国,没有普通法系禁止助诉及包揽诉讼的传统,故第三方诉讼资助制度兴起时没有理论障碍。第三方诉讼资助制度能在德国生根发芽主要源于以下几个原因:

首先,德国律师风险代理适用受限。德国原则上禁止律师风险代理,除非存在特殊情况。德国《律师薪酬法》详细规定了德国律师可以收取代理费用的情形,以及每种情形下应获得的报酬。律师应在这一费用框架内收取费用,除非出现特殊情况。德国《律师薪酬法》第 4a 条规定,律师与客户在特殊情况下可以签订风险代理协议,但该风险代理协议只能在个案中作出,并且必须出于对客户经济状况的合理分析,如不签订风险代理协议,客户将无法提起诉讼。德国严格限制律师风险代理,在一定程度上阻碍了当事人通过律师风险代理转移诉讼风险。但同时也为第三方诉讼资助制度发展留下了空间。因为资助者根据资助协议提供的服务不属于代理合同,不受德国《律师薪酬法》的规制。

其次,德国法律援助制度适用受限。在德国,提起民事诉讼是一项宪法权利❶,德国《民事诉讼法》第 114 条至第 127 条规定,无力支付诉讼费用和律师费用的诉讼当事人可以申请法律援助,法律援助的主体不限于自然人,法人、社团也可以提出援助申请。但获得法律援助要求当事人在经济上符合条件,且案件有成功的前景。接受法律援助的当事人在特定情况下,可能需要偿还国家的救助金。❷

再次,德国实行"败诉者付费"转移规则中的"部分转移"。德国《民事诉讼法》第 91 条规定,败诉的当事人应偿还对方当事人为索赔或者抗辩而支出的费用。❸ 在德国州法院民事诉讼程序中,胜诉方可从败诉方收回的律师代理费以《律师报酬法》规定的法定费用为上限,胜诉方超过《律师报酬法》规定上限的代理费用,败诉方不予偿付。从总体上而言,德国诉讼费用相对好预测。

最后,德国事前费用保险市场发达,但缺乏事后保险。一般的法律费用保险覆盖投保人为自己的律师支付的费用,以及在失

---

❶ BVerfG NJW 2007, 997.
❷ Daniel Sharma, Germany, Leslie Perrin, *Third-Party Litigation Funding Law Review*, 1st ed, Law Business Research Ltd, 2017, pp. 61–77.
❸ 德国《民事诉讼法》第 91 条规定:"败诉的当事人应负担诉讼费用,应偿还对方当事人为了索赔或者抗辩而支出的必要费用,包括对方当事人必要的差旅费以及因必须遵守日期而花费时间所遭受的损失……对方当事人所聘请的律师,如果是未经审理法院许可的,并且是未住在审理法院管辖区的,律师的差旅费用只能在合理的限度内予以偿付……"参见张卫平、齐树洁主编:《德国民事诉讼法》,丁启明译,厦门大学出版社 2015 年版,第 19-20 页。

败的情况下向对手支付法律代表费用的义务。相当大比例的普通德国公民持有某种法律成本保险，事前保险较为普遍，以大概40%～50%的比例渗透到德国家庭，❶ 但事后保险在德国较为罕见。事前保险要求当事人支付保费，除非在纠纷发生之前购买否则无法使用。

因此，在德国如果索赔人不符合律师风险代理和法律援助的资格，且没有适当的法律费用保险，民事诉讼费用可能成为巨大的负担，有时甚至对富裕的公民来说也是诉诸司法的一个潜在障碍，这为第三方诉讼资助制度的兴起和发展留下了余地。与其他制度相比，败诉情况下资助者不享有追诉权且有责任支付败诉费用的制度安排更有优势。即第三方诉讼资助制度为被资助者提供了"无风险"方案。

（二）德国第三方诉讼资助制度的发展与完善

德国第三方诉讼资助市场相对成熟和发达。最早在德国提供第三方诉讼资助业务的公司是福里斯股份公司（Foris AG），该公司于1998年率先推出第三方诉讼资助服务。❷ 目前，一些最初只提供法律费用保险的保险公司开始转型，公司产品范围扩大至了诉讼资助，如罗兰·普罗泽斯菲南斯股份公司（Roland Prozessfinanz AG）和莱吉尔股份公司（Legial AG）。英美和澳大利亚的第三方诉讼资助公司也开始进入德国市场，如 Buford 和 Omini。以上资助者均为传统意义上的出资人，专门为大型案

---

❶ Graham Huntley, Peter Taylor, Sara Bradstock, At What Costs? A Lovells Multi Jurisdictional Guide to Litigation Costs, Lovells, 2010（85）.

❷ Lisa Bench Nieuwveld, Victoria Shannon Sahan, *Third Party Funding in International Arbitration*, 2nd ed, Kluwer Law International, 2017, p. 182.

件提供资助，资助的案件最低标的额标准为2.5万欧元以上10万欧元以下。

德国第三方诉讼资助除了资助传统的大型商事索赔，还发展出了与澳大利亚、英国截然不同的商业运营模式，德国部分资助者专门为特定索赔提供资金。这些索赔标的额相对较低但案情简单，可以由高度专业化的律师事务所简化批量处理。在这种索赔模式下，律师依然是被资助者的代理人，但实际上律师是由资助者选择的，由资助者和律师对接洽谈，被资助者与律师之间的联系相对较少。这种索赔模式典型的应用是Flightright公司。[1] Flightright资助因航班取消或者延误而遭受损失的当事人向航空公司提出索赔。在案件胜诉的情况下，资助者收取20%~30%的赔偿金额。[2] 此模式下，资助者和律师高度自动化处理案件，通过大批量、规模化的运作获益。

（三）德国第三方诉讼资助制度规则与监管

目前德国关于第三方诉讼资助制度的讨论主要集中在第三方诉讼资助的性质、律师利益冲突、资助者的诉费责任等问题当中。

1. 对第三方诉讼资助的监管

第三方诉讼资助者受何种监管问题的本质是第三方诉讼资助协议的定性问题。如果第三方诉讼资助协议被认定为贷款协议，它将受《消费信贷法》的管辖。但大多数的学者不认同这种观点，认为如果第三方诉讼资助协议系保险合同，那么资助者应持

---

[1] Schneider Thiel, Das ABC der Kostenerstattung, 3rd ed, Section Prozess Finanzierungskosten, 2016.
[2] Flightright官网：https://www.flightright.com/?gclid = EAIaIQobChMI0OieypLp8gIV m72WCh3Z3QQ - EAAYASAAEgLaofD_BwE，最后访问时间：2021年5月1日。

有保险业经营执照。但早在 1999 年的德国市场上只有一个资助从业者时，德国前联邦保险监督局（German Federal Insurance Supervisory Office），即现在的德国联邦金融监管局（German Federal Financial Supervisory Authority）认为，第三方诉讼资助者不具备保险业从业资质，不受保险业监管。❶ 如果将第三方诉讼资助协议认定为合伙协议，则其监管不会像贷款和保险那样严格。但其仍然受到一定的限制，即资助者在胜诉案件中收益份额特别高的情况下，资助协议可能因违反公平条款而无效。德国《民法典》第 138 条规定："违反公共政策的法律行为无效；特别是如果一方利用另一方没有经验、缺乏正确判断或者意志力薄弱等困境，而使自己或者第三人获得与其付出不相称的金钱利益的，该法律行为无效。"❷ 法院可能据此认为签订资助协议时，被资助者处于弱势状态迫不得已签订而合同无效。那么多少的收益份额是合适的？慕尼黑高等法院的两项判决可提供一定的参考。一项判决是 2004 年作出的，指出超过 66% 的收益归资助者所有可能违反公共政策；❸ 另一项判决是 2015 年作出的，指出 50% 的胜诉费不违反公共政策，因为该案的资助者是在原告一审败诉的情况下提供资金的，这既意味着资助者不需要支付一审程序费用因此预计费用较低，也意味着资助者承担的风险较大。❹

---

❶ Müller – Güldemeister and Rollmann, Die Prozessfinanzierung der FORIS AG ist keine Versicherung in: *Neue Juristische Wochenschrift* (*NJW*), 1999, p. 3.
❷ German Civil Code, Section 138, https://www.gesetze-im-internet.de/englisch_bgb/englisch_bgb.pdf.
❸ Higher Regional Court Munich, Decision Dated 31 March 2015, Case 15 U 2227/14.
❹ Higher Regional Court Munich, Decision Dated 13 October 2004, Case 7 U 3722/04, para. 28.

关于协议性质，大多数德国学者认为，资助协议应定性为合伙协议。[1] 然而，迄今为止德国最高法院尚未确认这一点。相反，波恩地区法院在其一项裁决中明确表示，它认为第三方资助协议不属于民法中的合伙协议，应被归类为法律关系形式的履约交换合同，其中一方的履约与另一方的利润挂钩。[2] 但这种形式的关系本身并不意味着资助协议具有明确的资格。慕尼黑地区高等法院（Higher Regional Court Munich）在 2015 年的一项判决中指出，第三方资助协议应有自己独特的归类，但它类似于德国民法中的合伙关系。[3] 法兰克福地区高等法院（Higher Regional Court Frankfurt）在 2017 年 8 月的一项判决中就第三方资助协议性质属于贷款协议、保险合同还是合伙协议进行了讨论，但没有给出最终的定论。[4]

2. 第三方诉讼资助制度程序性规则

（1）资助者败诉费用承担。德国的资助者没有义务向对方偿还由资助者发起或以资助者名义发起的诉讼的费用。然而，德国资助协议中通常包含资助者方对被资助者的责任，即保证被资助者不会因被资助者在诉讼中败诉而要求对方偿还费用。因为根

---

[1] Buschbell, HansAufsatz Prozessfinanzierung als Instrument der Anspruchsverfolgung｜AnwBl, 2006, pp. 825 – 830; F. Frechen, M. L. Kochheim, *Fremdfinanzierung von Prozessen gegen Erfolgsbeteiligung*, Neue Juristiche Wochenschrift, 2004, pp. 1213 – 1217, 1214; and N. Dethloff, Vertrage zur Prozessfinanzierung gegen Erfolgsbeteiligung, pp. 2225 – 2230, 2226 – 2227.
[2] District Court Bonn, Decision dated 28 August 2006, Case 15 O 198/06, para. 73.
[3] Higher Regional Court Munich, Decision dated 31 March 2015, Case 15 U 2227/14, para. 46.
[4] Higher Regional Court Frankfurt (*Oberlandesgericht Frankfurt*), Decision dated 22 August 2017, Case 16 U 253/16, para. 25.

据德国法定费用表，在大多数情况下可以非常准确地预估这些费用。在德国胜诉方对第三方诉讼资助费，不能通过与费用裁决有关的费用回收制度来回收。不能收回的原因在于，德国法院在其最初的裁决中仅决定每一方的义务与费用的比例，具体数额需要在随后确定费用偿还要求的单独程序中确定，该程序不进行任何实质性调查取证。如果胜诉方能够在随后的程序中索赔资助费用，需要重新评估新的证据，这与确定费用补偿索赔程序的性质不一致。那么，被资助者能否通过将资助费用作为实质性索赔本诉请求的一部分，来要求偿还此类费用？德国《民法典》规定，费用必须是索赔所"必需"的。从这个意义上说，特别是关于在第三方资助过程中商定的诉讼成功费用，可能无法满足"必需"这一要件。德国法院在 2009 年的判决中，认为这种费用不能从另一方中收回。❶

（2）资助者费用担保规则。德国州法院命令一方当事人提供费用担保的情形罕见。❷ 尽管德国《民事诉讼法》第 110 条原则上为被告提供了提出费用担保请求的机会，但德国法院只有在极其特殊的情形下才会作出针对原告的费用担保命令。德国《民事诉讼法》第 100 条第 1 款规定，被告提出的费用担保申请，只有原告在欧盟任何一个成员方或者欧洲经济共同体条约的任一签约方没有经常居住地时才可被批准；第 2 款规定，存在以下五种情形时原告无须提供费用担保，如国际条约要求

---

❶ District Court Aachen (Landgericht Aachen), Decision dated 22 December 2009, Case 10 O 277/09.

❷ Daniel Sharma, Germany, Leslie Perrin, *Third-Party Litigation Funding Law Review*, 1st ed, Law Business Research Ltd, 2017, pp. 61–77.

原告不必提供、原告有足够的不动产或者物上债权、原告提出反诉等。德国法院针对原告作出费用担保的条件非常严格，意味着被告的费用担保申请通常很难获批，这在实践中间接导致了费用担保申请的减少，相应地费用担保问题没有成为德国第三方诉讼资助中的重要问题。尽管德国第三方诉讼资助中的费用担保申请不多，但一旦申请就可能引发第三方诉讼资助协议披露问题，以查明资助者承担费用责任的范围。目前德国尚没有程序法规定被资助者及其律师需要在诉讼程序中披露第三方诉讼资助。

3. 第三方诉讼资助制度利益冲突消减规则

首先，德国禁止律师成立专门为自己客户提供资金的第三方资助公司。德国《律师职业道德法案》第49b（2）条规定禁止律师与当事人订立风险代理合同，除非在上文提到的特殊情况之下。这一公共政策旨在保护律师的独立性，防止律师将自己的经济利益与客户的利益纠缠在一起。在律师是第三方诉讼资助公司股东或者合伙人的情况下，律师的利益虽不等同于客户利益，但与资助者的利益高度一致，损害了律师的独立性。因此德国不允许律师创建资助公司为自己的客户提供资金，但律师可以为客户之外的其他人提供资助服务。其次，律师应避免出现可能的利益冲突。律师必须拒绝和避免任何可能影响其独立性的情形。律师应该为客户追求利益，禁止任何利益冲突。[1] 最后，律师不受诉讼资助者的控制。第三方资助者对律师行为没有任何控制权，律师

---

[1] Federal Constitutional Court, BVerfGE 76, 184 et seq.

也没有义务听从资助者的任何建议。防止律师和第三方资助者之间建立依赖关系事关重大,因此德国第三方资助者不会将索赔人介绍给律师。❶

二、法国第三方诉讼资助制度

(一) 法国第三方诉讼资助的孕育与诞生

作为大陆法系国家,法国没有禁止助诉和包揽诉讼的传统,因此第三方诉讼资助在法国的发展不存在任何理论上的障碍。有学者认为,法国第三方诉讼资助合法性来源于原《法国民法典》第 1236 条❷以及现行《法国民法典》第 1342 条第 1 款的规定❸。这两条规定为第三方诉讼资助制度的兴起奠定了法律基础。

第三方诉讼资助制度在法国兴起的主要原因在于:首先,与澳大利亚一样,法国实行"败诉者付费"转移规则中的"部分转移"。这给诉讼当事人带来了一定的财务负担和诉讼风险。其次,法国禁止律师风险代理。法国 1971 年 12 月 31 日第 71 - 1130 号法令第 10 条规定:"任何仅取决于案件结果的律师费用收取是被禁止的。律师可以根据所提供服务的结果,协议规定对

---

❶ Alternative Ways to Finance a Lawsuit in Germany, 49, 100.
❷ 《法国民法典》第 1236 条(现已废止)规定:"义务可以由与其有利害关系的人履行,如共同债务人或担保人;也可以由没有利害关系的第三方履行,前提是第三方以解除债务人的债务为目的。"
❸ 《法国民法典》第 1342 条第 1 款规定:"除非债权人拒绝,否则付款义务可以由无利害关系的第三人履行",第三方代替索赔人支付法律费用在法国是合法的。Code Civil Article 1342 - 1, Le paiement peut être fait même par une personne qui n'y est pas ten - ue, sauf refus légitime du créancier.

完成的工作支付补充费用。"❶ 再次，法国保险范围存在法定上限。尽管法国事前保险使用广泛,❷ 但其存在一个重要缺陷，即保险范围有一个法定的费用上限。❸ 如果律师费用超过法定费用上限的，被保险人需要自己支付差额。这给索赔人带来了一定的费用压力。最后，法国没有事后保险制度。当事人在没有购买事前保险，又无法申请法律援助和使用律师风险代理的情况下，面临诉诸司法的困难。

（二）法国第三方诉讼资助制度发展与完善

相较于澳大利亚和英国来说，法国的第三方诉讼资助制度尚处于起步阶段。❹ 这与法国的诉讼费用较低、法律援助制度较为完善、禁止惩罚性赔偿等因素有关。❺ 但发展程度较低，不代表没有明朗的制度前景和制度特色。法国的诉讼资助者已经实现了投资多元化，包括为跨境竞争案件、跨境执法、破产、大规模消费者索赔提供资金。另外，在法国各种数字平台的催化下，一个新生的低价值索赔市场正在成长。在法国市场上活跃的两个投资者是法国 La Française AM 和 Alter Litigation。

法国第三方诉讼资助制度在发展过程中，形成了"债权转让

---

❶ Article 10 of the Act No. 71-1130 of 31 December 1971.

❷ Lord Justice Jackson, *Review of Civil Litigation Costs: Preliminary Report*, December 2009, p. 567.

❸ Lord Justice Jackson, *Review of Civil Litigation Costs: Preliminary Report*, December 2009, p. 568.

❹ Frédéric A. Pelouze, France, Daniel Sharma, Germany, Leslie Perrin, *Third-Party Litigation Funding Law Review*, 1st ed, Law Business Research Ltd, 2017, pp. 51-60.

❺ Lord Justice Jackson, *Review of Civil Litigation Costs: Final Report*, Tso Information & Publishing Solutions, 2010, p. 568.

式"的资助模式。❶ 债权转让模式之所以在法国能够形成特色，是因为法国损害赔偿合同转让是合法有效的。❷ 经验表明在可能的情况下资助者更喜欢对项目施行完全的控制，债权债务转让式的诉讼资助模式一方面可以满足资助者的控制需求，另一方面也可以满足索赔人的变现需求。资助者通常以案件终结后的固定补偿金额或者胜诉时的延期补偿作为转让的对价。被资助者保留了一定的撤销权，当资助者未能在一段时间内对债务人提起诉讼时被资助者可以行使这一权利。

（三）法国第三方诉讼资助制度规则与监管

1. 第三方诉讼资助制度程序性规则

①资助者败诉费用承担规则。关于败诉费用问题，法国法院最近的两项判决表明：胜诉的对方当事人不能要求资助者支付败诉费用。这两起案件中被资助者均败诉，对方当事人请求法院判决资助者承担败诉费用。法院均驳回了这项申请，认为资助者属于与案件实体争议无关的第三方，法院不能要求资助者承担败诉费用。❸ 同样，被资助者胜诉后资助者也无权要求对方当事人支付资助费用。②资助者费用担保规则。法国法律规定，诉讼各方无须提供费用担保，因此在第三方诉讼资助中不存在资助者承担费用担保的问题。③法国没有法律和司法先例要求被资助者系统

---

❶ Frédéric A. Pelouze, France, Daniel Sharma, Germany, Leslie Perrin, *Third – Party Litigation Funding Law Review*, 1st ed, Law Business Research Ltd, 2017, pp. 51 – 60.

❷ Article 1321 of the French Civil Code.

❸ Tribunal d'instance de Bordeaux, 18 September 2017 and Tribunal d'instance de Toulon, 13 September 2017.

披露其受资助的事实。

2. 第三方诉讼资助制度利益冲突消减规则

①第三方诉讼资助中律师应坚持职业准则和道德义务。2017年2月21日，巴黎律师协会理事会通过了一项名为《第三方诉讼资助解决方案》的决议。❶ 该决议指出，第三方诉讼资助在法国是合法的，法国没有一项法律禁止当事人在诉讼或者仲裁中使用第三方诉讼资助。第三方资助者为诉讼提供资金的做法，对法国的诉讼当事人和巴黎律师协会的律师均有益处。为促进并规范第三方诉讼资助的发展，巴黎律师协会认为有必要重申律师在第三方诉讼资助中应遵守的职业准则和道德义务。决议规定：律师作为被资助者的代理人，只应接受被资助者的指示；律师只能在被资助者在场的情况下，会见第三方资助者；决议建议律师鼓励被资助者向法院披露第三方资助安排，以避免执行时出现问题。②第三方诉讼资助中律师避免利益冲突的做法。法国在防止律师利益冲突方面，主要有两种做法：一是律师费用的收取。《律师专业行为守则》第11.3条规定，律师只能从委托人或委托人的代理处收取代理费用。❷ 因此，实践中第三方资助者必须将资金交给被资助者，由被资助者支付律师费用。二是律师保密义务。《律师专业行为守则》第2.1条规定，律师不得免除其法律特权所涵盖的信息保密义务，即使这符合客

---

❶ Conseil de l'Order d'Avocat Barreau de Paris, La résolution suivante a été adoptée à la séance du Conseil de l'Ordre du 21 février 2017, http://www.avocatparis.org/system/files/publications/resolution_financement_de_larbitrage_par_les_tiers.pdf.

❷ National regulations of the Lawyers' Profession Article 11-3 ("Règlement Intérieur National").

户的利益和要求。❶ 因此，实践中法国律师避免与资助者直接进行沟通，而是由客户作为桥梁将律师与其沟通的内容披露给资助者。以上规定避免了律师和资助者直接沟通对接，有助于防止律师利益冲突和保护被资助者的利益。但也有观点认为，这种严格的保密义务阻碍了第三方诉讼资助在法国的发展。❷ 资助者在决定对案件进行资助前，需要通过律师了解案件的情况以明确投资前景，案件情况可能包括特权信息。律师职业保密义务的存在，使得资助者只能通过被资助者进行了解，明显降低了效率。同时这一做法使得法国律师在与其他不受此类约束义务的外国律师竞争时处于不利地位。

第三节　两大法系第三方诉讼资助制度评析

一、第三方诉讼资助制度的需求与供给

第三方诉讼资助制度的兴起，源于当事人对诉讼费用分担和诉讼风险转移的现实需求。对以上两大法系五个国家第三方诉讼资助制度兴起原因的分析发现，尽管以上各国诉讼费用分担和诉讼风险转移机制并不相同，但当事人在诉诸司法方面面临同样困境：高昂的诉讼费用、不确定的诉讼风险、传统诉讼费用保障体

---

❶ Article 2.1 of the National Regulations of the Lawyers' Profession ("Règlement Intérieur National").
❷ Olivier Marquais, Alain Grec, Do's and Dont's of Regulating Third – Party Litigation Funding: Singapore v. France, *Asian International Arbitration Journal*, Vol. 16: 2, 2020, pp. 49 – 68.

系以及市场经济模式下诉讼费用分担和诉讼风险转移机制存在不足。以上问题引发了当事人对第三方诉讼资助的需求。

第三方诉讼资助制度的兴起，还源于经济全球化和金融危机背景下诉讼费用的增加。在经济全球化和金融危机背景下，诸多当事人尤其是公司企业需要寻求一种手段来进行索赔或针对索赔进行辩护，同时保持足够现金流继续经营。[1] 与此同时，近年来全球市场的动荡不安，促使众多的投资者开始寻找那些不受金融市场影响，即不依赖金融市场、股票价格或公司估值的投资领域，而诉讼独立于金融市场正好满足这一需求。经济全球化促进了第三方诉讼资助的发展。著名经济学家亚当·斯密在《国富论》中提出了自由贸易可以更有效促进商品、资本、服务和劳动力配置，进而增加国家财富的理论，李嘉图在《政治经济学及赋税原理》中提出了科学技术在物流、通信等领域的应用促进了经济全球化的发展的观点。[2] 经济全球化在带来货物服务贸易增长的同时带来了纠纷数量的攀升和纠纷复杂程度的增加。[3] 当事人诉诸司法和解决跨境争端的成本水涨船高。诸多经常作为被告的大型公司，如保险公司、医疗公司等，正在寻求一种方法平衡资产负债表上的诉讼项目。诉讼资助提供了一个固定的支付系统，可以帮助以上公司分担诉讼费用。

---

[1] James D. Dana Jr., Kathryn E. Spier, Expertise and Contingent Fees: The Role of Asymmetric Information in Attorney Compensation, *The Journal of Law Economics & Organization*, Vol. 9: 2, 1993.

[2] D. Ricardo, *On the Principles of Political Economy and Taxation*, London: Murray, 1817.

[3] 国际商事法庭（ICC）受案数据可以证明这一点。ICC自1923年成立以来共受理来自200多个司法管辖区的20000多起争端，其中有10000多起是近15年提起的。

除经济全球化外，最近的金融危机在改变全球诉讼局面方面也发挥了重要作用。金融危机使得当事人对第三方诉讼资助的需求增多。金融危机的爆发，导致了纠纷数量的增加，最直观的表现就是部分企业因资金困难，无法完成已签订合同项目下的金钱给付义务或者货物交付义务，因而引发违约诉讼，情况更糟糕的甚至可能走向破产。❶ 金融危机导致了当事人对相关法律和服务需求的增长，当事人需要支出更多的成本购买法律和相关服务。但金融危机带来的信贷收缩，使得个人和企业要么无力支付以上成本，要么虽有能力支付但不愿意面对诉讼带来的风险。金融危机带来的经济下行，还导致政府对法律公共支出的减少。过去二十年，西方国家对法律援助、法院办公经费等司法开支的缩减，使得当事人申请获得援助更加困难，个人诉讼费用进一步增多。以英国为例，1945年法律援助计划建立时约80%的人口有资格获得民事法律援助，1986年这一比例下降到了约63%，2000年这一比例继续下降为50%，2007年这一比例跌落至29%。换言之，在英国超过2/3的人口没有资格获得法律援助。❷

二、第三方诉讼资助制度的多元与普适

第三方诉讼资助制度呈现出繁荣的发展趋势，是因为其具有普适性。近年来，全球众多司法管辖区对第三方资助服务的需求

---

❶ 普华永道对150名跨国公司法务进行了调查，其中35%的法务表示，2008年金融危机导致纠纷数量增多。

❷ Lord Justice Jackson, *Review of Civil Litigation Costs: Final Report*, Tso Information & Publishing Solutions, 2010, p. 70.

呈指数级增长。全世界有近 20 个国家和地区允许某种形式的诉讼资助，包括：奥地利、巴西、加拿大、中国香港、意大利、荷兰、新西兰、尼日利亚、挪威、波兰、葡萄牙、新加坡、西班牙、瑞典、瑞士、乌克兰和阿拉伯联合酋长国。❶ 第三方诉讼资助制度不囿于一国的法律制度属于英美法系还是大陆法系，不局限于一国司法制度是允许律师风险代理还是限制律师风险代理。这一点在以上两个法域五个国家的比较分析中也可以看出。澳大利亚、英国、美国、德国和法国的诉讼费用分担和成本转移机制并不完全相同，如澳大利亚、英国是允许诉讼费用转移的国家，败诉后资助者需要承担对方当事人的合理费用，美国是不允许诉讼费用转移的国家，由各方当事人自行承担诉讼费用；英国、美国允许律师按百分比收费，澳大利亚、德国、法国禁止律师按百分比收费；英国、德国拥有发达的诉讼保险制度，澳大利亚诉讼保险机制则匮乏。

第三方诉讼资助制度具有普适性，系因为其衍生出了多元化的资助形式。不同国家第三方诉讼资助者寻求的客户类型不尽相同，美国、英国和澳大利亚之间一个显而易见的区别就是寻求资助的客户类型和获得资助的案件类型不同。澳大利亚、英国的资助者主要与公司原告打交道。对澳大利亚和英国的诉讼资助者而言，诉讼资助是一项大生意，大多数资助者会保留大量资金为涉及公司客户的诉讼提供资金，诉讼资助被视为一种投资。澳大利亚第三方诉讼资助已经扩展到了由个人组成的集体诉讼。澳大利

---

❶ Simon Latham, *The Third Party Litigation Funding Law Review*, 4rd ed, 2021.

亚法律委员会和澳大利亚联邦法院的一份联合出版物指出："在许多情况下，诉讼资助已被证明是澳大利亚联邦和州一级集体诉讼程序的生命线。并非所有案件都由第三方诉讼资助者资助，但有足够多的集体诉讼是以这种方式提起的，这种方式对所审理的案件种类产生了重大影响。"[1] 与澳大利亚、英国不同，美国的诉讼资助者已经发展到资助各种各样的案件和客户。尽管美国的许多州仍禁止诉讼资助，但在法律允许的情况下诉讼资助对个人和公司原告来说是十分常见的。美国诉讼资助行业为贫困的个人原告提供诉诸司法的机会，比任何一个国家都多。美国诉讼资助者愿意为人身伤害类索赔当事人提供资助。造成这一局面的原因在于：一是美国诉讼资助者的规模小于英国或澳大利亚；二是美国废除禁止助诉及包揽诉讼规定的州数量有限，美国的诉讼资助市场不像澳大利亚或英国那样开放。

第三方诉讼资助制度的多元性和普适性，是相辅相成的两个特性。普适性是多元性的基础，多元性是普适性的保障。第三方诉讼资助制度的普适性表明了第三方诉讼资助制度不囿于一国的法律制度属于英美法系还是大陆法系，不囿于一国的法律制度是允许律师风险代理还是禁止风险代理。而第三方诉讼资助制度之所以能够具有普适性，正源于它的多元性。第三方诉讼资助制度在不同的法系、同一法系的不同国家和地区，发展出了不同的资助模式和资助类型，表明了该制度是一项具有生命力和灵活性的制度，能够根据不同市场的需求，提供不同的供给，但同时又满

---

[1] Attrill, Wayne, Funding Justice: The Role of Litigation Funders in Class Actions, *Precedent AULA* 51, 2015.

足了当事人对诉诸司法、接近正义的关切。

三、第三方诉讼资助制度的风险与防范

(一) 第三方诉讼资助制度滥诉风险与防范

第三方资助为资金匮乏的当事人提供了诉诸司法、接近正义的机会,保障了被资助者的救济权,避免了诉讼沦为富人的游戏。然而,也有人担心在第三方诉讼资助中,资助者可能资助不必要的诉讼或者在诉讼中选择诉讼逃逸。

第三方诉讼资助引发了人们对资助者滥诉风险的担忧。对资助者滥诉风险的担忧源于两个原因:一是历史原因。第三方诉讼资助制度的建立得益于禁止助诉及包揽诉讼传统在普通法系的逐步废除。但传统的废除并不代表着这一历史记忆及其所带来影响的完全抹除,人们对助诉的恐惧仍残留心中。助诉及包揽诉讼在历史上造成的恶劣影响,使得人们不得不担心将诉讼资助引入现代纠纷解决机制中可能重蹈历史的覆辙;第三方诉讼资助可能引发滥诉,对现代司法系统造成冲击。二是现实原因。现实案例显示确有资助者资助不必要的诉讼,在案件情形急转直下时选择诉讼逃逸。如英格兰商事法庭审理的埃克斯卡利伯风险投资公司诉海湾基石公司案 (Excalibur Ventures v. Gulf Keystone Inc.)[1] 和哈斯·辛克莱诉梧桐树法律资本有限公司案 (Harcus Sinclair v.

---

[1] Excalibur Ventures LLC. v. Texas Keystone Inc [2013] EWHC 2767. 该案中法院指出:被资助者提出的索赔没有稳妥的事实和法律基础,被资助者严重夸大了申索金额,且毫无必要地向对方发送了大量的书信进行挑衅,造成了审判不必要的冗长。

Buttonwood Legal Capital Ltd)❶，以上案例中资助者对不必要的申索作出了投资，使得双方不必要地为争议支付了更多的费用。

调查数据显示，资助者滥诉风险不大。诉讼资助是否会引发滥诉可从两个方面评估：一是资助者造成"额外"索赔的数量，二是这些"额外"索赔是否属于无价值、无意义的诉讼。首先，从整个行业来看，诉讼资助造成的"额外"索赔案件占比极低。即便在第三方诉讼资助产业最发达的澳大利亚，第三方诉讼资助的案件数量也不到整个民事诉讼的 0.1%。澳大利亚两个最大的第三方诉讼资助公司之一——IMF 2014 年报告显示，自 2001 年上市以来 IMF 共资助案件 159 起；LCM 自 1998 年成立以来截至 2013 年 5 月共资助案件 175 起。其次，这些"额外"索赔案件中极少有无价值、无意义的索赔。投资者就像优秀的商业投资公司一样，通常会拒绝 90% 以上的投资机会，只寻找成功机会大的案例。❷ IMF 指出鉴于其严格的案件筛查标准，其资助的案件占所有申请资助案件的 5%。❸ 资助者的逐利本性和商业理性决定了他既不会推动无价值的索赔，也不允许无价值的索赔损害其

---

❶ Harcus Sinclair *v.* Buttonwood Legal Capital Ltd and Others [2013] EWHC 1193. 该案中资助者提供资助的要求是申索案件始终保持60%以上的胜诉概率。在诉讼进行途中，资助者怀疑被资助者律师对案件胜诉率的判断不够精准，于是另行寻求独立律师的法律意见，结果低于60%，资助者为此终止资助协议。被资助者就这一终止诉诸法庭，法庭裁定第三方资助者终止协议的理据有效。

❷ Julie‑Anne Tarr, A. J. George, Third‑Party Litigation Funding in Australia: More External Regulation and/or Enhanced Judicial Supervision? Victorian Law Reform Commission, Access to Justice—Litigation Funding and Group Proceedings, Consultation Paper, July 2017, [1.17].

❸ Productivity Commission, *Access to Justice Arrangements*, Inquiry Report NO. 72, 2014, Vol. 2, p. 619.

在行业的声誉。像其他营利机构一样,资助者专注于利润的获得。因此,除非有合理的判决或和解前景,否则资助者不会提起诉讼。❶ 在投资风险高、预期回报率低的情况下提出不合理的索赔,违背了资助者的商业理性。资助者作为资助市场上的常客,业内的声誉对其招揽业务非常重要。没有原告愿意把案件交到一个胜诉率非常低的资助者手上,也没有律所愿意和一个业内声名狼藉的资助者合作。这也反过来促使资助者在选择案件时保持谨慎,不拿公司股东的金钱和自己的声誉、企业的前途去投资那些无价值、无意义的案件。

资助者滥诉风险可通过制度规则设计予以防控。根据市场经济规律,资助者为了获得投资回报只会资助那些胜诉率高的案件,但以上案例显示确有例外。❷ 为了防止资助者滥诉,各国设计了不同的制度规则。如英国诉讼融资协会(Association Litigation Funding,ALF)要求成员没有法定情形的出现,不得随意解除资助协议;英国法院在 Arkin 案和 Chapelgate 案中,要求资助者承担败诉费用。资助协议终止权的限制和败诉费用责任的承担,可以督促专业投资者更加谨慎地投资,在投资之前考虑诉讼的前景是否足够好,将风险限制在合理的水平,防止资助者提起不必要的诉讼以及在诉讼中的逃逸。

---

❶ [2002] NSWSC 578, para 24.
❷ 造成这一问题的原因在于:第一,资助者虽然有避免不必要诉讼的愿望,但资助者采取的步骤并非万无一失的,资助者可能因为错误评估案件理据的强弱以及律师的某些行为,使得案件成功的概率在资助者作出投资决定后发生了变化。第二,第三方诉讼资助中容易出现当事人"逆向选择",即被资助者为了获得资助,隐瞒了对其不利的事实和证据。第三,资助者的风险偏好可能使其资助风险较大的案件。但值得庆幸的是实践中此类案例极为罕见。

(二) 第三方诉讼资助制度其他风险与防范

(1) 侵害弱势被资助者风险与防范。在第三方诉讼资助尤其是"消费型第三方诉讼资助"中,作为个人的被资助者因不具备法律知识储备、资助合同谈判经验等而无法评估资助协议中的权利义务条款,可能导致被资助者利用、所达成的资助协议条款显失公平,如何保护此类弱势的被资助者是需要考量的问题。英国通过行业监管的方式对该缺陷予以补足。英国诉讼资助者协会要求资助者在资助协议中明确其承担的费用及比例、终止资助协议的情形以及不控制诉讼程序等内容。

(2) 侵害对方当事人权益风险与防范。第三方诉讼资助帮助资金困难的当事人诉诸司法。在该类当事人败诉的情况下,要求其承担对方当事人为了应诉而支出的合理成本和胜诉权益,从法理上讲是站得住脚的,但从实践上讲不具有执行可能性。在司法实践中,通过要求资助者承担败诉费用的方式,对如何保障对方当事人在胜诉时收回其支出成本和实现胜诉权益这一风险予以防范。

(3) 利益冲突风险与防范。第三方诉讼资助中容易出现利益冲突。利益冲突源于利益分歧。资助者、被资助者、律师三方的利益诉求,从宏观上讲是一致的,即案件胜诉各方拿到费用,但从微观上讲存在差异,资助者的利益诉求是以最小成本获得最大收益,被资助者的诉求是尽可能多地减少支付给资助者的费用,律师的诉求是尽可能多地收取代理费用。利益诉求的不同导致了潜在的利益冲突。域外通过要求资助者制定利益冲突管理机制的方式或要求律师披露利益冲突等,对这一风险予以防范。

综上分析可知，尽管第三方诉讼资助制度存在缺陷，但这些缺陷都是可以通过制定法律规范予以补正的。美国学者维多利亚·夏侬（Victoria Shannon）将不同国家对第三方诉讼资助制度的规则设计总结为实体性、程序性和伦理性规则，其中实体性规则涉及资助者在协商资助协议时的行为，程序性规则涉及行为者在解决潜在争议和执行结果时的行为，伦理性规则涉及行为者如何感知和利用彼此的利益、动机、弱点和讨价还价的能力。[1] 这一规则设计涵盖第三方诉讼资助中所有的行为及法律关系，能够有效补正第三方诉讼资助制度缺陷，防范第三方诉讼资助制度风险，值得我国在构建第三方诉讼资助制度具体规则时借鉴。

---

[1] Victoria Shannon, Harmonizing Third–Party Litigation Funding Regulation, *Cardozo Law Review*, Vol. 36, 2015, pp. 861–912.

第三章
第三方诉讼资助制度本土化的功能性分析

第一节 第三方诉讼资助制度的诉讼费用分担功能

一、当事人诉讼费用承担现状

根据一项国际诉讼费用比较研究,在跨国公司违反合同且标的额大、案情复杂的案件中,我国的诉讼费用处于较高水平。[1] 以标的额为 200 万欧元(约合人民币 1523 万元),潜在损失为 500 万欧元(约合人民币 3808 万元)的机械公司设备瑕疵给付实质性违约纠纷为例,我国索赔人支出的律师费用(lawyers' fee)和诉讼费(court fee)总额约 41 万

---

[1] Christopher Hodges Stefan Vogenauer, Magdalena Tulibacka, *The Costs and Funding of Civil Litigation a Comparative Perspective*, Hart Publishing Ltd, 2010, pp. 57–59.

美元（约合人民币299万元），其中律师费用约33万美元（约合人民币240万元），诉讼费8万美元（约合人民币58万），远高于奥地利、德国、波兰、西班牙等国家，在18个国家中排名第六，如图3.1所示。

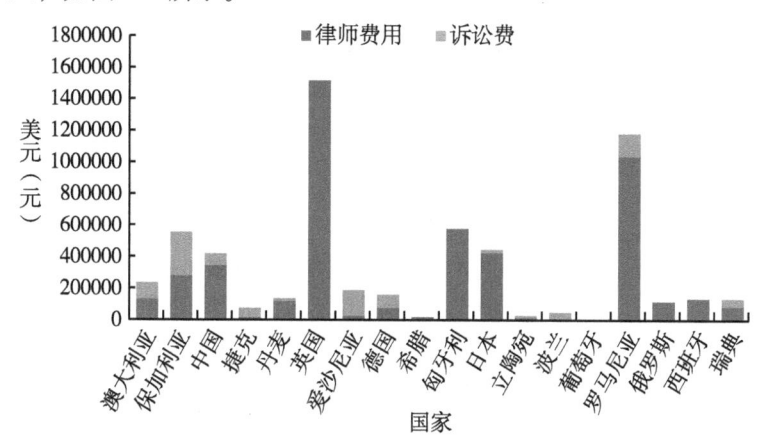

图3.1：大型民商事案件各国诉讼费用比较[1]

我国大型民商事案件诉讼费用高昂，与我国现行的诉讼费制度、律师收费水平以及费用转移制度有关。

（一）诉讼费

诉讼费是当事人进行诉讼活动，必须向法院交纳的费用，是民事诉讼的重要内容之一。[2] 我国《民事诉讼法》第121条规定，当事人进行民事诉讼，应当按照规定交纳诉讼费。[3] 我国现

---

[1] Christopher Hodges Stefan Vogenauer, Magdalena Tulibacka, *The Costs and Funding of Civil Litigation a Comparative Perspective*, Hart Publishing Ltd, 2010, p. 57.
[2] 常怡：《比较民事诉讼法》，中国政法大学出版社2002年版，第295页。
[3] 《民事诉讼法》第121条规定：当事人进行民事诉讼，应当按照规定交纳案件受理费。财产案件除交纳案件受理费外，并按照规定交纳其他诉讼费用。当事人交纳诉讼费用确有困难的，可以按照规定向人民法院申请缓交、减交或者免交。收取诉讼费用的办法另行制定。

行的《诉讼费用交纳办法》(中华人民共和国国务院令第481号)是2006年12月19日发布,2007年4月1日开始施行的。该办法将诉讼费分为两种:一是程序启动费,二是其他费用,如表3.1所示。

表3.1:我国诉讼费交纳范围

诉讼费用	程序启动费	案件受理费	第一审案件受理费
			第二审案件受理费
			再审案件受理费
		申请费	申请执行人民法院发生法律效力的判决、裁定、调解书,仲裁机构依法作出的裁决和调解书,公证机构依法赋予强制执行效力的债权文书
			申请保全措施
			申请支付令
			申请公示催告
			申请撤销仲裁裁决或者认定仲裁协议效力
			申请破产
			申请海事强制令、共同海损理算、设立海事赔偿责任限制基金、海事债权登记、船舶优先权催告
			申请承认和执行外国法院判决、裁定和国外仲裁机构裁决
	其他费用	证人、鉴定人、翻译人员、理算人员在人民法院指定日期出庭发生的交通费、住宿费、生活费和误工补贴,由人民法院按照国家规定标准代为收取。当事人复制案件卷宗材料和法律文书应当按实际成本向人民法院交纳工本费	

《诉讼费用交纳办法》是中央司法体制和法院诉讼收费制度的重要改革,对于进一步降低诉讼门槛,减少涉诉群众的经济负

担，规范诉讼费用的交纳和管理，畅通诉讼渠道，完善人民法院经费保障体制，充分发挥人民法院在构建和谐社会进程中的作用，促进公正司法和社会和谐稳定具有十分重要的意义。❶ 但该费用交纳办法有以下局限：

第一，没有对诉讼费交纳上限作出具体规定，实践中出现巨额案件受理费。以案件受理费为例，《诉讼费用交纳办法》只规定了 10 个段位的交纳标准，最高段位为 2000 万元，超过这一限额的统一按 0.5% 的比例交纳诉讼费，这给大型民商事案件的当事人造成了沉重的诉讼负担。随着国民经济水平的不断提高，实务中超过 2000 万元的民商事案件已经司空见惯。这一点可以从最高人民法院于 2015 年、2018 年、2019 年、2020 年、2021 年先后 5 次，对各地高级人民法院和中级人民法院管辖第一审民商事案件标准进行了调整中可以看出。❷ 调整过后，北上广浙粤等众多经济发达地区的一审法院可以审理标的额 1 亿元以下的案件，1 亿元以上 5 亿元以下的案件由中级人民法院管辖，5 亿元以上的案件由高级人民法院管辖。多番调整的原因在于，随着经济社会的发展出现了众多大标的额的案件，以上案件受制于管辖

---

❶ 《最高人民法院关于适用〈诉讼费用交纳办法〉通知的解读》，载《人民法院报》2007 年 4 月 25 日，https://www.chinacourt.org/article/detail/2007/04/id/244766.shtml，最后访问时间：2021 年 9 月 9 日。

❷ 《最高人民法院关于调整高级人民法院和中级人民法院管辖第一审民商事案件标准的通知》（法发〔2015〕7 号）、《最高人民法院关于调整部分高级人民法院和中级人民法院管辖第一审民商事案件标准的通知》（法发〔2018〕13 号）、《最高人民法院关于调整部分高级人民法院和中级人民法院管辖第一审民商事案件标准的通知》（法发〔2019〕14 号）、《最高人民法院关于调整部分高级人民法院和中级人民法院管辖第一审民商事案件标准的通知》（法发〔2020〕36 号）、《最高人民法院关于调整中级人民法院管辖第一审民事案件标准的通知》（法发〔2021〕27 号）。

标准的问题，都涌入了中高级人民法院，给中高级人民法院带来了很大的审判压力，违背了中高级人民法院审判指导的功能定位。调整之后，案件下沉至基层人民法院。但不设置收费上限，导致巨额案件受理费用的出现。部分当事人因为无力承担高额的诉讼费而不得已放弃诉讼，或者虽提起诉讼但交纳的诉讼费高于胜诉收益的情形并不鲜见。司法实践中，出现了标的 32 亿元的商事纠纷，当事人需要交纳 1600 万元诉讼费的案例。[1] 如此惊人的诉讼费，即便对资金富裕的当事人来说也是沉重的负担，更别论资金困难的当事人。

第二，较之于 1989 年《人民法院诉讼收费办法》，标的额 100 万元以上案件的受理费有增无减。《诉讼费用交纳办法》实施后，社会大众普遍认为新收费办法有效减少了当事人的经济负担，减少了当事人的诉讼费，解决了群众打官司难的问题。[2] 但实际上，并非全然如此。再将 1989 年《人民法院诉讼收费办法》〔法（司）发〔1989〕14 号〕收费标准和 2007 年实施的《诉讼费用交纳办法》的收费标准进行对比（如表 3.2 和表 3.3 所示），可以发现标的额在 100 万元及以下的案件当事人交纳的受理费用着实降低了，但标的额 100 万元以上的案件当事人交纳的受理费却增长了，如图 3.2 所示。这与我国司法改革的方向有关，司法改革关注法院的经费保障，对标的额较小的当事人收取较低的案件受理费，体现了人文关怀的一面；而对标的额大的当事人收取

---

[1] 廖永安、段明：《民事诉讼费用交纳标准的设定原理与完善建议》，载《烟台大学学报（哲学社会科学版）》2017 年第 5 期。
[2] 杨婷：《民事诉讼成本控制研究》，中南财经政法大学 2015 年博士学位论文，第 68 页。

较高的案件受理费,可以保障法院经费的充足。

表 3.2:1989 年《人民法院诉讼收费办法》案件受理费

收费等级	诉讼标的额	受理费
1	低于 1000 元	每件 50 元
2	超过 1000 元至 5 万元部分	争议价额或金额的 4%
3	超过 5 万元至 10 万元部分	争议价额或金额的 3%
4	超过 10 万元至 20 万元部分	争议价额或金额的 2%
5	超过 20 万元至 50 万元部分	争议价额或金额的 1.5%
6	超过 50 万元至 100 万元部分	争议价额或金额的 1%
7	100 万元以上部分	争议价额或金额的 0.5%

表 3.3:2007 年《诉讼费用交纳办法》案件受理费

收费等级	诉讼标的额	案件受理费
1	低于 1 万元	诉讼请求金额或价额的每件 50 元
2	超过 1 万元至 10 万元部分	诉讼请求金额或价额的 2.5%
3	超过 10 万元至 20 万元部分	诉讼请求金额或价额的 2%
4	超过 20 万元至 50 万元部分	诉讼请求金额或价额的 1.5%
5	超过 50 万元至 100 万元部分	诉讼请求金额或价额的 1%
6	超过 100 万元至 200 万元部分	诉讼请求金额或价额的 0.9%
7	超过 200 万元至 500 万元部分	诉讼请求金额或价额的 0.8%
8	超过 500 万元至 1000 万元部分	诉讼请求金额或价额的 0.7%
9	超过 1000 万元至 2000 万元部分	诉讼请求金额或价额的 0.6%
10	2000 万元以上部分	诉讼请求金额或价额的 0.5%

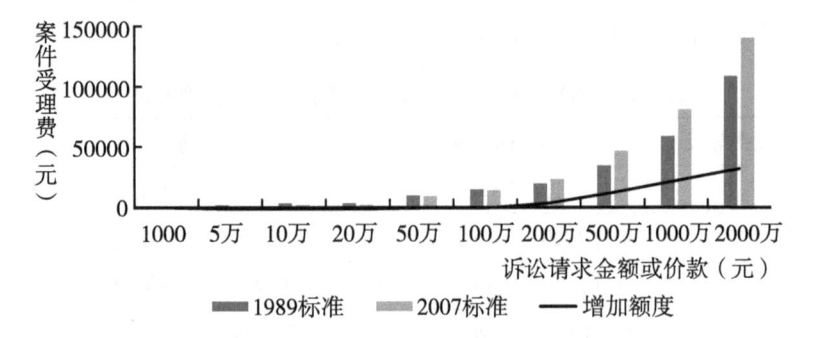

图 3.2：新旧收费办法相应诉讼标的额案件受理费情况对比

第三，2007 年《诉讼费用交纳办法》新增执行申请费，当事人费用负担加重。根据《最高人民法院关于诉讼费问题两个请示的复函》（1994 年 8 月 23 日法函〔1994〕48 号）的规定，当事人申请法院执行发生法律效力的判决、裁定和调解协议以及先予执行的，无须向法院交纳申请执行费，法院只收取执行中实际支出的费用。而根据 2007 年实施的《诉讼费用交纳办法》第 10 条的规定，当事人向法院申请执行人民法院生效的法律文书以及仲裁机构依法作出的裁决和调解书，公证机构依法赋予强制执行效力的债权文书的，需要交纳申请费。申请费根据是否有执行费用或者价额收取，按件或者按比例收取，如表 3.4 所示。2007 年《诉讼费用交纳办法》中案件执行费的增加，加重了当事人的诉讼负担。

表 3.4：2007 年《诉讼费用交纳办法》申请执行费

收费等级	执行金额或者价额	申请执行费用
1	没有执行金额或者价额	每件 50~500 元
2	低于 1 万元	执行金额或价额的 50 元
3	超过 1 万元至 50 万元部分	执行金额或价额的 1.5%

续表

收费等级	执行金额或者价额	申请执行费用
4	超过50万元至500万元部分	执行金额或价额的1%
5	超过500万元至1000万元部分	执行金额或价额的0.5%
6	超过1000万元部分	执行金额或价额的0.1%

第四，诉讼费交纳标准混乱，法院存在乱收费现象。《诉讼费用交纳办法》在制定诉讼费交纳标准时，仅简单地根据案件是财产案件还是非财产案件进行了划分，规定存在诸多不明晰以及前后冲突之处，司法实践中存在法院乱收费的现象。在实践中，当当事人有多个诉讼请求时，法院按照诉讼请求的数量分别收取诉讼费；在当事人申请确认合同无效和解除合同的确认之诉、形成之诉中，存在法院按照给付之诉的标准收取诉讼费而非按件收取诉讼费等现象。

《诉讼费用交纳办法》没有设置最高诉讼费额，且与旧的收费办法相比，100万元标的额诉讼费上涨、新增执行申请费，加上诉讼费交纳标准混乱、实践中法院乱收费等现象，给大型民商事案件的当事人带来了沉重的费用负担。

(二) 律师费用

律师费用指的是当事人因聘请律师作为代理人而支付的代理费用。律师费用已成为当事人诉讼费用的重要组成部分，并在一定程度上制约着当事人使用诉讼作为纠纷解决手段。根据我国《律师服务收费管理办法》，律师可以根据不同的服务内容，采取不同的收费方式。

计时收费适用于全部法律事务。根据2020年《中国律师事务所费率调查》，2019 年我国律师平均小时费用为人民币 2788 元（约 383 美元）；其中，初级律师的平均小时费用为 1494 元（约 205 美元），高级律师的平均小时费用为 2069 元（约 284 美元）；在合伙人律师提供服务时，客户向初级合伙人支付每小时费用为 2605 元（约 358 美元），向高级合伙人支付每小时人民币 3172 元（约 435 美元），向管理合伙人支付每小时人民币 3663 元（约 503 美元）。❶ 以上费用基本上与各地政府指导价格的最高价持平。如《上海市律师服务收费管理办法》《山东省律师服务收费管理办法》《海南省律师服务收费指引》《广东省律师服务收费管理办法》等规定，律师按时计费的每小时费用最高为人民币 3000 元。以上费用基本上接近发达资本主义国家律师的收费水平。在澳大利亚，一般律师每小时收费约 400 美元（约合人民币 2914 元），合伙人律师每小时收费约 600 美元（约合人民币 4371 元）。❷ 我国高级律师和合伙人律师的收费水平，基本和澳大利亚持平。但我国的人均 GDP 远低于澳大利亚。数据显示我国的人均 GDP 为人民币 7.2 万元（约 9886 美元），❸ 2020 年澳大利亚人均 GDP 为 51812.15 美元（约合人民币 377 万元）❹，我国的人均 GDP 约为澳大利亚的 1/5，但我国的律师收费水平与澳大利

---

❶ 中国律师费平均每小时大约 2788 元，参见 2017 年 12 月 20 日《商法》发布的名为《中国律师事务所费率调查》一文，https://law.asia/zh‑hans/china/，最后访问时间：2021 年 2 月 10 日。
❷ Productivity Commission, *Access to Justice Arrangements*: *Overview*, *Inquiry Report No. 72*, 2014, Canberra, p. 116.
❸ 第十三届全国人民代表大会第四次会议《政府工作报告》。
❹ 2020 年澳大利亚 GDP、人均 GDP、人均国民总收入及农业增加值参见，https://www.163.com/dy/article/GIQD2SCP05387IEF.html，最后访问时间：2021 年 9 月 2 日。

亚基本持平，足可见我国律师收费给当事人带来的诉讼负担。

按标的比例收费适用于涉及财产关系的法律事务。以海南省 2020 年 10 月 16 日最新出台的《海南省律师服务收费指引》为例，标的额在 10 万元以下的部分按 8% 收费，10 万元至 50 万元的部分按照 7% 收费，50 万元至 100 万元的部分按照 6% 收费，以此类推，如表 3.5 所示。然而，值得注意的是，收费指引明确规定审判和执行是两个不同的阶段，一审、二审、再审是不同的阶段，每个不同的阶段当事人均需要向律师支付代理费用，这一规定与司法实践操作一致。也就是说表 3.5 最后一列律师收取的费用仅仅是一个阶段的费用。以一件诉讼标的额为 100 万元的案件为例，当事人需要支付 6.6 万元的律师费用于一审，如果胜诉后对方当事人拒绝履行需要申请强制执行的，当事人需要再次支付 6.6 万元律师费，共计 13.2 万元。如果此类情形出现在标的额为 1 亿元的案件中，当事人需要支付 483.2 万元的律师费用。

表 3.5：海南省律师收费指引

标的额（元）	费率	速算增加数额（元）	顶额律师费（元）
10 万以下（含 10 万）	8%	0	0.8 万
10 万~50 万（含 50 万）	7%	0.1 万	3.6 万
50 万~100 万（含 100 万）	6%	0.6 万	6.6 万
100 万~500 万（含 500 万）	5%	1.6 万	26.6 万
500 万~1000 万（含 1000 万）	4%	6.6 万	46.6 万
1000 万~5000 万（含 5000 万）	3%	16.6 万	166.6 万
5000 万~1 亿（含 1 亿）	2%	41.6 万	241.6 万
1 亿以上	1%	91.6 万	具体计算

计件收费一般适用于不涉及财产关系的法律事务，与第三方诉讼资助的主要案件类型存在差异，故在此不再讨论。

（三）败诉费用

法庭在诉讼程序结束时会就各方当事人需要承担的诉讼费用作出分配。世界范围存在两种主要的诉讼费用转移规则，即英国规则（English Rule）和美国规则（American Rule）。[1] 英国规则也叫"费用跟随事项规则"（costs follow the event）或"败诉者付费规则"（loser pays），该规则下败诉方需要支付胜诉方全部的合理费用。美国规则也叫"费用不跟随事项规则"（costs not follow the event），该规则下各方当事人各自承担己方的诉讼费用。二分法简单粗暴的划分方式遭到了广泛的批评，因为在英国规则下没有一个国家的司法系统能够让胜诉方收回全部的费用和成本，在美国规则下胜诉方的一些成本转移给了败诉方。因此有学者提出了三分法：一是，主要转移规则。该规则下的法域，不仅宣布坚持"败诉方付费"规则，而且严肃认真对待这一规则，败诉者需要支付胜诉者全部的或者与接近全部的法庭费用、律师费用和证据费用。[2] 二是，部分转移规则。该规则下的法域，虽仍然宣布坚持"败诉方付费"规则，但将转移的费用比例交给法院自由裁量，或者只转移法院费用和取证费用而不转移律师费用。[3]

---

[1] Markus Jäger, Reimbursement for Attorney's Fees, A Comparative Study of the Laws of Switzerland, Germany, France, England and the United States of America, International Arbitration Rules and the United Nations Convention on Contracts for the International Sale of Goods（CISG）（2010），supra note 14, at 1.

[2] 与广泛认同的假设相反，英国不是采用费用转移规则的主要代表国家。相反，这一核心代表团体由欧洲大陆的几个"日耳曼"国家组成，如奥地利、捷克共和国、德国、荷兰和瑞士等。

[3] 交给法院司法裁量的地方主要是具有英联邦传统的地区，如英国威尔士、加拿大、新西兰等。

在大多数情况下，自由裁量权的实施导致了费用的部分转移。三是，次要转移规则。该规则下的法域，大体上拒绝适用"败诉者付费"规则，各方当事人需要为自己的费用负责，胜诉方仅能将部分诉讼费用和证据费用转移给败诉方。❶

我国实行"部分转移规则"。根据《诉讼费用交纳办法》第29条规定，败诉方需要支付胜诉方的诉讼费用，胜诉方自愿承担的除外。我国律师费用不作为诉讼费用进行转移。这一立法初衷在于减轻原告的诉讼负担，避免原告因担心承担败诉后对方当事人的律师费用而不敢提起诉讼。但这并不代表所有案件均将律师费用排除在诉讼费用之外，例外和变通之处非常之多。我国立法明确了在个别情况下可以将律师费用转化为实体问题，赋予胜诉方以诉权，允许当事人利用诉讼对损害自己权利的行为提起损害赔偿诉讼。❷ 如《中华人民共和国著作权法》第54条❸、《中华人民共和国商标法》第63条❹、《中华人民共和国专利法》第71条❺等均规定，侵权人不仅要赔偿其造成的损害，还需要赔偿权利人为制止侵权行为而产生的合理支出。律师费用是否属于

---

❶ 次要转移规则典型代表是美国。在美国，每方对自己的费用负责的观念是根深蒂固的，至少在律师费用中是这样的。
❷ 王福华：《论民事司法成本的分担》，载《中国社会科学》2016年第2期。
❸ 《中华人民共和国著作权法》第54条规定：侵犯著作权或者与著作权有关的权利的，侵权人应当按照权利人因此受到的实际损失或者侵权人的违法所得给予赔偿……赔偿数额还应当包括权利人为制止侵权行为所支付的合理开支。
❹ 《中华人民共和国商标法》第63条规定：侵犯商标专用权的赔偿数额，按照权利人因被侵权所受到的实际损失确定……赔偿数额应当包括权利人为制止侵权行为所支付的合理开支。
❺ 《中华人民共和国专利法》第71条规定：侵犯专利权的赔偿数额按照权利人因被侵权所受到的实际损失或者侵权人因侵权所获得的利益确定……赔偿数额还应当包括权利人为制止侵权行为所支付的合理开支。

"合理开支",《最高人民法院关于审理著作权民事纠纷案件适用法律若干问题的解释》第 26 条❶、《最高人民法院关于审理商标民事纠纷案件适用法律若干问题的解释》第 17 条❷以及《最高人民法院关于证券纠纷代表人诉讼若干问题的规定》第 25 条❸作出了界定。以上法条规定,权利人为维权所支付的律师代理费用、差旅费、调查费、取证费等费用均包含在赔偿范围之内,由对方当事人承担。在以上类型的诉讼中,律师费用也是要转移给败诉方的。

我国大型民商事案件的诉讼当事人提起诉讼,不仅要支付高昂的诉讼费,而且需要支付高昂的律师费用,同时根据案件类型在败诉的情况下还需要支付对方当事人的诉讼费用,甚至律师费用。考虑到我国当事人整体的收入水平和经济能力,其承受的诉讼费用并不低于发达国家的诉讼当事人。❹ 以标的额 100 万元的诉讼案件为例,当事人向法院提起诉讼并申请执行,最少要准备

---

❶ 《最高人民法院关于审理著作权民事纠纷案件适用法律若干问题的解释》第 26 条规定:著作权法第四十九条第一款规定的制止侵权行为所支付的合理开支,包括权利人或者委托代理人对侵权行为进行调查、取证的合理费用。人民法院根据当事人的诉讼请求和具体案情,可以将符合国家有关部门规定的律师费用计算在赔偿范围内。

❷ 《最高人民法院关于审理商标民事纠纷案件适用法律若干问题的解释》第 17 条规定:商标法第六十三条第一款规定的制止侵权行为所支付的合理开支,包括权利人或者委托代理人对侵权行为进行调查、取证的合理费用。人民法院根据当事人的诉讼请求和案件具体情况,可以将符合国家有关部门规定的律师费用计算在赔偿范围内。

❸ 《最高人民法院关于审理著作权民事纠纷案件适用法律若干问题的解释》第 25 条:代表人请求败诉的被告赔偿合理的公告费、通知费、律师费等费用的,人民法院应当予以支持。

❹ 张光磊:《第三方诉讼融资:通往司法救济的商业化路径》,载《中国政法大学学报》2016 年第 3 期。

7.98万元,用于交纳1.38万元的案件受理费和支付6.6万元的律师费用。最少费用是当事人在诉讼过程中不需要证人出庭,不需要聘请翻译、鉴定人员,以及忽略诉讼过程中的交通费、食宿费等情况,且案件胜诉后对方当事人主动执行情况下的花费。如果诉讼当中当事人申请法院保全,需要交纳0.5万元的保全费;如果胜诉后对方当事人不履行需要申请法院强制执行的,需要交纳1.24万元的申请执行费用和第二阶段的律师费用6.6万元,合计15.82万元。如表3.6所示,以不同标的额案件为例,抛除保全费、鉴定费等其他费用,仅计算案件受理费、申请执行费和诉讼、执行阶段的律师费用,可以直观感受到我国大型民商事诉讼中高昂的诉讼费用。

表 3.6:不同标的额当事人支付的诉讼费用(单位:元)

标的额	案件受理费	执行费	律师费(诉讼、执行两阶段)	总计
100 万	1.38 万	1.24 万	6.6×2=13.2 万	15.82 万
500 万	4.68 万	5.24 万	26.6×2=53.2 万	63.12 万
1000 万	8.18 万	7.74 万	46.6×2=93.2 万	109.12 万
5000 万	29.18 万	11.74 万	166.6×2=233.2 万	274.12 万

二、现行诉讼费用分担机制及不足

高昂的诉讼费用阻碍了当事人接近正义,为此世界各国兴起了诉讼司法救助制度和法律援助制度。诉讼司法救助制度旨在减轻当事人交纳诉讼费的压力,法律援助制度旨在减轻当事人聘请律师支付代理费用的压力。与世界其他国家一致,我国为了帮助当事人分担诉讼费也引入了这两项制度。但制度的功能和定位,无法满足所有当事人的成本分担需求。

（一）我国司法救助机制及不足

司法救助，也称诉讼救助。就我国民事诉讼法而言，司法救助指的是人民法院对有充分理由证明自己的合法权益受到侵害，但经济困难的当事人，实行诉讼费免交、减交或者缓交制度。[1] 诉讼司法救助制度是诉讼费制度中最能直接体现保障当事人诉权的部分，是衡量一国民事诉讼制度是否健全的重要尺度。[2] 司法救助在强调诉讼人权保障的现代法治体系中意义重大。

我国诉讼司法救助概念，最早出现在1999年7月28日最高人民法院颁布的《〈人民法院诉讼收费办法〉补充规定》，该规定第4条首次使用了"司法救助"概念，明确当事人确因经济困难不能按时足额交纳诉讼费的，可以向法院申请缓交、减交或者免交。2000年颁布的《最高人民法院关于对经济确有困难的当事人予以司法救助的规定》，从司法救助的概念、申请人的范围、申请程序、审查程序等方面，对我国的司法救助制度作出了初步的系统安排。2005年最高人民法院颁布了《关于对经济确有困难的当事人提供司法救助的规定》，对2000年的规定进行了修订，扩大了司法救助的当事人范围，加大了司法救助的力度。2007年国务院颁布的《诉讼费用交纳办法》第6章专章细化了当事人申请诉讼费免、减、缓的具体情形。当前，我国诉讼司法救助在成本负担方面存在以下问题：

第一，司法救助当事人主要倾向于自然人，法人、非法人组织难以适用。《诉讼费用交纳办法》第44条第2款规定："诉讼

---

[1] 赵钢、朱建敏：《关于完善我国司法救助制度的几个基本问题：以修订〈民事诉讼法〉为背景所进行的探讨》，载《中国法学》2005年第3期。
[2] 汤维建等：《民事诉讼法全面修改专题研究》，北京大学出版社2008年，第301页。

费用的免交只适用于自然人",作为非自然人的法人、非法人组织,包括公司、企业、社会团体被排除在免交范围之外。《诉讼费用交纳办法》第 46 条❶规定了诉讼费减交制度,第 47 条❷规定了诉讼费缓交政策,但从第 46 条和第 47 条的表述可以发现,缓减政策同样倾向于自然人。以上两条规定中除了福利机构和救助管理站机构这两种非自然人组织属于法律明确规定应当减交的对象,其他法人和非法人组织,如果想要减交或者缓交,只能借力于兜底条款"确实需要减交的其他情形""确实需要缓交的其他情形"。这导致一些社会公共福利企业单位以及更多数量的企事业主体被排斥在了司法救助的适用主体之外。大数据显示,在获得司法救助的当事人类型中,88%以上的当事人均为自然人,法人和非法人组织占比不超过 12%。❸

第二,司法救助倾向于自然人中的贫困人群,中等收入人群难以适用。我国司法救助的当事人倾向于自然人中的贫困人群,中等收入群体难以适用。这一点可以从申请诉讼司法救助的适用条件中看出。《关于对经济确有困难的当事人予以司法救助的规

---

❶ 《诉讼费用交纳办法》第 46 条规定:"当事人申请司法救助,符合下列情形之一的,人民法院应当准予减交诉讼费用:(一)因自然灾害等不可抗力造成生活困难,正在接受社会救济,或者家庭生产经营难以为继的;(二)属于国家规定的优抚、安置对象的;(三)社会福利机构和救助管理站;(四)确实需要减交的其他情形。"

❷ 《诉讼费用交纳办法》第 47 条规定:"当事人申请司法救助,符合下列情形之一的,人民法院应当准予缓交诉讼费用:(一)追索社会保险金、经济补偿金的;(二)海上事故、交通事故、医疗事故、工伤事故、产品质量事故或者其他人身伤害事故的受害人请求赔偿的;(三)正在接受有关部门法律援助的;(四)确实需要缓交的其他情形。"

❸ 袁菁敏:《论人民法院司法救助制度的完善》,华中师范大学 2020 年硕士学位论文,第 20 页。

定》第 4 条、《诉讼费用交纳办法》第 48 条规定，当事人申请司法救助的，应提交足以证明其确有经济困难的证明材料，其中因生活困难或者追索基本生活费用申请司法救助的，应当提供本人及其家庭经济状况符合当地政府有关部门规定的公民经济困难标准的证明。中等收入群体因不符合民政部门规定的公民经济困难标准，无法适用诉讼司法救助。

(二) 我国法律援助机制及不足

法律援助制度（Legal Aid）产生于 15 世纪的英国，当时人们基于慈善的目的，承认穷人享有免付诉讼费和律师代理费用的权利。[1] 法律援助制度发展至今，指的是国家在司法制度运行的各个环节和各个层次上，对因经济困难或者其他因素而难以通过一般意义上的法律救济手段保障自身权利的社会弱者减免收费，提供法律帮助的一项法律保障制度。[2] 就我国民事诉讼法而言，法律援助指的是为了保障民事诉讼中贫困弱势当事人的合法权益，国家设立的无偿提供法律咨询、代理等法律服务的制度，是公共法律服务体系的组成部分。[3]

我国法律援助制度肇始于 1994 年，时任司法部部长肖扬在讨论《中华人民共和国律师法（草稿）》时第一次正式提出了"建立和实施中国的法律援助制度"的设想，同年全国第一个法律援助中心在广州市挂牌成立。1996 年司法部发出《关于建立法律援助机构，迅速开展法律援助工作的通知》，要求各省、自

---

[1] 黄斌、李辉东：《英国法律援助制度改革及其借鉴意义：以〈1999 年接近正义法〉为中心》，载《诉讼法论丛》2005 年第 10 卷。
[2] 刘根菊：《法律援助制度的几个问题》，载《政法论坛》2001 年第 1 期。
[3] 参见《中华人民共和国法律援助法》第 2 条。

治区、直辖市司法厅（局）尽快建立相应的法律援助工作管理机构。2003年《中华人民共和国法律援助条例》（以下简称《法律援助条例》）正式实施，构筑了中国特色法律援助制度的基本框架，标志着我国建立起了真正意义上的现代法律援助制度，我国法律援助制度进入了新的历史阶段。2013年党的十八届三中全会通过《中共中央关于全面深化改革若干重大问题的决定》，明确要求"完善法律援助制度"。2015年中共中央办公厅、国务院办公厅印发《关于完善法律援助制度的意见》，将"扩大援助范围、提高法律援助质量"作为法律援助制度改革的目标，此后"应援尽援"和"应援优援"成为从中央到地方对制度改革目标的形象化描述。2021年十三届全国人大常委会第二十五次会议审议了《中华人民共和国法律援助法（草案）》，并于2021年8月20日正式通过了《中华人民共和国法律援助法》（以下简称《法律援助法》）。法律援助制度实施三十年来，在帮助贫困弱势群体接近正义方面起了重要作用，在一定程度上矫正了法律服务市场的失灵。但在帮助当事人分担诉讼费方面，我国法律援助制度仍存在以下问题：

（1）法律援助覆盖当事人范围过窄。首先，法律援助倾向于资金困难的自然人，且资金困难标准严苛，限制了自然人使用的范围。曾施行多年的《法律援助条例》第1条开宗明义地指出：为了保障"经济困难的公民"获得必要的法律服务，促进和规范法律援助工作，制定本条例。但何谓"经济困难"，"经济困难的标准是什么"，《法律援助法》延续了《法律援助条例》的做法，仅作出了授权性规定，将经济困难标准的制定权赋予各省级人民政府。而历史上，各省级人民政府制定的"经济困难"

标准并不统一且合理性存疑。各地立法机关为了降低制度执行的交易成本,曾先后以"最低生活保障标准"、"低收入家庭标准"和"最低工资标准"作为"经济困难"认定标准。❶ 但实际上,以上3个标准确立的目的和考虑因素并不相同。以"最低生活低保标准"为例,该标准旨在评估的是一个家庭是否能够"维持基本生存需求、维护生活成本",而法律援助"经济困难"标准旨在评估一个当事人是否能够"支付市场化的法律服务费用"。以"低保标准""低收入家庭标准"或者"最低工资标准"作为"经济困难"认定标准,将使大量需要法律援助的公民被拒至法律援助大门之外。❷ 其次,法人和非法人组织申请法律援助困难。尽管最新修订的《法律援助法》将法律援助的适用群体拓展至"符合法定条件的其他当事人",但通观《法律援助法》全文,里面规定的"符合法定条件的其他当事人"更多指的是刑事诉讼、行政诉讼的当事人。

(2) 法律援助覆盖事项范围过窄。法律援助覆盖的事项范围过窄,未将公民面临的主要民事纠纷囊括在内。2003年《法律援助条例》第10条以列举的方式明确了6类法律援助的事项,涉及民事法律援助范围的只有"请求给付赡养费、抚养费、扶养费的""请求支付劳动报酬的""主张因见义勇为行为产生的民

---

❶ 黄东东:《民事法律援助范围立法之完善》,载《法商研究》2020年第3期。
❷ 以北京市为例,2021年北京最低月工资标准为2200元/月,但律师在办理公民请求支付劳动报酬、工伤赔偿,请求给付赡养费、抚养费、扶养费,请求发给抚恤金、救济金,请求给付社会保险待遇或最低生活保障待遇的民事诉讼案件中,计件收费的标准为3000~15000元,远远高于最低月工资标准。并且随着2018年北京市司法局、北京市律师协会《关于全面放开我市律师法律服务收费的通知》的印发,律师费进一步攀升。

事权益的"这 3 项。而这 3 项仅仅是大量婚姻家庭和劳动合同纠纷中的一类,且"因见义勇为行为产生的民事权益"需要提供法律援助的案例在实践中也是少之又少。❶ 为了回应社会需求,《法律援助法》增加了"请求认定公民无民事行为能力或者限制民事行为能力""请求工伤事故、交通事故、食品药品安全事故、医疗事故人身损害赔偿的"和"请求环境污染、生态破坏损害赔偿"以及"法律法规规定的其他情形"这 3 项。但从《广州法律援助白皮书(2019)》发布的情况来看,"其他劳动纠纷""请求社会保险待遇"等案件也是民事领域急需援助的案件。

(3)法律援助经费投入有限,律师办案质量良莠不齐。根据司法部在全国开展的"法律援助规范与质量"调研报告,基层法律援助机构存在经费短缺和经费监管机制不健全等问题。❷ 办理法律援助案件补助较低,通常只有数百上千元,与市场化的收费标准相差甚远,律师甚至"入不敷出",因此办案积极性不高。很多律师不愿意参与法律援助,律所只能将大部分法律援助案件分配给办案经验不够丰富、案源相对较少的年轻律师办理。被指派律师为了控制办案成本,会采取消极代理的策略,不调查、不阅卷,甚至不会见,尽量减少调查取证的程序和次数,应付办案。办案质量难以满足受援助人的需求,甚至部分受援助人因权益未受到最好保护而受到二次伤害。❸ 尽管《法律援助条

---

❶ 以广东省为例,2014 年全省为见义勇为提供民事法律援助的案件仅两起。参见白萍主编:《法律援助制度改革与发展》,法律出版社 2016 年版,第 151 页。
❷ 林静:《法律援助的现状与存在问题:基于对法律援助工作者的实证研究》,载《浙大法律评论》2017 年第 4 卷,第 190 页。
❸ 王建华:《关于实现法律援助服务到位的几点思考》,载《中国司法》2020 年第 12 期。

例》和《中华人民共和国律师法》（以下简称《律师法》）均规定，办理法律援助案件是律师应尽的社会义务，但长期以来经费不足的问题加剧了律师执业的逐利性与法律援助的公益性之间的冲突。研究表明，法律援助案件质量不高与补贴过低有直接关系。❶ 法律援助律师服务质量不高、难以满足当事人的法律需求已成为制约法律援助发展的重要因素。

我国法律援助制度存在的以上问题，不仅仅是政府增加财政支持就可以解决的。我国法律援助存在的问题，实际上与我国法律援助制度的模式有关。我国政府主导下的"政府责任、律师义务、社会参与"的法律援助模式，❷ 系我国供需矛盾突出、供给质量不高的根本原因所在。"政府责任"属性意味着我国的法律援助单纯依靠财政的支出，始终无法突破公共服务的成本限制；"律师义务"属性意味着我国的法律援助制度持续运转寄希望于律师长期免费提供法律服务，但法律服务市场逐利性与法律援助公益性之间的矛盾决定了其不具有可持续性；"社会参与"属性的背后实际上是政府对法律援助的包揽。在我国"不断扩大法律援助范围，提高援助质量"的改革目标下，应构建政府、市场、社会多元协同治理的法律援助新模式。

法律援助制度存在的缺陷，限制了其在诉讼费分担方面的功能。因为援助对象范围、援助标准划定和援助事项范围等问题，众多的当事人和案件未能适用这一制度。即便中共中央办公厅、

---

❶ 参见叶青、程衍：《中国刑事法律援助制度 40 年发展与展望》，载《上海法学研究》2020 年第 16 卷。

❷ 胡铭、王廷婷：《法律援助的中国模式及其改革》，载《浙江大学学报（人文社会科学版）》2017 年第 2 期。

国务院办公厅在 2015 年印发了《关于完善法律援助制度的意见》，要求扩大民事法律援助的覆盖面，也无法改变法律援助针对的群体是经济困难的低收入群体，法律援助设立的目的是将涉及劳动保障、婚姻家庭、食品药品、教育医疗等与民生紧密相关的事项纳入法律援助事项范围，帮助困难群众运用法律手段解决基本生产生活方面的问题。在我国当前法律援助机制经费有限、投入不足、供求关系紧张、案件质量良莠不齐的情况下，将其拓展适用至商事主体的希望渺茫。即便当事人通过了法律援助申请，不尽如人意的法律援助服务也难以满足当事人的需求。

三、第三方诉讼资助制度的弥补功能

正如日本学者棚濑孝雄所言："无论审判能够怎样完美地实现正义，如果付出的代价过于昂贵，人们往往只能放弃通过审判来实现权利的愿望。"❶ 诉讼费用问题不仅制约着当事人诉权这一宪法性权利的实现程度，而且影响着民事诉讼被利用程度，决定着民事诉讼能否发挥在社会治理体系中应有的作用。❷ 第三方诉讼资助制度不同于司法救助、法律援助的定位和功能，可以弥补二者在诉讼费用分担方面存在的缺陷。

（一）弥补我国司法救助机制的不足

单从司法救助制度现存的问题来论证第三方诉讼资助制度构

---

❶ [日]棚濑孝雄：《纠纷的解决与审判制度》，王亚新译，中国政法大学出版社 1994 年版，第 266 页。
❷ 汤维建、李海尧：《〈诉讼费用法〉立法研究》，载《苏州大学学报（哲学社会科学版）》2017 年第 3 期。

建的必要性，是不够充分的。司法救助制度存在问题，完全可以通过修订法律来加以完善，毕竟完善一项制度的成本要大大低于构建一项制度的成本。

之所以要引入第三方诉讼资助制度，是因为司法救助"救济解困"的制度定位决定了其不管怎么完善、如何修改，都无法广泛适用于法人、非法人组织和"中等收入群体"。这与长期以来传统理论上认为"家大业大"的企事业单位、中等收入群体一般不存在诉讼费交纳上的困难有关。但当前民事诉讼实践中，无力负担诉讼费用的公司企业以及中等收入群体比比皆是，甚至是"声名显赫"的大公司在巨额讼费面前，同样感到力不从心。❶ 随着社会经济的发展，以上群体所占比例不断扩大，因此他们对司法救助制度的"不正义感"直接降低了整个社会的公正水平。密切关注以上群体在接近正义方面的需求，是我国提高司法品质、法治品质不可或缺的一环。

第三方诉讼资助的"盈利"模式，使得资助者在挑选资助对象时，不再过多关注当事人的主体身份和经济状况，资助者更为关心的是案件的胜诉前景和执行可能。第三方诉讼资助的这一特性，使得其既能为贫穷的当事人使用，也能为富裕的当事人使用，既能被自然人使用，也能被法人、非法人组织使用。在法人、非法人组织，以及中等收入群体无法通过法院司法救助审查时，可以通过第三方诉讼资助解决费用问题。

（二）弥补我国法律援助机制的不足

法律援助制度难以被法人和非法人组织使用，这实际上产生

---

❶ 方流芳：《民事诉讼收费考》，载《人大法律评论》2000年第1辑。

了一种"悖论",即真正为法律援助制度资金作出贡献的人被排除在了该制度之外。法律援助的国家财政支持属性意味着需要国家资金的大量投入,而该资金来自纳税人。但纳税人中的部分群体,尤其是经济状况中等的这一群体,既无法从法律援助中获得帮助,又难于支付诉讼费用,成为真正的"权利贫困者"和诉诸司法中"消失的中产阶级"。如何保护这一群体的利益,希冀扩大法律援助制度的适用范围显然不切实际,尤其是当今法律援助资金本就不足。此外,法律援助范围一味地扩大,会失去设立法律援助制度的初衷,也会给国家造成沉重的财务负担,更会引发当事人滥诉的问题。与法律援助制度相比,第三方诉讼资助制度具有以下比较优势:

(1) 弥补法律援助覆盖当事人范围过窄的不足。第三方诉讼资助既可以被资金困难的当事人使用,也可以被资金富裕的当事人使用。而法律援助制度覆盖的当事人主要是经济困难的当事人。当事人要获得法律援助,必须通过严格的资格审查。审查内容包括当事人的经济状况、劳动能力等,旨在评估当事人支付私人法律咨询费用的能力,只有那些真正贫困的当事人才能获得援助。而第三方诉讼资助覆盖的当事人不仅包括经济困难的当事人,还包括经济富裕的当事人。更为重要的是第三方诉讼资助中的当事人并非传统意义上的贫困者,其"资金困难"更多地表现为资金流动性差,而非真正意义上的"一穷二白",如众多的中小企业,其不属于法律援助意义上的"资金困难"当事人,但也无力与大企业抗衡进行诉讼。

(2) 弥补法律援助适用案件范围过窄的不足。第三方诉讼资助制度既可用于大型民商事案件，如破产诉讼、群体诉讼、知识产权、能源矿产、基础设施建设、大型服务贸易等类型的大规模索赔，也可以用于人身伤害等其他民商事诉讼案件。而法律援助制度在适用方面侧重于请求给付抚养费、赡养费等家事案件，以及请求确认劳动关系或者支付劳动报酬等人事案件和工伤事故、交通事故、食品药品安全事故、医疗事故和人身损害赔偿等侵权案件。第三方诉讼资助制度与法律援助制度适用范围的不同，可以弥补现有诉讼费用分担机制的不足。

（3）弥补法律援助机制下律师服务质量良莠不齐的不足。法律援助因经费不足，发给律师的办案补贴远低于市场化标准下的律师费用，再加上缺乏有效的监督机制，实践中律师办案质量良莠不齐。尤其是在重大复杂案件法律援助方面，法律援助服务机构和援助律师面临着重大挑战——当事人通常有复杂的需求，需要一个整体的方案，但援助机构和援助律师受制于经费、团队以及能力无法满足。第三方诉讼资助制度可以有效解决这一问题。第三方诉讼资助者按照市场化标准支付律师费用，使得律师的积极性大大提高。同时，第三方诉讼资助者通过定时汇报制度，有效地监督律师办案效率。第三方诉讼资助者通过律师胜诉率、客户满意度等指标，对律师进行考察，以决定能否形成长期稳定合作关系，这无形中鞭策着律师好好工作，给资助者留下好的印象，以便日后有稳定的案源。第三方诉讼资助制度市场化和企业化的管理模式，解决了法律援助模式下律师服务质量良莠不齐的问题。

第三方诉讼资助制度作为市场经济下商业化的诉讼制度保障程序，其适用范围没有严格的界限。第三方诉讼资助制度下，经济状况中等的民众可以通过一定数量胜诉权益的转让,来实现其法律救济的合法化和效益最大化。第三方诉讼资助使中等收入群体从对法律援助的期望中转向投入和回报相互平衡的第三方诉讼资助中。第三方诉讼资助商业化的运作模式,可以分流部分援助当事人和援助案件,起到减轻援助机构负担和减轻国家财政压力的作用。如此一来,既缓解了国家因实施法律援助制度所产生的财政压力,又满足了中等收入群体维护自身合法权益而寻求法律帮助的需求。

第二节　第三方诉讼资助制度的诉讼风险转移功能

一、当事人面临的诉讼风险

随着民事立法的发展和民事诉讼制度的不断完善,民事诉讼不论是在实体上还是程序上,都呈现出日趋复杂化的倾向,而对当事人而言,诉讼越复杂风险越大。诉讼风险的存在,使得当事人在提起诉讼时非常谨慎,以至于一部分惧怕风险的当事人明明有正当诉讼请求却放弃诉讼。

诉讼风险根据诉讼程序节点可以分为诉讼前的风险、诉讼中的风险、诉讼后的风险。诉讼前的风险,如我国《民事诉讼法》第108条规定的诉前保全错误赔偿风险。❶ 诉讼中的风险,表现

---

❶ 《民事诉讼法》第108条规定:申请有错误的,申请人应当赔偿被申请人因保全所遭受的损失。

为因诉讼时效或者除斥期间的耽误、案件管辖权或者证据规则的适用而引发的风险。[1] 如《中华人民共和国民法典》（以下简称《民法典》）第188条及第192条关于诉讼时效的规定。诉讼后的风险主要是执行风险，主要表现为《民事诉讼法》第268条规定的其他情形下终结执行的风险。[2]

为了帮助当事人正确认识诉讼风险，2002年河南安阳铁西区人民法院率先实行当事人诉讼风险提示制度。人民法院在当事人办理立案手续时，会给当事人一份诉讼风险通知书，告知当事人诉讼中可能存在的风险以及需要承担的责任。[3] 此后，最高人民法院审判委员会第1302次会议于2003年12月23日发布了《人民法院民事诉讼风险提示书》，对当事人在民事诉讼中常见的17种诉讼风险进行了归纳总结。[4]《人民法院民事诉讼风险提

---

[1] 《民法典》第188条规定：向人民法院请求保护民事权利的诉讼时效期间为三年。法律另有规定的，依照其规定。诉讼时效期间自权利人知道或者应当知道权利受到损害以及义务人之日起计算。法律另有规定的，依照其规定。但是，自权利受到损害之日起超过二十年的，人民法院不予保护，有特殊情况的，人民法院可以根据权利人的申请决定延长。第192条规定：诉讼时效期间届满的，义务人可以提出不履行义务的抗辩。诉讼时效期间届满后，义务人同意履行的，不得以诉讼时效期间届满为由抗辩；义务人已经自愿履行的，不得请求返还。
[2] 其他情形下终结执行风险的主要表现为：当事人不及时申请执行，造成超期法院不予受理的风险，同一被执行申请人具有不同债权时按顺序受偿的风险，以及在采取拍卖、以物抵债等个案执行中标的物流拍，或者权利人不愿意接受实物等风险。
[3] 周涌、谢志坚：《民事诉讼风险及其防范与控制》，载《中国司法》2004年第11期。
[4] 《人民法院民事诉讼风险提示书》中常见的民事诉讼风险：起诉不符合条件，诉讼请求不适当，逾期改变诉讼请求，超过诉讼时效，授权不明，不按时交纳诉讼费，申请财产保全不符合规定，不提供或者不充分提供证据，超过举证时限提供证据，不提供原始证据，证人不出庭作证，不按规定申请审计、评估、鉴定，不按时出庭或者中途退出法庭，不准确提供送达地址，超过期限申请强制执行，无财产或者无足够财产可供执行，不履行生效法律文书确定义务。

示书》将专业性较强的法律术语通过通俗易懂的语言表达出来，有助于引导个案中的当事人参与诉讼活动，避免造成不必要的损失。但诉讼风险提示书始终无法消除风险，当事人还是希望能够有相应的机制来转嫁诉讼风险带来的不利后果。

二、现行诉讼风险转移机制及不足

我国现有的诉讼风险转移制度有律师风险代理制度和诉讼保险制度。二者在帮助当事人转移诉讼风险方面起到了一定的作用，但在实践中也暴露出了不足。

（一）我国律师风险代理机制及不足

律师风险代理制度指的是律师与委托人就委托事项达成协议，明确法律服务内容和应该实现的结果。在结果实现的情况下，通常是案件胜诉后由委托人向律师支付一定比例的胜诉金，从而结束律师代理行为的制度安排。我国律师风险代理制度，首次得到法律的认可是在 2004 年中华全国律师协会颁布的《律师执业行为规范》第 96 条的规定。[1] 2006 年国家发展改革委、司法部颁布的《律师服务收费管理办法》对律师风险代理制度进行了细化，规定在办理涉及财产关系的民事案件时委托人被告知政府指导价后仍要求实行风险代理的，律师事务所可以实行风险代理收费，但部分情形除外；实行风险代理收费，最高收费金额

---

[1] 《律师执业行为规范（试行）》第96条：以诉讼结果或其他法律服务结果作为律师收费依据的，该项收费的支付数额及支付方式应当以协议形式确定，应当明确计付收费的法律服务内容，计付费用的标准、方式，包括和解、调解或审判不同结果对计付费用的影响，以及诉讼中的必要开支是否已经包含于风险代理酬金中等。

不得高于收费合同约定标的额的30%。律师风险的代理制度存在以下不足：

（1）律师风险代理在案件适用范围上有一定局限性。我国《律师服务收费管理办法》第12条明令禁止律师为群体性诉讼提供风险代理。❶ 之所以禁止在群体诉讼中实行风险代理制度，一方面与域外群体诉讼风险代理适用中暴露出的一些问题有关，政策制定者不得不慎重对待；另一方面主要是为了维护社会的和谐稳定。政策制定者认为，若允许在群体诉讼中实行律师风险代理，律师为了自身的利益，可能会煽动当事人提起诉讼，从而导致法院案件数量的激增，可能借助社交媒体扩大案件的影响、造成矛盾的升级，影响纠纷的解决和社会的和谐。政策制定者的这些考量可以从《中华全国律师协会关于律师办理群体性案件指导意见》的规定中看出。❷ 禁止律师在群体诉讼中进行风险代理有一定的必要性，但同时也阻碍了公民寻求司法救济。群体诉讼案情复杂、调查取证存在困难等特性，决定了当事人提起诉讼需要

---

❶ 对于何为"群体性诉讼案件"，法律、行政法规、部门规章均未予明确界定，参照律师行业自律组织制定的规范性文件，即《中华全国律师协会关于律师办理群体性案件指导意见》规定，群体性案件是指一方当事人众多（十人以上）、基于同一或类似的事实问题或法律问题而引发的共同诉讼或非诉讼（包括调解、裁决、仲裁、复议等）案件。

❷ 该指导意见要求律师在办理群体案件时"应该以高度的社会责任感，积极参与和促成群体性案件的妥善解决……维护国家稳定，保障经济发展，促进社会和谐。""应着力于化解矛盾纠纷，帮助争议各方选择合法、适当、平和与稳妥的争议解决路径和方式。倡导调解解决纠纷。""律师发现因部分委托人或代表人作虚假陈述或歪曲案情，致使群体情绪不稳定可能发生影响社会稳定的情况时，应当对当事人指出，必要时可向本所负责人或司法行政机关报告。""律师不鼓动、不参与群体性案件当事人或其代表人、代理人的违法上访活动。不得参与或建议当事人以违反社会治安、干扰国家机关正常工作等手段促使案件的解决"等。

借助律师的帮助。而禁止律师风险代理，意味着律师只能通过普通的收费方式代理案件，不论胜负当事人都要负担大笔的律师费用，当事人可能因无力支付律师前期费用或者害怕承担败诉的风险而放弃诉讼。诉讼的放弃，虽抑制了案件数量的增多，但社会并没有因此而更加和谐，一些无法通过诉讼寻求帮助的当事人走上了上访的道路，导致了各地群体性事件频发。因此有学者提出允许律师在群体诉讼中进行风险代理，但这又违背了政策制定的初衷。

（2）律师风险代理只能转移当事人的部分诉讼风险。律师风险代理只能转移当事人支付部分律师费用的风险。律师风险代理分为全风险代理和半风险代理。在全风险代理模式下，当事人无须支付给律师任何前期费用，待案件胜诉后才结算费用。而半风险代理模式下，当事人需要先支付给律师一定的办案经费，律师用作差旅费、交通费和打印费等费用。笔者通过"问卷星"调查平台，对104名律师进行了问卷调查（其中专职律师84人、合伙人律师17人、兼职律师3人）。问：在风险代理中，您更倾向于全风险代理还是半风险代理？98.08%的律师倾向于半风险代理，只有1.92%的律师倾向于全风险代理，如表3.7所示。

表 3.7：律师对半风险代理和全风险代理的偏好选择

第10题：在风险代理中，您更倾向于全风险代理还是半风险代理？（单选题）

选项	小计（人）	比例（%）
全风险	2	1.92
半风险	102	98.08
本题有效填写人次	104	100

笔者对其中倾向于半风险代理的 5 名律师进行了访谈，问他们为什么倾向于半风险代理而非全风险代理，毕竟在全风险模式下律师可以有更高胜诉酬金比例。5 名律师给出的答案几乎是一致的。尽管全风险模式下，律师可以获得更高比例的胜诉酬金，但这必须建立在案件最终胜诉的前提下，但风险代理中的风险一词，说明了诉讼的胜负是难预测的，一旦败诉律师不但一无所获，还得倒贴办案经费；而半风险代理模式下，胜诉酬金比例可能稍微低一点，但如果案件败诉，律师也只是没有收回其劳务费用，而已经支出的办案经费还是有保障的，这对于律师来说是最为稳妥的方式。律师对半风险代理的偏好，意味着两件事情：一是半风险代理模式下，当事人无法将全部的律师费用风险转移给律师；二是半风险代理模式下，当事人需要支付给律师一定的前期费用，这一费用比例由律师和当事人协商约定。问卷调查显示：绝大多数的律师要求当事人支付的费用比例不超过当地律师行业正常收费标准的 30%，仅有不到 10% 的律师会要求支付 30% 以上的费用，如表 3.8 所示。

表 3.8：律师要求当事人支付前期费用的比例选择

第 12 题：半风险代理模式下，您一般要求当事人支付的前期费用，占当地律师行业正常收费标准的百分之多少？（单选题）

选项	小计（人）	比例（%）
1%～20%	61	58.65
21%～30%	33	31.73
31%～40%	8	7.69
41% 以上	2	1.93
本题有效填写人次	104	100

律师风险代理无法转移当事人败诉后己方承担诉讼费用、差旅费用的风险。我国实行胜诉费用转移制度，即胜诉方的费用由败诉方支付，败诉方的费用自行承担。律师风险代理无法转移败诉情况下当事人自行承担诉讼费用的风险。问卷调查显示：79%以上的律师从未给当事人垫付诉讼费用；20%左右的律师有为当事人垫付过诉讼费用，但也是在极少数的情况下；只有约7%的律师为当事人垫付过诉讼费用，且非常普遍，如表3.9所示。笔者与3名执业律师和2名合伙人律师进行访谈，问他们是否愿意为当事人垫付诉讼费用。5位律师均表示不愿意，自己没有为当事人垫付费用的经历，且身边的律师也极少为当事人垫付费用。不愿意垫付的原因在于，风险代理模式下，律师本就面临着败诉后不能收回费用、胜诉后可能因对方当事人执行困难或者己方当事人不愿意支付难以收回代理费用的风险，在这几重风险下再垫付费用，对律师来说风险过大收益过低，尤其是在代理费用不能超过诉讼标的额30%的情况下。执业律师表示经济收入刨除车贷、房贷以及日常生活开支后所剩不多，没有经济实力为当事人垫付费用。合伙人律师本身案源丰富、不需要通过垫付费用的方式来争取案源，对需要垫付费用的案件不感兴趣。这在实践中造成了冲突，有案源压力的执业律师无力垫付费用，没有案源压力的合伙人律师不屑垫付费用。

表3.9：律师是否为当事人垫付过诉讼费用

第11题：在全风险代理模式下，您是否为当事人垫付过诉讼费用？（单选题）

选项	小计（人）	比例（%）
从来没有	75	72.12

续表

选项	小计（人）	比例（%）
有，但是极少	22	21.15
有，且非常普遍	7	6.73
本题有效填写人次	104	100

律师风险代理无法转移当事人败诉后承担赔付责任的风险。律师风险代理模式下，当事人败诉的需要自行承担赔付责任，律师不能代为承担。实践中，律师与当事人在代理合同中，约定败诉后律师承担赔付责任的，法院将以合同损害社会公共利益为由，判决代理协议无效。❶ 由律师承担败诉后的赔付责任会引发律师的道德风险。律师为了避免承担败诉后的赔偿责任，极易在代理活动中实施诱导当事人、伪造变造证据、收买证人等影响诉讼结果的行为，扰乱诉讼秩序，损害司法公正。

（3）律师风险代理使用率低风险转移功能受限。问卷调查显示，律师风险代理并非律师最青睐的收费模式，实践中律师更倾向于按照标的额比例收费的固定收费模式或者按件收费，只有1/4的律师倾向于风险代理，如表3.10所示。律师不喜欢风险代理的原因，与代理费回收难有关。80%以上的律师遇到过当事人胜诉后不支付代理费用或者对代理费用讨价还价的情形，只有不到20%的律师没有遇到过上述情形，如表3.11所示。

---

❶ 向亮：《由法律服务组织承担当事人实体责任的约定无效》，载《人民法院报》2016年11月16日，第7版。

表 3.10：律师倾向的收费模式

第 4 题：在您代理的诉讼案件中，您更倾向于哪种收费模式？（单选题）

选项	小计（人）	比例（％）
固定收费	43	41.35
按件收费	34	32.69
风险代理	26	25
按时收费	1	0.96
本题有效填写人次	104	100

律师风险代理使用率低，除案件范围有所限制、对方当事人长期没有可供执行的财产、执行周期长、费用回收不确定性大等原因外，更重要的原因是风险代理配套机制存在不足。律师风险代理制度缺乏当事人约束机制，没有第三方托管账户的配套设置，案件胜诉后款项直接打给当事人，律师无法把控，导致了实践中部分缺乏诚信的当事人胜诉或者和解后，对之前约定的律师费用讨价还价，不支付或者少支付律师费用，严重打击了律师风险代理的积极性，甚至出现律师帮当事人打完官司后因费用问题又和当事人打官司的情形，造成了司法资源的浪费。以上问题已经成为当下制约律师选择风险代理模式的主要因素。风险代理仅有的风险转移功能，因不受到律师的青睐而使用率低，无法有效发挥。

（二）我国诉讼保险机制及不足

诉讼保险，又叫法律费用保险，指的是投保人通过预先购买保险公司设定的诉讼费用险种，在确定的险种下，当自己与他人发生民事诉讼后，由保险公司通过理赔方式向投保人支付诉讼费用的保险制度。[1]

---

[1] 罗筱琦：《诉讼保险制度再探》，载《现代法学》2006 年第 4 期。

我国诉讼保险行业兴起不过是近十年的事情，并在实践中形成了三种模式。第一种是市场主导型，保险公司针对诉讼时间长、维权难度大、诉讼费用高，且受害人急需赔偿款治疗的交通事故、医疗事故、工伤等健康权侵权的案件，以及诉讼中当事人面临的风险痛点，推出事后保险产品，如财产保全责任险。2012年全国各地法院开展了诉讼财产保全责任保险的试点实施工作。2016年《最高人民法院关于人民法院办理财产保全案件若干问题的规定》（2020年进行了修订）第7条，确立了财产保全责任险制度。❶ 财产保全责任险制度化解了民事诉讼财产保全中"保全不难，担保难"的问题，转移了当事人财产保全的风险。但司法实践中，部分法院对财产保全责任险保费的诉请申请一般采取不予支持或者只支持一部分的做法，这提高了保全申请人的诉讼费，打击了其使用这一制度的积极性。第二种是政府主导型，政府为了解决当地存在的某一问题，联合保险公司推出某一险种，在前期对特定的困难群众进行补贴予以推进，最终实现其市场化运作的一种模式。如新疆克拉玛依市为了解决当地上访率高的问题，于2015年推出了全国首个个人诉讼保险项目。❷ 政府希望通

---

❶ 《最高人民法院关于人民法院办理财产保全案件若干问题的规定》第7条规定：保险人以其与申请保全人签订财产保全责任险合同的方式为财产保全提供担保的，应当向人民法院出具担保书。担保书应当载明，因申请财产保全错误，由保险人赔偿被保全人因保全所遭受的损失等内容，并附相关证据材料。

❷ 蒋艳：《全国首创个人诉讼保险落地新疆》，载《中国保险报》2015年7月21日，第2版。该项目由政府每年为每一位参保人出资100元，为具有克拉玛依市城市户口且家庭年均收入低于2.5万元的低收入群体、外来务工人员、农牧民等符合法律援助范围的人群购买保险，在纠纷发生后由保险公司承担5万元以内的案件受理费、强制执行申请费、司法鉴定费、法律咨询费、律师代理费以及司法文书邮寄送达费等6项费用。

过此方式，引导民众遇到问题后用诉讼的方式解决问题。第三种是利益协同型，保险公司通过与利益共同体，如律师事务所等展开合作，推出保险产品。如2019年中国人保财险和北京群益律师事务所推出的"诉讼宝"产品。该产品针对民营企业中最为常见的合同纠纷，定制了一套保险服务。被保险企业在涉诉后，保险公司承保企业的律师费用和法院收取的诉讼费，法律服务由北京群益律师事务所作为合作单位交付。利益协同型模式下，当事人、保险公司和律师之间合作更为紧密，既有利于保障当事人的权益，又拓展了保险公司的业务范围，同时为律所带来了稳定的案源和经济收入，可谓是三赢局面。尽管我国诉讼保险较之前取得了较大的进步，但仍然存在以下问题：

第一，诉讼保险覆盖率低。德国事前保险制度发达，覆盖了总人口的43%，基本上每2个德国人中就有1个持有事前保险。英国事后保险制度发达，发展出了费用担保保险、败诉费用保险等险种。与保险制度和市场发达的德国和英国相比，我国的事前保险和事后保险市场均处于初级阶段。当前除属于事后保险的财产保全责任险在全国各地得到了推广应用之外，其他保险产品如个人保险险种和类似"诉讼宝"这样的事前保险，覆盖的人群极为有限，比例极低。虽没有具体的诉讼参保数据，但只要环视四周亲戚朋友就会发现，持有诉讼保险产品的人和家庭极为罕见。

第二，诉讼保险覆盖风险范围有限。我国当前的诉讼保险产品中，诉讼财产保全责任保险覆盖了当事人诉讼保全责任中的风险，个人诉讼保险和"诉讼宝"产品覆盖了当事人诉讼费用风险，但当事人败诉后的风险，胜诉后难以执行的风险，以上产品均无法转移。并且诉讼保险作为一种市场化的产品,当事人并非是免费获得的,而是需要付出前期成本的,这对于资金困难的当事人来说亦是困难。

我国诉讼保险制度发展欠缺,这与我国民众风险意识欠发达、律师收费不确定有关。[1] 这些因素导致了保险公司在开拓诉讼保险市场时存在障碍,具体表现为:设置新险种缺乏可以参照的数据,无有效的风险防控方案,缺乏制裁当事人滥诉的制度体系等。以上问题导致了诉讼保险供给不足,无法满足当事人转移诉讼风险的需求。

三、第三方诉讼资助制度的填补功能

诉讼风险的存在使得当事人在提起诉讼时非常谨慎,以至于部分不具备风险偏好的当事人明明有正当诉讼请求,但因害怕承担不利后果而放弃诉讼。这对于保护当事人的诉讼权益,打击违法失信行为极为不利。第三方诉讼资助制度胜诉执行后取酬、败诉后不对投资进行追索的制度安排,弥补了律师风险代理和诉讼保险制度在风险转移方面存在的不足。

(一)填补我国律师风险代理机制的不足

有学者认为,在我国已经存在律师风险代理的情况下,没有必要构建第三方诉讼资助制度。但这种认识实际上是错误的。律师风险代理和第三方诉讼资助不是非此即彼的关系。作为第三方诉讼资助制度的起源国,历史上澳大利亚所有的司法管辖区均禁止律师按百分比收费,但维多利亚州在2020年突破了这一限制。

---

[1] 文华良:《诉讼保险制度研究》,西南政法大学2015年博士学位论文,第2-3页。

维多利亚州在 2020 年 7 月 1 日开始实施的《司法立法杂项修正案》中对 1986 年《最高法院法令》（Supreme Court Act）进行了修订。修正案第 33ZDA 条规定，"根据原告在任何集体诉讼中的请求，如果法院确信确保诉讼中的司法公正是适当或必要的，则法院可以下令：付给代表原告和集体成员的律师事务所的法律费用，应按该程序中规定的百分比计算，以该诉讼中可以追回的任何裁决或和解金额为准……对集体诉讼费用命令进行修订，包括但不限于修正根据第（1）(a) 款命令的任何百分比。"[1] 维多利亚州作为允许第三方诉讼资助的州，法律修订允许律师按比例收费，更好地说明了第三方诉讼资助与律师风险代理并非有你没我、非此即彼的关系，二者可以在一个司法体系中共存。我国允许律师风险代理，说明了我国允许助诉的司法政策。第三方诉讼资助符合我们当前的价值观，它有助于当事人提起可能被忽视的索赔。在美国和英国等允许风险代理的国家，第三方诉讼资助制度依旧发展迅猛，证明了风险代理的存在并不意味着第三方诉讼资助就没有必要。在已经存在律师风险代理制度的情况下，还有必要引入第三方诉讼资助，原因如下。

（1）填补律师风险代理适用范围有限的不足。有学者提出允许在群体诉讼中进行律师风险代理，但这又违背了政策制定的初衷。如何既满足当事人分担诉讼费用、转移诉讼风险的需求，又起到抑制不合理诉讼的作用，第三方诉讼资助可谓是完美的解决方案。第三方诉讼资助者帮当事人支付律师费用，解决了群体诉讼中当事人无力支付律师费用的问题；第三方诉讼资助者在资

---

[1] Justice Legislation Miscellaneous Amendments Act 2020（Vic）Section 33 ZDA.

助协议签订前对案件严格详细地审查，解决了当事人滥诉的问题。

（2）填补律师风险代理风险转移功能的不足。律师倾向于半风险代理，律师不愿帮助当事人垫付诉讼费用，律师不能代替当事人支付败诉费用等，使得律师风险代理制度在风险转移上作用不足。第三方诉讼资助者帮助当事人支付全部的诉讼费用，败诉后不对投资进行索赔，胜诉执行后才获取报酬的特性，解决了当事人在律师风险代理模式下的后顾之忧。第三方诉讼资助制度中的托管账户、资助协议中约定的胜诉报酬分配顺位等配套制度，解决了律师风险代理中存在的回款困难等问题。与律师风险代理模式下律师单打独斗地防御风险，第三方诉讼资助者作为企业法人在风险防御方面实力更强、机制更加完善。

（3）填补律师风险代理使用率低的不足。第三方诉讼资助制度与律师风险代理制度在市场定位上具有一定的差异性。律师更倾向于为民事合同类、应收账款类、人身伤害类索赔提供风险代理，此类诉讼案件简单、程序简便、回本快。而第三方诉讼资助者更倾向于为大型企业民商事案件以及群体诉讼、证券代表人诉讼提供资金支持，此类诉讼虽然案情复杂、诉讼周期长，但标的额大、利润高、成本回报率较高。这与运营主体的模式和资金水平有关。律师及律师事务所是技术、服务提供者，通过提供专业服务来赚钱，对资本的储备要求不高，资金水平一般；而第三方诉讼资助机构是资金提供机构，通过资金投入回报来赚钱，对资本储备的要求极高，资本都掌握在公司手上，有能力和实力为大型商事纠纷提供资助。

(二) 填补我国诉讼保险机制的不足

诉讼资助有时被视为向原告提供类似于保险公司向被告提供的服务。这两种服务互为镜像，保险公司从（潜在的）被告那里获得预付款，以换取其在未来承担不确定的损失，而诉讼资助者代表原告支付款项，以换取不确定的未来回报，如果索赔失败，资助者的回报将是负数。❶ 然而，笔者认为应谨慎地进行类比，因为资助者和保险公司受到不同的监管，设定不同的合同条款，在诉讼中拥有不同程度的财务利益和控制权。❷ 与诉讼保险制度相比，第三方诉讼资助在以下方面具有弥补的作用。

（1）填补诉讼保险覆盖率较低的不足。与诉讼保险需要提前购买，事后保险公司不再接受投保不同，第三方诉讼资助事后救济的特性，决定了其可以被众多的当事人适用。第三方诉讼资助制度面对的当事人群体更为广泛，既包括因资金困难无力起诉的当事人，也包括资金富裕仅为了保持现金流、分散诉讼风险的当事人。而诉讼保险的当事人仅包括后者，资金困难的当事人则无力支付高昂的保费。这也是第三方诉讼资助能在诉讼保险已经存在的情况下，发展起来的原因之一。

（2）填补诉讼保险风险转移功能有限的不足。首先，第三方诉讼资助中，当事人将众多的费用支付义务都转嫁给了资助者，资助者需要按照资助协议的约定支付一揽子的费用，包括律师费用、法院费用、调查取证费用、担保费用、败诉费用等。而

---

❶ C. Silver, Litigation Funding Versus Liability Insurance: What's the Difference?, *Law and Economics Research Paper No.* 441, 25 March, 2013, University of Texas.

❷ D. B. Grave, K. A. Adams, J. Betts, *Class Actions in Australia*, 2nd ed., Thomson Reuters Australia, 2012.

诉讼保险中，保险公司的费用支付义务是根据购买的险种决定的，如果当事人只购买了费用担保险，那么保险公司就不会支付败诉费用，法院也无权要求保险公司支付。而诉讼资助中，存在这样的情况：即使资助协议约定了资助者不承担败诉后的费用，但法院仍要求其承担。诉讼资助者在诉讼程序中更加积极的作为和其扮演的角色，使得法院认为如果没有资助者的资助，某些案件就不会进入诉讼程序，诉讼资助者应该为其投资行为的不利后果承担责任。其次，第三方诉讼资助者的资金收益来源于当事人胜诉情况下赔偿金的分割，资金收益具有事后性，它以当事人的诉讼请求得到法院的支持为前提。这成为资助者的广告亮点，资助者给潜在的诉讼当事人宣传"花别人的钱，打自己的官司，如果赢了你支付一定比例的胜诉金给我们，如果输了你也没什么损失"。❶ 而诉讼保险中保险公司的资金收益来源于当事人的提前支付，资金收益具有事前性，它不以当事人的诉讼请求得到法院的支持为前提。只是在当事人不提起诉讼或者胜诉的情况下，保险公司可以免予理赔，其获得的收益更大。

（3）填补保险公司法律经验缺乏的不足。第三方诉讼资助者除提供资金支持外，还可以提供专业知识和经验。例如，资助者可以监督法律服务的提供，并确保成本最小化，促使律师对客户负责；资助者还可以通过收集信息来评估索赔的可行性，从而协助案件的发展；在群体诉讼的情况下，诉讼资助者识别、联系和组织群体成员，否则一群原告自发组织起来是不可行的。而诉

---

❶ Bentham IMF Limited, http://www.imf.com.au/home, 最后访问时间：2021 年 7 月 22 日。

讼保险中的保险公司不提供以上服务,在诉讼中更多是消极被动的角色。

第三节 第三方诉讼资助制度的实践规制功能

一、第三方诉讼资助实践乱象

第三方诉讼资助是一项复杂的诉讼博弈计划,它对诉讼市场的影响是明确的:更多的诉讼、更大的诉讼不确定性、更高的结算比例。如何对第三方诉讼资助进行有效规制,一直以来是关注的重点,遗憾的是我国的现行法律并未在立法或者司法层面上对其合理运作作出规定。

然而,第三方诉讼资助制度规定的缺乏,并未阻止第三方诉讼资助的实践。当前国内已有多家机构提供第三方诉讼资助服务。如 2015 年成立的帮瀛网络科技(北京)股份有限公司、2016 年成立的鼎颂商事争议解决支持平台、2017 年成立的盛诉无忧第三方诉讼资助服务平台、2018 年成立的深圳律石资本有限公司、赢火虫诉讼投资平台等,具体如表 3.11 所示。

表 3.11:我国第三方诉讼资助市场上主要从业者

名称	简介	所属行业
深圳律石资本有限公司	诉讼资助服务机构,对案件涉及的诉讼费、律师费等提供资助服务	资本市场服务

续表

名称	简介	所属行业
深圳前海鼎颂法务创新集团有限责任公司	聚焦法律服务领域的风险投资，业务涵盖诉讼、仲裁资助、不良资产及债权处置、破产重组等法律服务投资	商务服务业
赢火虫诉讼投资平台	基于大数据技术，为案件的诊断、诉讼、执行等提供数据支持服务，撮合当事人和律师的合作。"先赢官司，回款付费"，为当事人提供"一站式"诉讼支持方案	信息传输、软件和信息技术服务业
帮瀛网络科技（北京）股份有限公司	集合法律服务经纪及法律服务投资业务于一身的综合性法务公司	科技推广和应用服务业
上海为安网络科技有限公司	法律金融综合服务公司，将金融创新引入法律服务领域中，深耕诉讼金融领域，整合资源	其他金融业
盛诉无忧第三方诉讼资助服务平台	专业诉讼资助（第三方资助）服务平台，专为当事人提供资助服务、方案设计、推荐律师等支持	金融业

第三方诉讼资助立法规定的缺失，导致实践中的乱象。我国出现了诸多律师成立第三方诉讼资助公司，以提供诉讼项目管理之名行诉讼代理之实，突破律师收费管理办法，收取高昂费用的案例。如在帮瀛网络科技（北京）股份有限公司诉东润锦泰（深圳）投资管理中心（有限合伙）合同纠纷一案[1]中，帮瀛公

---

[1] （2019）京0101民初5727号。

司作为第三方诉讼资助公司与东润锦泰签订了资助协议，约定对东润合伙的法院判决执行项目进行全流程管理并承担律师费用和其他费用，实现回款后，东润合伙按约定支付帮瀛公司项目管理咨询服务费，当实现的执行款项≤1亿元时报酬比例为3%，1亿元＜执行款项≤1.5亿元报酬比例为10%；1.5亿元＜执行款项≤2亿元报酬比例为30%；2亿元＜执行款项报酬比例为50%。东润合伙收到了债权转让款18572万元后，因拒绝支付后期管理咨询服务费1871.6万元，被帮瀛公司起诉至北京东城区法院。诉讼中，双方当事人就签订《诉讼项目投资管理咨询服务协议书》（以下简称《协议书》）是否有效进行了激烈辩论。被告东润锦泰认为：帮瀛公司法定代表人作为律师，但未以律师事务所名义而以其实际控制的帮瀛公司名义签订涉案协议，属于违法从事法律代理业务；帮瀛公司代理诉讼项目提供法律服务超出其经营范围；《协议书》中帮瀛公司工作范围的约定系以合法形式掩盖非法目的、《协议书》对服务费的约定严重损害社会公共利益，主张合同无效。而原告帮瀛公司认为：涉案协议是双方的真实意思表示，不违反法律、行政法规的强制性规定；公司的设立不存在违法行为，不存在超范围经营；相关法律的限制经营规定只是限制个人未取得律师执业资格证而对外以律师名义代理诉讼，并未限制公司经营；双方约定的服务费包含了帮瀛公司的投资收益和项目管理、咨询服务等费用，不是代理费、律师费，并以此主张合同有效。

二、现行监管机制及存在不足

对第三方诉讼资助的监管，涉及对资助者、律师和法官的监管三个方面。我国现有的监管机制不足以防止第三方诉讼资助中以上主体的违法行为。

首先，关于资助者。第三方诉讼资助者应该受到什么样的监管，一直以来是关注的重点。域外在实践中形成了轻触式监管、审慎监管、行业监管等不同的监管方式。如澳大利亚关于第三方诉讼资助的监管在司法判例、行政法规、立法文件中，经历了诉讼资助是否属于"受管理投资计划""信贷产品""金融产品"，资助者是否需要持有"金融服务许可证""信贷服务许可证"的讨论。直至 2020 年 5 月 22 日澳大利亚联邦财政部部长才宣布，第三方诉讼资助属于《公司法》（Corporations Act）中"管理投资计划"，要求诉讼资助者持有澳大利亚金融服务许可证。❶ 我国对第三方诉讼资助者的监管是依据其所属行业划分进行的。通过我国第三方诉讼资助市场上主要从业者的公司简介比较，可以发现尽管第三方诉讼资助是其主要业务，但工商营业执照上登记的所属行业却大不相同，有些归属于资本市场服务如深圳律石资本有限公司，有些归属于商务服务业如深圳前海鼎颂法务创新集团有限责任公司，有些归属于信息传输、软件和信息技术服务业如赢火虫金融信息服务（上海）有限公司。根据我国《国民经济行业分类》（GB/T 4754—2017）的规定，所属行业的不同将

---

❶ 根据澳大利亚金融服务许可证申请要求，诉讼资助者要想取得许可证，首先，必须是一家上市公司、必须持有足够金额的专业赔偿保险和至少 150000 美元的净有形资产；其次，必须诚实、高效和公平地行事；再次，保持提供金融服务的适当能力水平；最后有足够的组织资源提供许可证所涵盖的金融服务。作为注册 MIS 的运营商需要根据《公司法》承担一系列责任，包括但不限于：满足财务要求，即偿付能力和净资产，现金需求和审计要求；提供前期产品披露，即提供产品披露声明；为了会员的最大利益行事，在发生冲突时优先考虑会员的利益；充分处理利益冲突；满足内部和外部争议解决要求；符合专业赔偿保险要求。

导致企业在国家统计、计划、财政、税收、工商等国家宏观管理中受到的监管不统一。这意味着从事同样业务的主体,却受到不同的监管。这将导致从业主体在工商登记时避重就轻,选择税收低、监管少的行业进行注册。

其次,关于律师及律师事务所。律师在第三方诉讼资助制度形成发展过程中发挥了重要作用。第三方诉讼资助制度在澳大利亚诞生之初,遭遇了其可能引发律师利益冲突、损害当事人权益的质疑。但改革者认为,第三方诉讼资助中有律师参与,律师作为当事人的法定代理人对当事人有信托义务、对法院有忠实义务,律师可以成为防止第三方诉讼资助者损害当事人权利的屏障,可以成为防止第三方诉讼资助者扰乱诉讼秩序的绝缘体。由此可见,律师在第三方诉讼资助中的重要作用。如何监管律师和律所在第三方诉讼资助中的行为,防止律师和律所与资助者勾结起来损害当事人的利益,事关律师职业道德伦理、当事人权益保护、司法纯洁性等问题。新加坡在2017年《民法(第三方资助)条例》❶颁布后,很快修订出台了2017年《法律职业(专业行为)(修订)规则》❷。新加坡律师协会还发布了《新加坡律师协会第三方资助指引10.1.1》。❸ 以上法律法规对律师在第三方诉讼资助中的行为进行了约束,允许律师向其客户介绍资助者,但律师不能从介绍中获得任何直接的经济利益;❹ 禁止律师持有其向客户介绍的资助者的任何股份或所有权权益,以

---

❶ Civil Law Act (Chapter 43), Civil Law (Third-Party Funding) Regulations 2017.
❷ Legal Profession (Professional Conduct) (Amendment) Rules 2017.
❸ Law Society of Singapore, Guidance Note 10.1.1 Third-Party Funding 2017.
❹ New S.107 (3A) (b) and (c), Legal Profession Act (Ch.161).

及从其持有股份或所有权权益的资助者处收取佣金、费用或收益分成；❶ 律师需要在程序开始之日或之后尽快向法院或法庭以及案件的任何其他当事方披露第三方诉讼资助合同的存在和资助者的身份。❷ 反观我国，目前《律师法》《律师执业管理办法》《律师事务所管理办法》中均无此类规定。实践中，第三方诉讼资助者和律师关系密切，双方互相介绍案源，并给予介绍方一定的介绍费。

最后，关于审判人员和其他法定人员。为了确保案件获得公正审判，我国《民事诉讼法》第 4 章第 47 条规定了回避制度。❸ 第三方诉讼资助者作为与案件有利害关系的主体，其在诉讼中的介入可能会产生需要回避的情形，故而应当扩大民事审判回避的范围。对此，域外的法律规定了信息披露制度，要求被资助当事人或者律师在第一次质证之前向法庭披露第三方诉讼资助存在的事实和第三方诉讼资助者的身份，以方便以上人员审查决定是否需要回避。但目前我国法律规定只审查当事人、诉讼代理人与审判人员和其他法定人员之间的关系，并未将第三方诉讼资助者列入审查范围。在资助者和审判人员以及其他法定人员系近亲属或者存在其他关系的情形下，以上人员是否需要回避，如果没有回避是否属于程序违法，目前无法可依容易在实践中引发争议。

---

❶ Rules 49B (1) and (2), Legal Profession (Professional Conduct) Rules 2017.
❷ Rules 49A, Legal Profession (Professional Conduct) Rules 2017.
❸ 《民事诉讼法》第 47 条规定：审判人员、法官助理、书记员、司法技术人员、翻译人员、鉴定人、勘验人，是本案的当事人或者当事人、诉讼代理人的近亲属的，与当事人、诉讼代理人有其他关系的，可能影响案件公正审理的。法官应自行回避，当事人也可以申请回避。

三、第三方诉讼资助制度的规制功能

现行法律在监管第三方诉讼资助规范方面的缺失，与我国第三方诉讼资助业务不断扩大亟须监管之间形成了矛盾。缺乏法律的规制导致开展第三方诉讼资助的公司、律师在摸索中前行。第三方诉讼资助的潜在客户无法对市场上的资助者进行有效的筛选，无法获知资助者是否信誉良好并值得信任。构建第三方诉讼资助制度对第三方诉讼资助中相关主体的行为进行规制，是域外第三方诉讼资助制度发达国家的先进经验。

域外各个国家对第三方诉讼资助采取了不同的监管模式。澳大利亚采取了政府法规审慎监管模式，立法明确要求资助者持有金融服务许可证，满足金融服务许可证下的各项要求。英国采取了行业监管的模式，要求加入行业协会的资助者服从协会监管。从现有的监管模式来说，澳大利亚的监管力度大于英国，因为英国只有ALF协会成员才受行业监管。但从历史上说，澳大利亚也曾经历过"轻触式监管"。澳大利亚在第三方诉讼资助发展初期，采取了轻触式监管政策。法院在司法个案中确定的严厉监管政策一再被政府文件推翻，表明了政府不希望给予第三方诉讼资助过于严苛的监管。法律委员会过去曾指出，诉讼资助在澳大利亚是一个新兴行业，为了司法救助必须允许其发展和扩大。对诉讼资助过度监管将抑制该行业的成长，并抑制降低这些服务成本所需的竞争力的发展。[1] 严苛的监管政策将束缚第三方诉讼资助

---

[1] Regulation of Third Party Litigation Funding In Australia Position Paper, June 2011, p. 4.

产业发展的手脚，进而遏制产业的发展壮大，从而阻碍第三方诉讼资助在集体诉讼等大型诉讼中促进其接近司法功能的实现。就像政府在声明中指出的一样：法院的裁决将导致诉讼资助者及其与客户签订的资助协议受到"受管理投资计划"系统实施的广泛要求。这些规定不适用于第三方诉讼资助。政府的主要目标是确保消费者不会失去诉诸司法的这一重要手段。

域外国家在监管第三方诉讼资助时侧重点不同。域外国家根据第三方诉讼资助者规模的不同以及资助客户类型的差异，在监管时侧重点有所不同。澳大利亚和英国的第三方诉讼资助者，因为拥有较强的经济实力，对诉讼市场的影响更大。因此，其第三方诉讼资助监管的重点在资助者身上。澳大利亚以避免利益冲突为重点，英国较为关注最低资本额。[1] 而在美国，因为第三方诉讼资助者规模较小，且资助案件范围多集中在人身伤害、消费者侵权等消费型第三方诉讼资助领域，所以美国主要监管消费型第三方诉讼资助中律师的行为，希望通过重申律师在第三方诉讼资助案件中的执业道德和纪律，来保障弱势当事人的权益。德国则强调资助者和律师要角色分明，第三方资助者不得为当事人提供法律意见。

采取不同的监管模式和选择不同的监管重点，对一国第三方诉讼资助制度运行来说是经济高效的方式，但这种监管的缺点也是非常明显的。这种零敲碎打侧重于第三方诉讼资助中某一主体出现的行为或者问题，使得监管通常一次只针对第三方资助的一

---

[1] 香港法律改革委员会第三方资助仲裁小组委员会：《咨询文件第三方资助仲裁》，2015年10月，第51页。

个方面，如律师道德行为、对资助者回报率的限制或资助协议中的内容。[1] 一次只监管一个方面可能会产生监管漏洞，使有害行为通过这些漏洞溜走。如只监管交易，那么资助者可以简单地重组交易，这样它就不会卷入属于监管的范围；如监管禁止高利贷利率，那么资助公司可以提出新的、创造性的安排，以防止其交易落入立法者指定的交易定义范围内；如只规定禁止资助者控制诉讼程序，那么资助者将只是表面上停留在看不见或看起来保持一定距离的阴影中，而实际的交易文件可能包含直接影响程序问题的有效条款，如资助者保留批准和解协议或撤换法律顾问的权利。[2] 更为重要的是，一国第三方诉讼资助市场客户类型并非一成不变的，而是随着第三方诉讼资助者业务的深入，以及经济环境下诉讼市场需求不断发展变化的。采用单一的、零碎的监管模式无法规制日后出现的新情形。

我国在制定第三方诉讼资助监管政策时，应当兼顾促进产业发展和规范运作两个价值取向。在产业发展初期应采取轻触式监管模式，过于严苛的监管条件，会将产业扼杀在摇篮之中。在第三方诉讼资助存在的道德和法律风险尚未全面暴露出来前，应以司法监管为主、行政监管为辅，行政监管重在调节司法个案监管中判决过于严格的情形。待产业成熟后应收紧监管政策，将监管的重点放在行政监管上，以便形成规模效应，同时减轻法院司法个案监管的压力。然而，行政监管依然存在不足，此时应在总结

---

[1] Martin Merzer, Cash-Now Promise of Lawsuit Loans Under Fire: 10 States Consider Laws to Hem in New High-Fee Loan Industry, Mar 29, 2013, http://www.creditcards.com/credit-card-news/lawsuit-loans-under-fire-1282.php.

[2] Victoria Shannon, Harmonizing Third-Party Litigation Funding Regulation, *Cardozo Law Review*, Vol. 36, 2015, pp. 861–912.

司法个案监管的基础上赋予法院在费用担保、败诉费用等事项上对第三方资助者的管辖权,要求资助者承担与可得利润相匹配的责任。

　　总之,构建第三方诉讼资助制度可以确保第三方诉讼资助在法治的轨道上运行,防范第三方诉讼资助带来的风险。尤其是在我国建立商事法庭和资本市场逐步放开的背景下,涉外第三方诉讼资助案件的涌入和涉外第三方诉讼资助者的进入,势必对我国的诉讼秩序和金融市场造成一定的冲击。防患于未然,尽早制定监管规则是防止冲击造成灾难的最佳选择。

第四章
第三方诉讼资助制度本土化的适应性论证

第一节 与我国法律文化价值相契合

一、符合我国法律文化传统

与澳大利亚、英国、美国等英美法系国家不同,我国法律体系中不存在禁止助诉及包揽诉讼的传统。第三方诉讼资助制度在我国的构建,不存在这一理论障碍。❶虽然一直以来在诉讼观念上,法学界认为我国有"无讼""厌讼"的法律文化,但实际上这种"厌讼""无讼"的观念与实际的诉讼实践并非一致。

(一)"厌讼"表象下的"健讼"实相

美国法学家伯尔曼认为,法律文化具有不同的

---

❶ 唐琼琼:《第三方资助纠纷解决规制模式的国际经验及思考》,载《上海财经大学学报》2018年第6期。

维度，既是一种现实的法律规范和制度，也是一种价值追求和道德准则，更是一种因袭而成的社会行为模式。❶ 诉讼文化作为法律文化特定范畴中的一种，同样具有不同的维度，应该站在历史长河的不同角度进行观察分析。从历史上看，我国传统的诉讼文化不是单一的、亘古不变的，而是随着时代的发展不断变化的。

我国历史上确实存在不鼓励诉讼的文化。在儒家学说看来，诉讼背离了人和人之间和睦相处的理想状态，违背了中国古代社会以"礼"为核心的行为规范，是道德沦丧的表现。❷ 真正的和谐社会应该是"无争""无讼"的。这一理念因方便统治者管理，可以防止诉讼带来的社会动荡不安，而一直被统治者所倡导。同时统治者采取了一系列制度、非制度及半制度化的途径，包括但不限于道德感化、宣传诉讼有害、增加诉讼的道德成本、限制诉讼主体和诉讼时限、进行民间调解等，以抑制诉讼的形成和发展。❸

然而，我国历史上有相当长时期里诉讼活动是相当活跃的。统治者"息讼""抑讼"的做法虽在一定程度上抑制了民众对诉讼的需求，但司法实践中民众在相当长的时期是喜爱诉讼的。大致从宋代以来民间好讼之风兴起，并不同程度地扩散至全国各地。诸多地方百姓鼠牙雀角、动辄成讼。明清时期更是如此，尤

---

❶ [美] 伯尔曼：《法律与革命》，高鸿钧、张志铭等译，中国大百科全书出版社 1993 年，第 683－684 页。
❷ 胡旭晟：《中国传统诉讼文化的价值取向》，载《中西法律传统》2002 年第 2 期。
❸ 郭星华：《无讼、厌讼与抑讼：对中国传统诉讼文化的法社会学分析》，载《学术月刊》2014 年第 9 期。

以经济发达的江南地区为甚。❶

统治者"贱讼""息讼"的意图与民众"健讼""好讼"的状态，说明"无争""无讼"的社会理想不过是官府的一厢情愿罢了。❷ "无讼"的诉讼文化与其说是民众的社会模式，倒不如说是管理层的治理愿景。民众对诉讼的恐惧并非源于诉讼本身，而是源于国家对诉讼的压制。一旦遇到纠纷或者统治者对诉讼的压制稍有放松，民众运用诉讼维护自身权益的维权行动便开始凸显。

尤其是随着西方法律文化的传入，以及改革开放后市场经济发展下自由、民主、平等、法治等观念深入人心，对民众来说诉讼不再是邪恶的象征，而是解决纠纷和实现正义的重要手段。当前，我国公民的维权意识逐渐加强，公民对诉讼的需求呈现出多元化的特征。这一特征不仅推动了国家司法改革的进程，而且为法律服务快速发展提供了重要契机。

（二）我国允许诉讼资助的传统

我国对诉讼观念的转变，可以从允许律师风险代理中看出。律师风险代理作为助诉及包揽诉讼的一种，曾被西方国家严格限制。历史上，英国和澳大利亚所有的司法管辖区均禁止律师进行按百分比收费的风险代理。但这一禁止随着2013年4月1日英国允许律师在诉讼和仲裁程序中收取意外费用或基于损害的费用，以及澳大利亚维多利亚州2020年7月1日开始实施的《司

---

❶ 尤陈俊：《"厌讼"幻象之下的"健讼"实相？——重思明清中国的诉讼与社会》，载《中外法学》2012年第4期。

❷ 邓建鹏：《健讼与息讼：中国传统诉讼文化的矛盾解析》，载《清华法学》2004年第1期。

法立法杂项修正案》第 33ZDA 条允许律师在集体诉讼中按案件胜诉金额的百分比收取律师费用而打破。这些国家禁止律师按百分比收费进行风险代理的原因在于：第一，禁止律师按百分比收费，可以防止无价值索赔的增加。禁止律师按照百分比收费实际上对诉讼设置了一定的财务门槛，可以过滤掉一部分无价值的索赔。第二，禁止律师按百分比收费，可以防止律师损害当事人利益。尽管当事人和律师的潜在诉讼回报是一致的，但潜在经济损失并不完全一致。如果案件败诉，律师不但收入没有保障，还要损失前期投入的时间和资金，且这一损失额往往大于当事人的损失。因此，在此情形下，律师有更大的动机在审判前以"低成本"的"次优"结局方案获得索赔，但对诉讼当事人而言，其妥协索赔的动机更少，当事人将案件提交审判的动机更强。❶ 这导致律师风险代理中，当事人和律师之间的利益冲突，律师可能为了自己的利益而损害当事人的利益。❷ 第三，禁止律师按百分比收费，可以防止律师违背对法院的职责。在西方价值观念中，律师在诉讼中处于独特的位置，他们同时承担着对法院和对当事人的责任，并且对法院的责任凌驾于对当事人职责之上。❸ 而律师对案件结果具有经济利益，这可能损害律师作为法律从业人员对法院最基本、最重要的坦诚义务，这不符合律师应有的专业、

---

❶ Mcheal Duffy, Two's Company, Three's a Crowd? Regulating Third Party Litigation Funding Claimant Protection in the Tripartite Contract and the Lens of Theory, *University of New South Wales Law Journal*, Vol. 39, 2016.

❷ Victorian Law Reform Commission, Access to Justice—Litigation Funding and Group Proceedings (2017), [8.38] - [8.48].

❸ Giannarelli v. Wraith (1988) 165 CLR 543, 555 - 6 (Mason CJ).

超然和对案件不偏不倚的要求。❶ 从以上禁止的原因中可以看出，对律师按百分比收费进行风险代理的担忧，与"禁止助诉及包揽诉讼"的传统有关。

律师风险代理制度的确立，表明了我国允许诉讼资助的立场。与普通法系不同，我国没有禁止助诉及包揽诉讼的传统，理论上我国允许律师风险代理。但律师风险代理制度之所以2004年才被我国法律承认，与新中国成立后一段时间内施行计划经济有关。当时国家对律师的管理采取了完全封闭的态度。这一封闭的态度可以从以下法律法规中看出：1956年司法部颁布的《律师收费暂行办法》第1条规定"律师的设置为了给予人民以法律上的帮助……实行按劳取酬的原则"；1980年颁布的《中华人民共和国律师暂行条例》第1条规定"律师是国家的法律工作者"；1990年司法部、财政部及国家物价局联合发布的《律师业务收费管理办法》规定"律师收费由国家统一确定标准，限制律师和当事人自行协商"。在此背景下，律师议价收费不具有现实可能性。到了20世纪90年代，随着我国《中共中央关于建立社会主义市场经济体制若干问题的决定》和《律师法》的出台，律师服务被推向了自由竞争市场。1997年《律师服务收费管理暂行办法》规定了按件数收费和按比例收费的办法，律师拥有了一定的自主协商权。但因为在改革初期，律师收费没有完全放开，风险代理没有被允许。到了20世纪末，随着市场经济的发

---

❶ Law Council of Australia, Integrity, Fairness and Efficiency—An Inquiry into Class Action Proceedings and Third – Party Litigation Funders Final Report, December 2018, p. 202.

展，律师界开始尝试多样化的收费方式，其中就包括风险代理收费。2000年原国家计委、司法部颁布的《律师服务收费管理暂行办法》提出了"暂由各省、自治区、直辖市制定在本地区范围内执业的律师收费标准"。随后各地相继出台了具体办法，允许在涉及财产关系的民商事案件中，采取风险收费的计价方式。2004年中华全国律师协会颁布的《律师执业行为规则（试行）》第一次确定了律师通过风险代理办理案件的合法性，❶ 具有里程碑意义。2006年国家发展和改革委员会、司法部颁布了《律师服务收费管理办法》，该办法是我国迄今为止对律师风险代理制度规定最具体和完备的，规定了律师风险代理的案件范围、收费标准等。

通过对我国律师风险代理诞生历程的梳理可以发现，与澳大利亚、英国因禁止助诉及包揽诉讼传统导致律师风险代理长期得不到法律的认可不同，我国律师风险代理在新中国成立后一段时间内没有得到法律的认可，是因为我国当时实施计划经济，将律师定位成国家的法律工作者。随着我国市场经济的确立和律师业的发展，律师风险代理收费方式被立法所认可。律师风险代理制度在我国经历了一个自然而然的发展变化过程，在兴起和发展道路上没有受到过多的阻挠和挫折。

第三方诉讼资助蕴含的法律价值与律师风险代理一致。与律师风险代理系法律服务市场化的客观结果，是其他收费方式的有

---

❶ 《律师执业行为规范（试行）》第96条规定："以诉讼结果或者其他法律服务结果作为律师收费依据的……应当明确计付收费的法律服务内容……以及诉讼中的必要开支是否已经包含于风险代理酬金中等。"

益补充一样，第三方诉讼资助制度也是市场化下的产物，是其他诉讼费用分担和诉讼风险转移机制的有益补充。律师风险代理和第三方诉讼资助制度，均能起到减轻当事人诉讼费用负担、帮助当事人减轻诉讼风险的作用，均有助于当事人诉诸司法、接近正义。第三方诉讼资助制度与律师风险代理制度蕴含法律价值的一致性，决定了其在我国的发展道路会像律师风险代理一样逐渐被接受和认可。

二、符合我国司法为民政策导向

第三方诉讼资助制度自身所具有的效能符合我国司法改革政策导向。尽管我国的历史文化传统、社会发展状况和意识形态与世界上其他国家存在差异，但我国民事司法制度及其改革呈现出与其他国家一样的规律：在解决民事司法制度诸多问题时，确保民众最大程度上能够诉诸司法、接近正义。[1] 习近平总书记在中央全面依法治国工作会议上提出了"深化司法责任制综合配套改革，加强司法制约监督，健全社会公平正义法治保障制度，努力让人民群众在每一个司法案件中感受到公平正义"的司法为民新要求。当前，我国司法改革正在朝着简化诉讼程序、保障当事人行使诉权的方向迈进。在我国保障当事人诉权、简化诉讼的司法改革背景下，第三方诉讼资助制度的构建恰逢其时。

---

[1] 齐树洁、周一颜：《司法改革与接近正义：写在民事诉讼法修改之后》，载《黑龙江省政法管理干部学院学报》2013年第1期。

(一) 平衡当事人对抗能力，助力纠纷高效解决

第三方诉讼资助可以为原被告创造公平的竞争环境。哈维斯根据索赔当事人参加诉讼的频繁程度，将其分为两种："一次性玩家"（One Shotter），即偶然涉诉的当事人，和"重复性玩家"（Repeated Player），即经常涉诉的当事人。对于偶然涉诉的当事人来说，他们对律师市场、诉讼流程是陌生的，尤其是在涉及国际商事争端，需要在域外提起诉讼和适用域外法律的情况下。第三方诉讼资助者的专业知识和长期以来的从业经验，以及其聘请的投资顾问、行业专家等，可以改善偶然涉诉的当事人遇到的以上困难。在当事人不熟悉律师市场的情况下，资助者可以通过介绍长期合作律师、提供当时律师市场分析报告等方式解决问题。

第三方诉讼资助可以阻吓和打击对方当事人为了消耗索赔人的财力而采用的抗辩上的拖延政策。[1] 资源有限的原告，无论是个人还是公司，都不可能拥有无限的资源来对付更强大的被告。第三方诉讼资助为当事人提供资金的做法，可以改善资金困难的一方当事人因经济状况而处于劣势的处境，避免资金困难的当事人因急需资金或者无力支付后续诉讼费用而不得已接受不公平和解。在第三方诉讼资助的案件中，被告更倾向于避免漫长的诉讼，因为他们知道被资助当事人已经有能力参与其中。[2] 第三方

---

[1] Maya Steinitz, *Whose Claim is This Anyway? Third-Party Litigation Funding*, *Legal Studies Research Paper NO.* 11-31, University of Iowa, 2011.

[2] Marco de Morpurgo, A Comparative Legal and Economic Approach to Third-Party Litigation Funding, *Cardozo Journal of International and Comparative Law*, Issue 19, 2011.

诉讼资助的存在，使得对方当事人意识到了索赔人的索赔是有依据的，起码在第三方诉讼资助者看来是有极大的胜诉可能的。这进一步提高了被资助当事人在和解、调解等纠纷解决中的议价能力，有助于双方当事人尽快达成解决方案。❶

第三方诉讼资助者的参与为当事人在规划预算和提升诉讼效率方面注入有利的客观商业因素考虑。❷ 有人质疑第三方诉讼资助者的参与可能导致诉讼的拖延和程序的滥用。但事实上并非如此，尽快解决纠纷拿到投资报酬，开始下一项工作才是资助者的商业思维模式。诉讼的拖延于投资者来说并无益处，相反资助者会促进纠纷的及时解决，提高案件的审理效率。

(二) 解决执行难题保障当事人胜诉权益

历史上，执行难问题是长期困扰我国法院和全社会的突出问题。司法为民要求人民法院不仅要作出公正的判决，还要让判决得到切实地执行。执行难问题严重损害了司法的权威和胜诉当事人的权益。

为了有效解决执行难问题，我国采取了一系列措施，基本上解决了执行难题。我国《民事诉讼法》在2007年第一次修正时，增加了立即执行、财产报告、执行联动、执行异议等制度或机制❸；党的十八届四中全会明确提出了"切实解决执行难""依法保障胜诉当事人及时实现权益"的目标，中央政法委多次就

---

❶ Maya Steinitz, *Whose Claim is This Anyway? Third-Party Litigation Funding*, Legal Studies Research Paper NO. 11-31, University of Iowa, 2011.

❷ QPSX Limited (2005) 219 ALR 1, p. 21.

❸ 参见陈桂明：《再审事由应当如何确定：兼评2007年民事诉讼法修改之得失》，载《法学家》2007年第6期；杨柳：《〈民事诉讼法〉执行篇修改的实践价值与制度创新》，载《法律适用》2008年第1期。

"解决执行难"作出部署；2016年最高人民法院印发了《〈关于落实"用两到三年时间基本解决执行难问题"的工作纲要〉的通知》；2019年6月11日，最高人民法院《人民法院执行工作纲要（2019—2023）》中把"解决执行难"纳入各地依法治省（区、市）指标体系。近年来，经过人民法院的攻坚克难，基本上解决了执行难题。人民法院通过依法惩治拒执犯罪、强化信用惩戒，运用网络查控、网络拍卖等信息化手段，充分提高了执行效率和威慑力，基本解决了执行难，形成了具有中国特色的执行制度、机制和模式。❶ 但如何巩固已经取得的成果，切实解决执行难题，彻底打通公平正义的"最后一公里"，需从建立长效机制开始。

第三方诉讼资助制度有助于彻底解决执行难题。解决执行难题除了依靠法院内部力量，外部力量的协作也不可或缺。以往法院的执行线索主要依靠律师提供，但律师作为个体在执行线索收集上能力有限。第三方诉讼资助可以有效解决这一难题。第三方诉讼资助者只有在案件胜利执行的情况下才能收取投资回报，因此资助者在案件资助过程中十分关心执行问题。资助者与律师建立案件执行团队，利用大数据与智能分析，挖掘被执行人的财产线索，建立持续动态监测机制，不断研究和丰富执行策略，跨区域联动执行，解决执行难题，帮助当事人实现债权。如我国诉讼资助者赢火虫诉讼投资平台建立了对被告或被执行人进行风险评

---

❶ 央广网：《全国法院决胜"基本解决执行难"》，https://baijiahao.baidu.com/s?id=1603198825741277147&wfr=spider&for=pc，最后访问时间：2021年8月10日。

估与分析，掌握财产线索信息，智能推荐债权处置方案。平台上可以直接链接全国企业公司系统、全国司法数据系统、全国土地信息数据、企业经营相关数据等，当事人只要在 App 上输入被执行人信息，就可以显示出被执行人的相关财产信息，极大地方便了律师和法院掌握执行线索，如图 4.1 所示。

系统数据

国家企业公示系统
企业照面信息
股东信息
企业变更
对外投资
分子公司

全国司法数据
裁判文书
法院公告
开庭公告
失信公告
被执行公告

全国土地信息数据
土地公示
土地成交
土地抵押
土地转让

全国招标数据
工程信息
政府采购
中标信息

企业经营相关数据
招聘信息
经营状况
动产抵押
司法拍卖
知识产权

图 4.1：资助者案件执行辅助系统

（三）过滤部分诉讼减轻法院司法负担

诉讼资助者不会为客户出于非经济原因的诉讼提供资金，这有助于使诉讼程序合理化。诉讼资助者在为某项索赔提供资助之前，会对与索赔有关的一切方面作出细致透彻的分析和评估。

资助者的分析评估，起到了对没有理据申索的初步筛查作用。一方面，诉讼资助者否定性的资助结论，使得资金匮乏的当事人因没有得到资助而难以提起诉讼，避免了诉讼数量的盲目增多；另一方面，诉讼资助者否定性的资助结论，使得资金富裕的当事人因对案件的前景有了更加清晰的认识而放弃提起诉讼，起到了防止滥诉的作用。但值得注意的是，并非只要资助者作出否定性的资助结论，就意味着案件是无价值的。这种无价值是资助者通过其商业理性进行判断的。有部分案件当事人有正当合理的诉求，但鉴于对方当事人没有可供执行的财产或其他原因，资助者资助后不能尽早获得收益，故而给出了否定性的资助结论。对于此种类型的诉讼，资助者会将案件添加至其案件库，并密切关注对方当事人的财产状况，待条件成熟时再决定是否资助。

诉讼资助者在评估索赔所产生的费用和价值时，实际上发挥了简化潜在索赔的重要作用。通过从一开始根除不合理的索赔，诉讼资助者实际上有助于防止无价值的诉讼。这些好处将延续到法院诉讼程序，有助于减少法院案件数量、减轻司法系统的压力。

（四）助力我国国际商事诉讼纠纷解决机制及机构的发展

成立国际商事法庭，是当今国际商事纠纷解决领域的新趋势。在国际商事纠纷解决中，仲裁是最为普遍的纠纷解决方式。但过去数十年间，仲裁的"一裁终局"导致的纠正性上诉机制缺乏，仲裁员来源的多元化导致的专业和道德问题，以及仲裁不公开导致的裁决缺乏一致性等问题，使其受到了诸多诟病。❶ 为了克服国际商事仲裁存在的问题，数个国家建立了国际商事法院，如英国商事法院（English Commercial Court）、英国技术和

---

❶ Sundaresh Menon, *International Commercial Courts: Towards a Transnational System of Dispute Resolution*, Opening Lecture for the DIFC Courts Lecture Series 2015, Dubai, 2015, pp. 8 – 13.

建筑法院（English Technology and Construction Court）、特拉华衡平法院（Delaware Court of Chancery）、新加坡国际商事法院（Singapore International Chamber of Commerce）等。国际商事法庭将诉讼的公开性、权威性与仲裁的灵活性糅合在一起。在此国际环境，以及我国"一带一路"倡议进入全面实施阶段的背景下，最高人民法院分别在深圳和西安设立了国际商事法庭，作为专门处理国际商事纠纷的常设审判机构。❶

允许第三方诉讼资助符合我国国际商事法庭的功能定位。最高人民法院在成立国际商事法庭时，将国际商事法庭的功能定位于：依法公正及时审理国际商事案件，平等保护中外当事人合法权益，营造稳定、公平、透明、便捷的法治化国际营商环境。❷但笔者认为，我国国际商事法庭的功能定位不应局限于此。于我国而言，国际商事法庭的设立不仅是在创设一种新的机构和机制，而且是在培育国际争端解决与国际法律服务的一种新的"生态"。❸国际商事法庭的建立和发展涉及一国法治营商环境的建立、法律服务和专业人才市场的发展，以及一国对国际商事规则

---

❶ 根据《最高人民法院关于设立国际商事法庭若干问题的规定》第2条规定，国际商事法庭受理四类案件：第一类是当事人协议选择最高人民法院管辖，标的额在人民币3亿元以上的第一审国际商事案件；第二类是应当由高级人民法院受理的第一审国际商事案件，但是高级人民法院认为需要由最高人民法院审理且经过最高人民法院准许的；第三类是在全国有重大影响的第一审国际商事纠纷；第四类是在国际商事争端解决机制的框架内进行仲裁的案件，当事人申请国际商事法庭进行财产保全或者申请撤裁、申请执行仲裁裁决的案件。

❷ 《国际商事法庭简介》，载国际商事法庭官网，http://cicc.court.gov.cn/html/1/218/19/141/，最后访问时间：2021年9月5日。

❸ 法制网：《最高国际商事法庭呼之欲出》，https://baijiahao.baidu.com/s?id=1601656050916779583&wfr=spider&for=pc，最后访问时间：2021年3月8日。

的制定和发展能力等。❶ 当一国商事法院的规则和裁判被广泛接受和认可后会形成虹吸效应，吸引一大批以此为核心的机构和产业，如律师事务所、会计事务所、翻译服务机构、学术研究机构等。以上机构有助于进一步扩大国际商事法院的国际影响力，形成良性循环。这也是国际商事法庭市场竞争白热化的重要原因。如果我国国际商事法庭仅定位于或者满足于解决我国当事人涉外案件或者服务"一带一路"倡议，将使得我国国际商事法庭错过这场浪潮。保持原有制度的与时俱进性和积极迎接新的制度，是当前新加坡等国家能够走在行业前列的先进经验。这也是为何中国香港、新加坡于2017年先后修改法律允许在国际仲裁中使用第三方诉讼资助的重要原因。新加坡的时任司法部部长在2019年8月8日"新加坡风险代理协议公共咨询"会议上宣布，新加坡将允许在国际商事法院的某些规定程序使用第三方诉讼资助。❷

允许第三方诉讼资助有助于解决我国国际商事法庭案件审理难题。当前，国际商事法庭已经受理了一批当事人来自日本、泰国、英属维尔京群岛等国家和地区的国际商事案件。❸ 随着我国国际商事法庭影响力的不断扩大，涉案当事人的范围将扩展至澳大利亚、英国、美国等允许第三方诉讼资助的司法管辖区。以上

---

❶ 蔡伟：《国际商事法庭：制度比较、规则冲突与构建路径》，载《环球法律评论》2018年第5期。
❷ Ministry of Law, Public Consultation on Conditional Fee Agreements in Singapore, para 3, 27 Aug. 2019.
❸ 《最高法院国际商事法庭已受理一批国际商事纠纷案件》，载国际商事法庭官网，http://cicc.court.gov.cn/html/1/218/149/192/1150.html，最后访问时间：2021年3月8日。

国家和地区的当事人将案件诉诸我国国际商事法庭并寻求了第三方诉讼资助,我国国际商事法庭的法官应如何应对?法官面临一系列问题,包括是否有权要求被资助当事人披露受资助事实和资助者信息,能否作出针对第三方诉讼资助者的费用担保命令和赔偿命令,应如何防范资助者控制诉讼程序、干扰我国的司法秩序等问题。在第三方诉讼资助日益普遍,以及国际商事法庭受理案件数量日益增加的今天,以上问题已经不再是理论问题,而是迫在眉睫需要解决的实际问题。构建第三方诉讼资助制度,有助于化解法官在国际商事第三方诉讼资助案件中的困境。

在我国国际商事法庭建立,以及全球国际商事法庭市场竞争激烈的背景下,构建第三方诉讼资助制度既能够解决我国面临的现实问题,也能提高我国国际商事法庭的国际竞争力,吸引众多的域外当事人将我国作为纠纷的管辖地。同时,构建第三方诉讼资助制度对外释放了一个积极的信号,体现出了我国立法的包容性和时代性。当然,构建第三方诉讼资助制度不是万全之策,我国国际商事法庭国际竞争力的提高,还需要在提高法官的国际化水平、提高判决的承认与执行率、融入多样化纠纷解决机制等多方面加以努力。[1]

(五)助力我国国际商事仲裁纠纷解决机制和机构的发展

第三方诉讼资助制度的构建,将为第三方资助仲裁机制的运行提供参考和规范。资助者除了资助诉讼还资助仲裁,仲裁也是其重要的业务范围。对于第三方资助仲裁的监管,国际上一般按

---

[1] 谷浩、林玉芳:《中国国际商事法庭构建初探》,载《大连海事大学学报(社会科学版)》2018年第4期。

照与诉讼相同或类似的基准来监管二者。❶ 仲裁作为准司法程序，仲裁规则受诉讼规则的影响。第三方诉讼资助制度的构建，可以为第三方仲裁资助制度的构建提供框架和指引。❷

提升仲裁机构国际竞争力、打造国际仲裁中心，是形成法治化、国际化、便利化营商环境的重要组成部分。❸ 建设国际仲裁中心的核心要义，是把我国打造成国际仲裁的"目的地"，只有当事人真心愿意把纠纷放到我国解决，才算建成真正的国际仲裁中心。❹ 当前，我国构建国际仲裁中心面临着"国内市场国际化"的问题。我国企业在处理涉外商事纠纷时存在3个"90% 现象"：90% 以上的企业在签订涉外商事合同时，选择国际商事仲裁作为争议解决机制；在选择国际商事仲裁作为争议解决机制的条款中，90% 以上的条款选择境外仲裁中心作为仲裁机构；在选择境外仲裁中心作为仲裁机构的企业中，90% 以上的会败诉。❺ 以中国国际经济贸易仲裁委员会的受案情况为例，2020 年贸仲委共受案 3615 件，涉外案件 739 件，双方当事人均为境外

---

❶ 香港法律改革委员会第三方资助仲裁小组委员会：《咨询文件第三方资助仲裁》，第 50 页。

❷ Eric E. Bergsten, Module 5.1: International Commercial Arbitration: Overview in United Nations Conference on Trade and Development, Course on Dispute Settlement in International Trade, Investment and Intellectual Property, 2005, http://unctad.org/en/Docs/edmmisc232add38_en.pdf, last visited at 2025-01-19.

❸ 中共中央、国务院在 2018 年印发的《关于支持海南全面深化改革开放的指导意见》等文件中，明确提出要支持海南自贸港建立国际经济贸易仲裁机构和国际争端调解机构等多元纠纷解决机构。

❹ Gary B. Born, International Arbitration: Law and Practice, 2n ed, *Kluwer Law International*, 2016, p.37.

❺ 参见杜焕芳、李贤森：《提升中国仲裁国际竞争力路径探析》，载《法治日报》2019 年 7 月 9 日，第 10 版。

的仅 67 件，占比 18%。❶ 而新加坡国际仲裁中心（SIAC）和香港国际仲裁中心（HKIAC）涉外案件的比例为：2019 年 SIAC 共受案 479 件，其中国际案件 416 件，占比 86.8%；❷ 2020 年 HKIAC 共受案 318 件，其中 72% 以上的案件是国际性仲裁案件。❸ 以上数据充分说明了我国主要仲裁机构与国际化仲裁机构相比，在国际吸引力方面还存在很大的差距。另外，我国在构建国际商事仲裁中心上还面临着"国际市场国内化"的局面。随着我国贸易投资自由化便利化政策的不断推进和深入实施，各类国际商事主体纠纷解决的需求不断增长。我国正准备探索引入境外知名仲裁机构。❹ 境外仲裁机构的引入在带来先进仲裁经验的同时，也带来了激烈的竞争。如何在激烈的竞争中存活下来，并保证一定的市场份额和案件来源，是我国仲裁机构必须思考的问题。

对标国际规则，吸收、借鉴国际先进的第三方资助实践，是新加坡、伦敦、中国香港以及斯德哥尔摩等地成为全球最受欢迎的仲裁地，成为最具竞争力仲裁中心的制胜法宝之一。❺ 以上地

---

❶ 《中国国际经济贸易仲裁委员会 2020 年工作报告》，https://www.sohu.com/a/447583549_100006534，最后访问时间：2021 年 3 月 11 日。

❷ SIAC Year in Review 2019, https://siac.org.sg/images/stories/articles/annual_report/SIAC%20AR_FA-Final-Online%20(30%20June%202020).pdf, last visited at: 2021-03-11.

❸ 《香港国际仲裁中心发布 2020 年统计数据》，https://www.hkiac.org/news/hkiac-releases-statistics-2020，最后访问时间：2021 年 3 月 11 日。

❹ 最高人民法院在 2021 年 3 月 26 日发布的《最高人民法院关于人民法院为北京市国家服务业扩大开放综合示范区、中国（北京）自由贸易试验区建设提供司法服务和保障的意见》中指出，要探索引入国内外知名国际商事仲裁机构，支持境外知名仲裁及争议解决机构在自由贸易试验区内设立业务机构，就国际商事、投资等领域民商事争议开展仲裁业务。

❺ Anselmo Reyes, Weixia Gu, *The Developing World of Arbitration A Comparative Study of Arbitration Reform in the Asia Pacific*, Hart Publishing Ltd, 2018, p. 3.

区为了成为全球最受欢迎的仲裁地,不断提高国际仲裁能力水平,更新与仲裁有关的法律。以新加坡为例,新加坡国际仲裁中心自 1991 年成立以来,在成为全球争端解决中心方面取得了长足的进步。为了进一步加强其地位,新加坡议会于 2016 年提出了《民法(修正)法案》允许第三方资助仲裁。在 2017 年 1 月 9 日的资助法案二读中,时任新加坡法律事务国务大臣的英德拉尼·拉贾(Indranee Rajah)表示,新加坡目前是世界上五个最受欢迎的仲裁地之一,为了保持这一局面新加坡必须继续保持反应迅速,不断适应商业需求,其中就包括为有效的索赔提供资金,否则由于财政限制这些索赔可能无法被提起。❶ 就此,新加坡成为亚洲第一个立法明确支持第三方资助仲裁的国家。无独有偶,我国香港法律改革委员会第三方资助仲裁小组委员会在论证香港是否应准许第三方资助时也一致认为:法律没有对第三方资助仲裁的适用情形作出规定,会损害香港作为国际仲裁中心的竞争力;改革香港制度,在适当的专业操守及监管框架下明确准许第三方资助仲裁,可以为司法公正带来诸多好处;允许第三方资助仲裁有助于提高香港作为国际仲裁中心的竞争力,带来更多与仲裁有关的就业机会、经济利益等好处;允许第三方资助仲裁将提高仲裁的吸引力,使得更多与商业、金融、贸易有关的纠纷选择仲裁作为纠纷解决方式,减轻香港法院的资源压力,确保法院能够有更多的资源去处理关乎民生的诉讼。❷

---

❶ At the Second Reading of the Funding Bill on 9 January 2017, Ms. Indranee Rajah SC, Senior Minister of State for Law.
❷ 香港法律改革委员会第三方资助仲裁小组委员会:《咨询文件第三方资助仲裁》,第 16 页。

对第三方诉讼资助制度的置之不理，可能成为仲裁机构日后发展的障碍。但世界上并非所有地区都像新加坡、中国香港一样，直截了当地对第三方资助加以规制，法国即如此。法国没有对第三方诉讼资助行为提供立法指导，现实中的司法判例也非常有限。这导致国际商会法国工作组在2014年将外部律师的保密义务确定为第三方资助行业发展的潜在障碍。根据法国《律师职业规范》，律师不得就客户的档案尤其是机密信息与资助者进行沟通共享，否则将违反道德义务需要承担职业纪律处罚和刑事制裁。❶ 该法律旨在保护客户的个人利益，❷ 但这种过于严格的保密义务阻碍了第三方资助在法国的发展。与其他对第三方资助友好的司法管辖区相比，这降低了巴黎作为潜在仲裁地的价值，并使得法国律师相对于不受同样义务约束的外国律师处于不利地位。❸ 法国选择不干涉专业义务驱动的方法，不一定会阻止资助者开展活动，却不能为有关各方提供所期望的保障。缺乏对第三方资助的正式承认和监管，虽然不会妨碍对选择巴黎作为仲裁目的地案件的资助，但也不足以指导利益攸关方，而一定程度上的不确定性，容易造成混乱。这也是为何有许多国际投资者积极考察法国市场，但最终设立办事处的为数不多的原因。

通过新加坡、中国香港以及法国在第三方诉讼资助制度方面

---

❶ Article 2.1 of the National Regulations of the Lawyers' Profession ('Règlement Intérieur National').
❷ Cass 1ere civ, 6 Avril 2004, n. 00-19.245.
❸ Olivier Marquais, Alain Grec, Do's and Dont's of Regulating Third-Party Litigation Funding: Singapore v. France, *Asian International Arbitration Journal*, Issue 16, 2020.

的立法实践，可以发现就第三方资助问题进行规制制定必要的法规和指南，一方面可以使得第三方诉讼资助制度在最符合当事人利益的情况下发展壮大，另一方面可以为国际仲裁中心的建立和巩固提供帮助。在我国面临"国内市场国际化，国际竞争国内化"的严峻挑战下，通过构建第三方诉讼资助制度明确第三方诉讼资助制度的合法性，可以间接地承认第三方资助仲裁的合法性，打消涉外当事人在选择我国作为仲裁目的地时关于我国是否允许第三方资助的困惑，提高我国国内仲裁机构的吸引力，提升我国仲裁机构的国际竞争力，进而保障我国当事人在涉外仲裁中的权益。与发达国家或地区的国际商事仲裁案件当事人相比，作为后起之秀的发展中国家企业普遍家底较薄，难以承受高昂的国际仲裁费用。同时，由于法律文化传统的不同，中国企业对以英国法为主的国际仲裁规制、证据规则并不了解熟知，既缺乏实战经验，又缺乏涉外法律人才。第三方资助的使用，可以给中方企业提供资金支持、鼓舞其斗志、分散仲裁风险，以及缩小仲裁对正常营业的影响。第三方资助者作为国际仲裁领域的重复玩家（repeat player），可为偶然涉诉的一次追索当事人提供专业的指导建议，如律师的选择、仲裁员的指定等，改变中方当事人在国际仲裁中势单力薄、不知所措的局面。

（六）提升民事诉讼社会效益保护功能

在现代社会中同一违法事实或者同一原因引发的众多人受害的事件常有发生，如环境污染、食品药品安全、垄断不正当竞争、证券市场虚假陈述、内幕交易等。在以上案件中，尽管权益受损的人数众多、涉及总金额巨大，但由于每个人的损失较小，这类诉讼从经济角度在个人行动中恢复是不可行的。如何采取有效的法律方法，妥当地解决集体性、群体性纠纷，对我国经济的发展，社会的和谐稳定至关重要。在解决集体性或群体性纠纷方面，我国《民事诉讼法》引入了诉讼代表人制度作为应对机制，并在第56条、第57条作出了具体规定。❶ 我国代表人诉讼由共同诉讼发展而来，在借鉴了国外立法的基础上，进行了内容创新。❷

理论上，代表人诉讼为当事人有效诉诸司法和为法院处理多重索赔提供了一个高效和有效的程序，但由于制度设计缺陷和立法规定的粗略，我国代表人诉讼多年来长期处于"休眠"状态，具体表现为：

第一，我国代表人诉讼集团形成标准过高，众多个体和最终形成的团体之间缺乏必要的聚合形式。群体诉讼经验表明，受害群体在诉讼前形成"团体"或"集体"，对于推进群体诉讼有着至关重要的作用，众多诉讼当事人关于诉讼的沟通和策划均是在这一阶段进行的。❸ 我国自治性团体的缺乏，影响了代表人诉讼的提起。根据我国《民事诉讼法》第56条以及相关司法解释的

---

❶ 《民事诉讼法》第56条规定：当事人一方人数众多的共同诉讼，可以由当事人推选代表人进行诉讼。代表人的诉讼行为对其所代表的当事人发生效力，但代表人变更、放弃诉讼请求或者承认对方当事人的诉讼请求，进行和解，必须经被代表的当事人同意。第57条规定：诉讼标的是同一种类、当事人一方人数众多在起诉时人数尚未确定的，人民法院可以发出公告，说明案件情况和诉讼请求，通知权利人在一定期间向人民法院登记。向人民法院登记的权利人可以推选代表人进行诉讼；推选不出代表人的，人民法院可以与参加登记的权利人商定代表人。代表人的诉讼行为对其所代表的当事人发生效力，但代表人变更、放弃诉讼请求或者承认对方当事人的诉讼请求，进行和解，必须经被代表的当事人同意。人民法院作出的判决、裁定，对参加登记的全体权利人发生效力。未参加登记的权利人在诉讼时效期间提起诉讼的，适用该判决、裁定。

❷ 江伟、王强义：《完善我国民事诉讼立法的若干理论问题》，载《中国社会科学》1991年第5期。

❸ 王福华：《代表人诉讼中的利益诉求》，载《法学》2006年第6期。

规定，代表人诉讼的一方当事人必须达到 10 人以上。❶ 在当今人口流动性强、互联网消费兴起的时代，受害人散落在全国各地，要求同一法院某一时段内某一案件的起诉人数达到 10 个以上实属不易，更不容易的是要求这 10 个素不相识的人达成一致意见，推选出代表人。同时，推选代表人的做法，可能导致那些受伤害最深、诉讼热情最强烈的人难以真正参与到诉讼中，削弱了起诉人的热情。

第二，代表人诉讼费用高昂。对民事诉讼来说，诉讼费用的高低就像机动车上的引擎，决定着诉讼能够走多远。忽略诉讼费用和诉讼目的之间的制衡关系，法院在纠纷解决中的作用将难以启齿。❷ 诉讼运行成本与案件的标的额度、案情的复杂程度、诉讼持续的时间以及对方当事人的抗辩程度呈正相关性。代表人诉讼案件标的额大，这是诉讼代表人制度先天决定的，诉讼代表人制度针对的是人数众多的重大经济损失。索赔金额大导致两个问题：一是支付给法院的费用随着案件标的额的增多水涨船高；二是标的额大引来了被告的激烈抗辩。❸ 同时，诉讼代表人诉讼通常案情复杂，涉及的案件类型主要是股东诉讼、投资诉讼、消费

---

❶ 《民事诉讼法》第 56 条规定：当事人一方人数众多的共同诉讼，可以由当事人推选代表人进行诉讼。
❷ ［日］小岛武司：《诉讼制度改革的法理与实证》，陈刚、郭美松等译，法律出版社 2001 年版，第 5－6 页。
❸ 这是可以理解的，如此大额的索赔，被告一定极力辩护。从成本动态的角度而言，即使驳回原告诉讼请求的机会很低，也只要驳回一个对被告来说在经济上的收益就是可观的。因此，被告试图通过援引关于集体诉讼机制的要求和适当性的技术论据来抵制索赔，包括对诉状的攻击、认为共同问题的数量不足等，以证明该事项不宜作为集体诉讼进行，以及并非所有集体成员都有理由对所有被告提起诉讼等。

者保护、产品责任和大型侵权等。以上案件在事实调查上，需要律师耗费大量的时间，在事实认定上因涉及较强的专业技术知识，需要专家证人和技术鉴定解决；在法律适用上，被告激烈抗辩，进一步加剧了案件的复杂程度。

第三，代表人诉讼制度诉讼风险较高。代表人诉讼中的被告通常是经济实力雄厚的公司企业，被告为了免于承担高额的赔偿，会雇用顶级的律师团队进行抗辩，甚至不惜通过拖延战术拖垮经济实力较弱的原告方，迫使原告方以较低的价格达成和解或者撤诉，原告方在代表人诉讼中风险较大。但遗憾的是，由于我国不允许律师在群体诉讼中进行风险代理，这一风险难以有效转移。在一般代理中，律师的积极性不高，主要原因除工作繁重之外，还有律师代理费收取困难、效益低下、不愿冒政治风险等。❶

代表人诉讼制度作为一项纠纷解决机制，其在制度设计上的缺陷，以及立法规定上的粗略，导致其长期处于"休眠"状态，成为"具法"。代表人诉讼制度被搁置不仅影响了民事诉讼社会效益功能的发挥、造成了立法资源的浪费，而且阻却了当事人寻求司法救济的渠道，群体性事件的当事人转向了信访上访，寄希望通过围堵政府机关、聚众闹事等途径引起党政机关的重视以解决纠纷，有损于人民群众利益的保护、社会的和谐稳定和法治社会法治政府形象的树立。第三方诉讼资助有助于解决以下问题：

---

❶ 实际上，律师在代表人诉讼中作用重大，律师可以促使当事人诉讼行为的理性化，降低双方的对立和敌意，增加和解的可能；律师有助于缓和双方的过度对抗，避免当事人将诉讼程序运用至极限的倾向，节约司法资源提升纠纷解决的效率。

首先，第三方诉讼资助可以解决代表人诉讼集团形成困难问题。正如上文所述，我国较高的代表人诉讼集团形成标准和现实中自治性团体的缺乏，导致很难将一群潜在的原告组织起来形成诉讼。如果允许第三方诉讼资助，资助者可以承担起这一识别、联系和组织索赔人的工作，可以告知潜在索赔人他们有权参加代表人诉讼，避免了潜在索赔人因信息不对称或者不了解权利而错失加入诉讼机会。

其次，第三方诉讼资助可以解决代表人诉讼中的资金困难和诉讼风险转移渠道匮乏的问题。在涉及人数众多的大型代表人诉讼中，诉讼成员通常会被收取高昂的诉讼费用，如果败诉还要支付对方当事人同样多甚至更多的费用。这使得索赔人无力提起代表人诉讼，代表人诉讼促进正义的目的落空。[1] 第三方诉讼资助消除了代表人诉讼成员接近正义的障碍，降低了成员采取法律行动的财务风险。第三方诉讼资助者与所有索赔人签订资助协议，约定胜诉后按比例从签订协议的被资助者处获得报酬，败诉后不进行追索甚至承担不利费用的做法，转移了代表人诉讼中的风险。同时，由于第三方诉讼资助者支付律师费用，保障了律师代理费用的收取，能够极大地调动律师的积极性。

再次，第三方诉讼资助在代表人诉讼中的作用不仅仅是理论上的，而是已经有经验数据得以证实。以澳大利亚为例，澳大利亚《联邦法院法 1976》[Federal Court of Australia Act 1976

---

[1] Justice Bernard Murphy, Vince Morabito, The First 25 Years: Has the Class Action Regime Hit the Mark on Access to Justice? in Damian Grave and Helen Mould (Eds.), *25 Years of Class Actions in Australia* (1992–2017), *Ross Parsons Centre of Commercial, Corporate and Taxation Law*, Herbert Smith Freehills, 2017, p. 13.

(Cth)]在1992年3月5日引入了集体诉讼制度。❶ 随后，类似的集体诉讼程序在维多利亚州❷、新南威尔士州❸和昆士兰州❹被引入。澳大利亚的集体诉讼程序是复杂、漫长和昂贵的，❺澳大利亚集体诉讼没有适当的费用机制，没有解决在集体诉讼败诉的情况下如何保障申请人免受法院败诉费用的冲击的问题。随着集体诉讼制度的成熟，商业第三方诉讼资助已成为澳大利亚集体诉讼领域的一个特殊部分。澳大利亚法律委员会和澳大利亚联邦法院的一份联合出版物指出："在许多情况下，诉讼资助已被证明是澳大利亚联邦和州一级集体诉讼程序的生命线。并非所有案件都由第三方诉讼资助者出资，但有足够多的集体诉讼是以这种方式出资的，这种方式对所审理的案件种类产生了重大影响。"❻ 有经验证据表明，如果没有诉讼资助者提供的资金，许多成功的集体诉讼是不会进行的。❼ 在澳大利亚联邦法院提起的集体诉讼中，第三方诉讼资助案件的比例高达72%

---

❶ 该法规定满足以下条件的可以提起集体诉讼：有七个或七个以上的人针对同一个被告提出索赔；索赔涉及或产生于相同、相似或相关的情况；索赔引起至少一个实质性的法律或事实共同问题。
❷ Supreme Court Act 1986 (Vic) Part 4A (effect from 1 January, 2000).
❸ Civil Procedure Act 2005 (NSW) Part 10 (effect from March 4, 2011).
❹ Civil Proceedings Act 2011 (Qld) Part 13A (effect from March 1, 2017).
❺ Andrew Watson, Michael Donelly, Financing Access to Justice: Third Party Litigation Funding and Class Action in Australia, *Canadian Business Law Journal*, Vol. 55, 2021.
❻ Wayne Attrill, Funding Justice: The Role of Litigation Funders in Class Actions, Precedent AULA 51; (2015) 129 Precedent 38.
❼ Vince Morabito, Empirical Perspectives on 25 Years of Class Actions, in Damian Grave and Helen Mould eds, *25 Years of Class Actions in Australia* (1992 - 2017), *Ross Parsons Centre of Commercial, Corporate and Taxation Law*, Herbert Smith Freehills, 2017.

左右。❶ 在部分类型的集体诉讼中，第三方资助的使用率极高。根据联邦法院统计数据，在 2013 年至 2018 年，所有的股东索赔集体诉讼 100%（37 起）都得到了资助；特许经营商、代理商或经销商的索赔资助比例为 66.6%（2 起）；投资者索赔集体诉讼资助比例达 65%（17 起）；消费者保护索赔集体诉讼的占比较低，13 件集体诉讼中只有 4 件得到了资助，资助比例为 30.7%。❷

最后，第三方诉讼资助除了能够帮助群体诉讼当事人维护自身权益，从长远看也是政府监管活动的重要补充。政府监管不可能是完美无缺、万无一失的，即使是资源最丰富、最勤奋和最称职的监管机构，也无法做到对所有的违法违规行为及时查处。第三方诉讼资助帮助被害人提起诉讼，弥补了政府在证券、反垄断、反不正当竞争等监管活动中存在的疏漏。长此以往，有助于诚信社会的构建和发展。

第二节　与我国现行法律制度相包容

一、不违反我国实体性法律规范

我国不禁止助诉及包揽诉讼的传统不能当然证成第三方诉讼

---

❶ Vince Morabito, Private Correspondence, 13 March 2018.
❷ Bernard Murphy, Camille Cameron, Access to Justic and The Evolution of Class Action Litigation Funding in Australia, *Melbourne University Law Review*, Vol. 30, 2006, p. 414.

资助协议在我国的合法性,还需要考察第三方诉讼资助协议具体条款是否与我国法律制度规范相容。笔者在对第三方诉讼资助协议的性质作出界定的基础上,认为第三方诉讼资助协议与我国实体法规范具有相容性。

(一) 第三方诉讼资助协议的性质

关于第三方诉讼资助的性质有投资合同说、权利转让说和隐名合伙说。投资合同说认为,第三方诉讼资助是资助者以当事人的诉讼为投资对象,将资金投放到当事人的诉讼活动中,在案件胜诉情况下获得投资回报的行为和过程。❶ 权利转让说认为,第三方诉讼资助是被资助者通过让渡部分实体权利给资助者,双方共同享有争议处理结果和预期利益的一种合同形式。❷ 隐名合伙说认为,第三方诉讼资助中资助者和被资助者实际上是一种合伙关系,双方通过共同经营当事人的诉讼以获得利润回报,其中被资助者作为显名合伙人,负责经营合伙事务并承担无限责任,资助者作为隐名合伙人,不参与合伙事务的管理,其财产也独立于合伙人。❸

以上三种学说均存在一定的局限性。投资合同说和权利转让说是分别站在资助者和被资助者的立场进行阐述的,立场的单一

---

❶ 张光磊:《第三方诉讼融资:通往司法救济的商业化路径》,载《中国政法大学学报》2016 年第 3 期。

❷ Maya Steinitz, Whose Claim is this Anyway—Third‑Party Litigation Funding, *Minnesota Law Review*, Vol. 95:4, 2011. Michele De Stefano, Nonlawyers Influence Lawyers: Too Many Cooks in the Kitchen or Stone Soup, *Fordham Law Review*, Vol. 80:6, 2012.

❸ Marco de Morpurgo, A Comparative Legal and Economic Approach to Third‑Party Litigation Funding, *Cardozo Journal of International and Comparative Law*, Vol. 19:2, 2011.

性导致对另一主体的忽视。隐名合同说虽兼顾了双方的立场，但忽略了一个重要细节，即在第三方诉讼资助中资助者均或多或少参与了案件的管理，这与隐名合伙人不参与合伙事务管理的消极不作为状态并不一致。

笔者认为，第三方诉讼资助是一种附条件的民事法律行为。❶ 在第三方诉讼资助中资助者提供费用分担、风险转移和案件管理服务，但资助者能否获得案件胜诉后的部分权益，以案件是否胜诉这一条件为准。案件是否胜诉是将来发生的事实，具有未来性；是将来可能发生也可能不发生的事实，具有或然性；是当事人约定的事实而非法律规定的事实，具有非法定性；是合法的事实而非不合法的事实，具有合法性，符合附条件民事法律行为条件的四性要求。但值得注意的是，第三方诉讼资助中所附的条件——胜诉，在不同的案件中有不同的认定标准。胜诉可以分为全部胜诉和部分胜诉、判决胜诉和和解胜诉。在第三方诉讼资助个案中，资助者和被资助者双方根据案件的法律事实情况，对何谓"胜诉"进行约定。只要最后的案件处理结果，符合了约定的胜诉认定标准，即为条件的成就。

（二）第三方诉讼资助协议的合法性分析

从我国实体法律规范的角度看，第三方诉讼资助协议是有效的。其有效性表现为以下几个方面：

首先，第三方诉讼资助是当事人意思自治的体现。意思自治

---

❶ 附条件的民事法律行为，指的是双方当事人在民事法律行为中设立一定的事由为条件，以条件是否发生或者成就与否，作为决定民事法律行为生成或者解除根据的民事法律行为。陈卫佐：《〈民法总则〉中的民事法律行为：基于法律行为学说的比较法分析》，载《比较法研究》2017年第4期。

作为民法理论的"黄金法则",赋予了民事主体意思自由。我国《民法典》第 5 条确立了这一原则。❶ 第三方诉讼资助是资助者和被资助当事人基于资助协议而形成的法律关系,当然适用于意思自治。双方当事人在平等协商的基础上,决定是否进行诉讼资助,确定采用哪种形式的诉讼资助,案件胜诉后的抽成比例等问题。资助者代替当事人交纳诉讼费用的行为,以及被资助者将其在裁决中确定的债权权利部分转让给资助者的行为,均是民事主体对财产自由处分的表现。

其次,第三方诉讼资助不违反法律、行政法规的强制性规定。当事人意思自治以"法不禁止即可为"为边界。有学者指出,第三方诉讼资助协议中资助者胜诉后较高的抽成比例,违反了《民法典》第 680 条第 1 款❷以及《关于办理非法放贷刑事案件若干问题的意见》中禁止高利放贷的规定。❸ 在实践中,有法院将第三方资助协议认定为借贷,又因投资回报约定超过《中国人民银行关于取缔地下钱庄及打击高利贷行为的通知》❹ 以及

---

❶ 《民法典》第 5 条规定:"民事主体从事民事活动,应当遵循自愿原则,按照自己的意思设立、变更、终止民事法律关系。"
❷ 《民法典》第 680 条第 1 款规定:"禁止高利放贷,借款的利率不得违反国家有关规定。"
❸ 最高人民法院、最高人民检察院、公安部、司法部《关于办理非法放贷刑事案件若干问题的意见》规定,出借人未经监管部门批准,或者超越经营范围,以营利为目的,经常性地向社会不特定对象发放贷款(两年内向不特定的人放贷 10 次以上,并且以超过 36% 的年利率放贷),扰乱金融市场秩序,情节严重的行为以非法经营罪定罪处罚。
❹ 《中国人民银行关于取缔地下钱庄及打击高利贷行为的通知》中规定:"民间个人借贷利率由借贷双方协商确定,但双方协商的利率不得超过中国人民银行公布的金融机构同期、同档次贷款利率(不含浮动)的 4 倍。超过上述标准的,应界定为高利借贷行为。"

《最高人民法院关于审理民间借贷案件适用法律若干问题的规定》❶ 中的比例限制，援引原《中华人民共和国合同法》第 53 条第 3 款 "以合法形式掩盖非法目的的合同无效"，而认定资助协议无效。❷ 笔者认为，第三方诉讼资助协议中的抽成比例违反我国禁止高利放贷的规定，系以资助协议构成借款合同为前提条件，但实际上资助协议并不属于我国《民法典》第 12 章第 667 条规定下的借款合同。❸ 第一，借款合同是有偿合同，借款人的还款义务是确定的，还款金额也是明确的。但资助协议下被资助者没有绝对的还款义务，被资助者是否需要向资助者分享胜诉的收益，以及分享胜诉收益的数额是不确定，以上两项最终取决于案件是否胜诉以及胜诉金额。即便资助者进行严格的事前审查，确保了较高的案件胜诉率，但没有一个案件的胜诉率是 100% 确定的，凡是诉讼都是有风险的。资助协议下资助者收益的不确定性，与借贷合同下出借人收益的确定性，构成了资助协议和借款合同本质上的不同。资助者收益的不确定性，使得其比出借人承担了更高的风险，因此其收益比率高于出借人是情有可原的。第二，更为重要的是，借贷合同的标的物为货币，出借人将货币交付给借款人即完成了合同义务；而资助协议的标的物是一项综合

---

❶ 《最高人民法院关于审理民间借贷案件适用法律若干问题的规定》中第 26 条规定："借贷双方约定的利率未超过年利率 24%，出借人请求借款人按照约定的利率支付利息的，人民法院应予支持。借贷双方约定的利率超过年利率 36%，超过部分的利息约定无效。借款人请求出借人返还已支付的超过年利率 36% 部分的利息的，人民法院应予支持。"
❷ 董暖：《国际投资仲裁中的第三方资助问题研究》，对外经济贸易大学 2020 年博士学位论文，第 109 页。
❸ 《民法典》第 667 条：借款合同是借款人向贷款人借款，到期返还借款并支付利息的合同。

性的服务，资助者除了提供资金，还需要对案件进程监督管理，资助者无形中还提供了案件管理服务。不论从服务内容还是服务周期上，诉讼资助协议均复杂于借款合同。因此，以借款合同的最高年利率来划定资助协议的收益回报率是不合理的。

最后，第三方诉讼资助实体权益条款不违反我国的公序良俗。我国《民法典》第8条规定，民事主体诉讼活动不得违反公序良俗。❶ 第153条第2款规定，违反公序良俗的民事法律行为无效。第三方诉讼资助协议在我国要获得合法性，除了系当事人意思自治的表现，不违反法律行政法规的禁止性规定，还需要不违反我国的公序良俗。我国的"公序良俗"与英美法系的"公共政策"相对应。英美法系法域在废除第三方诉讼资助构成民事侵权和刑事犯罪规定的同时，保留了其可能因违反公共政策而无效的规定。❷ 当前英美法系国家和地区主要从以下几个方面审查资助协议是否违反公共政策：资助者享有的回报比例、资助者与律师之间的沟通程度、资助者是否受到监管、被资助者对案件的了解和决策情况、是否有引起损害的风险、是否有扭曲证据的风险等。❸ 法院对第三方诉讼资助协议合法性的标准认定越来越宽松。诉讼资助协议只要不包含可能被定性为"破坏

---

❶ 《民法典》第8条规定："民事主体从事民事活动，不得违反法律，不得违背公序良俗。"
❷ 如英格兰和威尔士《刑法法案》第14条第2款规定："根据英格兰和威尔士的法律，取消助诉及包揽诉讼的刑事和民事责任，不影响该法律中关于合同被视为违反公共政策或在其他方面非法的任何规定。"如澳大利亚南威尔士州《助诉、包揽诉讼废除法案》以及《维多利亚错误法案》均规定：立法的废除不影响任何关于合同被视为违反公共政策或非法的法律规则。
❸ Andrew Evans & Nicholas Thompsell, Funding Litigation: The Good, the Bad and the Ugly, https://www.fieldfisher.com, last visited at 2020-08-02.

正义的目的"的附加特征,就予以支持。第三方诉讼资助不再被视为"正义的恶",而是"改变现状、重新安排经济与政治格局、实现社会变革的工具"。❶ 第三方诉讼资助的社会效用开始得到承认。第三方诉讼资助促进接近正义、防止滥诉和提高诉讼效率的功能,表明了其原则上不违反公序良俗,但我们需要通过新的举措防范第三方诉讼资助潜在的不利后果。我国在构建第三方诉讼资助制度规则时,对以上可能违反公序良俗的内容应该进行规制。

二、不违反我国程序性法律规范

我国法律并不禁止案外人代为支付诉讼费、律师费和其他法律费用。实务中,法院也不会审查当事人所交纳费用的来源,亦没有法院拒绝或禁止非当事人代交诉讼费的先例。第三方诉讼资助协议的程序性条款中容易引发争议的有:诉讼程序管理权条款、资助终止权条款和程序控制权条款。

首先,从实务的角度出发,给予资助者一定的诉讼管理权和有限制的资助终止权是有必要且有益的。诉讼管理权可以督促律师提高办案效率,避免诉讼的拖延,实现纠纷的快速解决。而资助终止权就像悬在当事人头上的"达摩克利斯之剑"一样,促使当事人遵照资助协议约定谨慎行事,积极推进案件的处理。但不受限制的诉讼管理权和资助终止权,对当事人乃至整个诉讼程序而言将是一场灾难。不受限制的诉讼管理权和资助终止权,意

---

❶ Jason Lyon, Revolution in Progress: Third-Party Funding of American Litigation, *UCLA Law Review*, Vol. 58: 5, 2010, p. 587.

味着当事人和律师要完全听命于资助者，否则资助者就以终止资助相威胁。不受限制的诉讼管理权和资助终止权，使得当事人和律师沦为了资助者的傀儡，诉讼程序成为资助者牟利的场域，违背了诉讼解决纠纷的目的。域外对资助者的诉讼程序管理权和资助终止权进行了限制。英格兰和威尔士的《诉讼资助者行为守则》要求资助者不得控制诉讼程序，资助协议中必须明确资助者可以终止资助的情形。美国律师《专业行为示范规则》（Model Rule of Professional Conduct）第5.4（c）条规定："律师在为他人提供法律服务，不得允许推荐、雇佣律师或向律师支付报酬的人影响律师在提供法律服务时的专业判断。"

其次，我国《民事诉讼法》禁止非当事人控制诉讼程序。这一点可以从我国当事人与诉讼代理人的关系中体现。我国《民事诉讼法》第62条❶和《最高人民法院关于适用〈中华人民共和国民事诉讼法〉的解释》（以下简称《民事诉讼法司法解释》）第89条规定❷，诉讼代理人代表当事人代为提起诉讼、进行和解、变更放弃诉讼请求的，提出反诉或者提起上诉，必须有当事人的授权委托书，即获得当事人的同意。授权委托书对被委托事项要具体和明确，仅写"全权代理"的，诉讼代理人除了可以提起诉讼，不得为以上列举的其他事项。法律禁止非当事人控制诉讼程序的原因在于，民事诉讼的当事人作为诉讼主体享有处分

---

❶ 《民事诉讼法》第59条第2款规定："……诉讼代理人代为承认、放弃、变更诉讼请求，进行和解，提起反诉或者上诉，必须有委托人的特别授权。"

❷ 《民事诉讼法司法解释》第89条第1款规定："当事人向人民法院提交的授权委托书，应当在开庭审理前送交人民法院。授权委托书仅写有'全权代理'而无具体授权的，诉讼代理人无权代为承认、放弃、变更诉讼请求，进行和解，提出反诉或者提起上诉。"

权，当事人可以对其实体性权利和程序性权利在法律允许的范围内自由处分。❶ 处分权是当事人作为权利主的要求和程序主体地位的体现，意味着当事人对自己民事权利和诉讼权利有管理和处置的自由。❷ 非当事人控制诉讼程序、限制当事人诉讼选择权的，其法律行为无效。这一观点在"上海市弘正律师事务所诉中国船舶及海洋工程设计研究院服务合同纠纷"一案中得以体现。❸ 该案中，法院判决认为，律师与当事人签订的限制当事人进行和解、调解的协议无效。❹

最后，我国可以通过禁止资助者控制诉讼程序，确保第三方资助协议的程序合法性。关于资助者是否可以控制诉讼程序，有三种做法：一种是以澳大利亚为代表的允许控制型。澳大利亚法院认为：既然资助者要承担诉讼风险，那么资助者想对诉讼进行控制就不足为奇。第二种是以我国香港为代表的禁止控制型。香港《第三者诉讼资助守则》第2.9条规定：资助协议需清楚列明，资助者不会寻求影响被资助者及其代理人，不会采取任何可

---

❶ 李浩：《民事程序选择权：法理分析与制度完善》，载《中国法学》2007第6期。
❷ 何文燕、曾琼：《论民事诉讼当事人的处分权：人权保障的另一视角》，载《湘潭大学学报（哲学社会科学版）》2006第1期。
❸ 该案中，原被告双方签订了风险代理协议，约定由原告为被告提供法律服务，在胜诉的情况下收取胜诉金额15%的法律费。被告如有接受调解、和解及终止代理等情形，需与原告协商一致，否则，按照约定律师代理费的数额补偿原告经济损失。诉讼中，被告数次提出调解方案，均遭代理律师拒绝。后被告在律师不知情的情况下，与对方达成调解。原被告因律师代理费收取问题诉讼至法院。
❹ 最高人民法院：《最高人民法院公报》2009年第12期。法院指出："当事人在诉讼过程中自愿接受调解、和解，是对自身权益的处分，是当事人依法享有的诉讼权利……上诉人弘正律师所为获取自身利益最大化的可能而限制被上诉人船舶设计院进行调解、和解，加重了当事人的诉讼风险，侵犯了委托人在诉讼中的自主处分权，不利于促进社会和谐，违反了社会公共利益。根据《中华人民共和国合同法》第52条的规定，损害社会公共利益，合同无效。"

能导致代理人违反专业职责的步骤。第三种是以英国为代表的中间型。英国《诉讼资助者协会规则》对于资助者控制诉讼程序这一问题,没有作出明确回应,只是在第 11.1 条中规定,资助协议应说明资助者或资助者子公司或关联实体是否可以以及如何为资助者的和解决策提供意见。为了确保第三方诉讼资助协议符合我国法律规定,我国在构建第三方诉讼资助制度时,可以借鉴我国香港地区的相关规则,禁止资助者控制诉讼程序,确保当事人自由处分权的行使。

综上,第三方诉讼资助协议中容易引发争议的条款,均可以在立法时加以规制,既可以使其符合我国民事诉讼法及相关司法解释的规定,又能使第三方诉讼资助行为和第三方诉讼资助协议内容与我国程序法具有相容性。

第三节 与我国法律金融市场相匹配

一、我国高度职业化的法律服务市场

第三方诉讼资助制度的生成和发展,离不开高度职业化的法律服务市场。律师在第三方诉讼资助制度形成发展过程中发挥了重要作用。第三方诉讼资助制度在澳大利亚诞生之初,遭遇了其可能引发律师利益冲突、损害当事人权益的质疑。但改革者认为,第三方诉讼资助中有律师参与,律师作为当事人的法定代理人对当事人有信托义务、对法院有忠实义务,律师可以成为防止第三方诉讼资助者损害当事人权利的屏障,可以成为防止第三方

诉讼资助者扰乱诉讼秩序的绝缘体。由此可见，律师在第三方诉讼资助中的重要作用。我国律师职业化程度的不断提高，为第三方资助制度的发展奠定了基础。我国律师职业化程度的不断提高，体现在以下三个方面：

首先，随着时代的发展，我国的律师行业发展规模已趋于稳定。根据司法部的统计，截至2020年年底，全国共有律师事务所3.4万多家，全国共有执业律师52.2万多人。❶ 根据司法部发布《全面深化司法行政改革纲要（2018—2022年）》预估，到2022年我国律师总数将达到62万人，届时平均每万人拥有律师数将达到4.2名。❷ 尽管体量不等于质量，但我国律师事务所规模及律师人数总量保证了法律服务市场的基本需求能够得到满足。

其次，我国律师行业朝着多元化、专业化、规模化方向不断纵深推进。从2005年开始，我国上海等地区开始倡导专业化。我国已经在刑事、民商、涉税、婚姻家庭、诉讼投资等领域形成了专业的律师事务所。❸ 律师文化程度不断提高。从律师学历来看，本科及以上高学历人才占主导地位，而低学历律师人群比例有限。从业律师中有本科学历的约38.59万人，占全部律师人数的74.07%，有硕士以上学历的律师约11.2万人，占全部律师人数的21.5%。律师文化程度的不断提高，为其职业化发展提供

---

❶ 参见司法部：《2020年度律师、基层法律服务工作统计分析》（2020年6月22日）。
❷ 参见司法部：《全面深化司法行政改革纲要（2018—2022年）》（2019年1月29日）。
❸ 前瞻经济学人："十张图了解2020年中国律师事务所行业市场现状与发展前景预测　律所规模平稳发展"，https://baijiahao.baidu.com/s?id=1686759137492944578&wfr=spider&for=pc，最后访问时间：2021年3月15日。

了基本保障。

最后,我国律师市场不断对外开放。随着经济建设的推进,涉外法律服务需求的不断增加,全国各地进行了律师制度改革。如 2019 年海南颁布了《海南经济特区律师条例》,允许我国香港、澳门特别行政区,以及国外的律师事务所入驻海南,设立代表机构。以上代表机构可以依照规定,从事部分涉及海南经济特区的商事非诉讼业务。截至 2019 年年底,已有来自 23 个国家和地区的律师事务所在华设立 303 家代表机构。❶ 涉外律师事务所在华设立代表机构和合作经营的方式,可以为我国带来先进的第三方资助制度经验。

二、我国日渐繁荣的诉讼资助市场

第三方诉讼资助制度在我国落地生根离不开法律资本市场的支撑。当前,我国法律资本市场已经崛起,并呈现繁荣的景象。法律资本渗透法律信息服务、信息平台交易撮合、代理交易、法律法规速查与使用工具、第三方资助等领域。

目前,我国第三方诉讼资助市场已经初具规模。自 2015 年开始,我国开始出现以诉讼资助为业务的公司,如帮瀛网络科技(北京)股份有限公司、赢火虫信息科技(上海)有限公司等。这些公司通过借鉴国外诉讼资助的模式,在国内创新性地提出了"法律金融"的概念,将金融创新与法律服务场景相结合,并取得了初步的发展。2016 年我国出现了首支诉讼资助基金——多

---

❶ 参见司法部:《2019 年度律师、基层法律服务工作统计分析》(2020 年 6 月 22 日)。截至 2019 年年底,已有来自 23 个国家和地区的律师事务所在华设立 303 家代表机构。

盟诉讼融投基金，该基金专门为企业提供诉讼资助服务，解决企业间纠纷，为资金困难的公司高管等提供诉讼费用支持。[1] 2018年多盟诉讼融投基金发布了《多盟诉讼资助白皮书》，标志着我国诉讼资助行业从无到有、从不规范逐步向规范化发展。我国诉讼资助已经形成了一套体系化的资助业务流程，并且相关机构研发了相关数据产品作为技术支撑。以赢火虫诉讼投资平台为例，其核心产品已经覆盖了诉讼资助的全部流程，如图4.2所示。

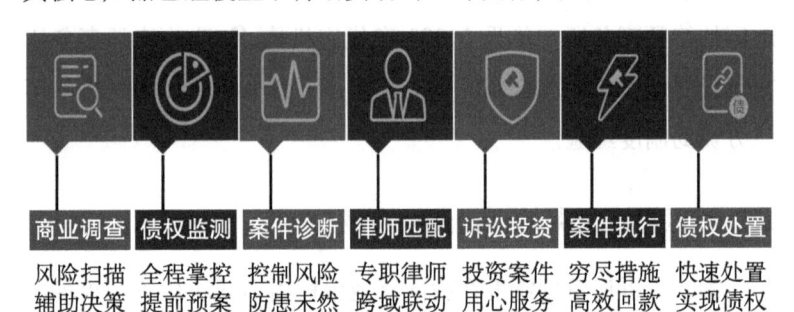

图4.2：赢火虫产品手册中对诉讼资助核心产品的介绍

商业调查	债权监测	案件诊断	律师匹配	诉讼投资	案件执行	债权处置
风险扫描 辅助决策	全程掌控 提前预案	控制风险 防患未然	专职律师 跨域联动	投资案件 用心服务	穷尽措施 高效回款	快速处置 实现债权

我国诉讼资助者资助案件类型丰富。我国诉讼资助者先后资助了诸多标的额高、社会影响力大的案件，如多盟诉讼资助公司先后资助了案值2.8亿元的华联股权转让纠纷再审案、案值2.5亿元的武汉商职医院股权纠纷再审案等；截至2022年12月鼎颂商事争议解决支持平台资助案件数量达830件以上，资助案件标的总额超过100亿元。我国第三方诉讼资助者资助的案件类型丰富，涵盖了知识产权侵权、环境侵权、股东出资、股权转让、破产重整、房屋买卖、建设工程施工合同等不同类型，如表4.1所示。

---

[1] 参见"多盟诉讼融资网"，http://www.lawsuitfund.net/index.php/culture.html，最后访问时间：2021年3月19日。

表 4.1：我国第三方诉讼资助案例类型和内容

案件类型	典型案件内容
商标侵权	在湖北省高级人民法院审理的"咸宁麻塘风湿病医院诉镇济堂风湿病专科医院商标侵权纠纷"一案中，❶ 针对咸宁镇济堂风湿病专科医院侵犯咸宁麻塘风湿病医院注册商标专用权及不正当竞争的行为，多盟诉讼基金资助原告提起诉讼，原告胜诉后获得赔偿 70 万元
专利侵权	在最高人民法院知识产权法庭审理的"敦骏诉腾达专利侵权"一案中❷，针对腾达制造和销售多款企业级路由器产品、侵犯敦骏方法专利的行为，帮瀛网络科技（北京）股份有限公司资助敦骏提起诉讼，原告胜诉后获得赔偿 500 万元
环境侵权	在"某煤炭企业损害草原植被、污染环境"一案中，深圳律石资本有限公司资助当地牧民提起环境侵权诉讼，要求污染企业修复被损害的生态环境，赔偿牧民经济损失，取得了良好的社会效果，诉讼资助的社会价值得以彰显❸
债务重组、破产重整	在"某矿业集团企业破产重整"一案中，深圳律石资本有限公司安排重组专家团队介入，为该矿业集团提供破产重整方案，并根据最高法的相关规定，为破产企业垫付需要支付给破产管理人的报酬费用，促成重整计划通过各类债权人表决并执行❹
股东出资	在"上海某公司破产清算"一案中，针对股东认缴出资 5000 万元但未实缴出资的情况，为安法律金融资助破产管理人代表该公司提起诉讼要求其履行出资义务，后案件胜诉，维护了公司及其债权人利益❺

---

❶ （2018）鄂民终 456 号。
❷ （2019）最高法知民终 725 号。
❸ 律石资本："资助应用案例"，http://www.litigationfunding.cn/Scenarios，最后访问时间：2020 年 11 月 10 日。
❹ 金融界：《律石资本诉讼服务之四：破产重整企业诉讼支持》，https://baijiahao.baidu.com/s?id=1642257278859319632&wfr=spider&for=pc，最后访问时间：2021 年 3 月 21 日。
❺ 为安法律金融："案件中心"，http://www.weand.com.cn/html/1//152/158.html，最后访问时间：2020 年 11 月 10 日。

续表

案件类型	典型案件内容
股权转让	在"某金融服务公司未按约定退还王女士股权转让价款2450万元"一案中,为安法律金融为王女士支付诉讼费17万元、保单费8万元,案件胜诉,王女士获得退还转让款❶
建设工程施工	在"某钢铁公司拖延支付建筑公司工程款"一案中,为安法律金融资助建筑公司鉴定费40万元,案件胜诉,建筑公司获得赔偿❷
房屋买卖	在"某开发商房屋逾期交房损害业主利益"一案中,鼎颂商事争议解决支持平台资助诸多业主提起房屋买卖合同诉讼纠纷,业主诉讼请求得到法院支持❸
强制执行	在"某建筑公司败诉不履行合同货款400万元"一案中,赢火虫诉讼服务平台通过大数据排查,发现作为被告的某建筑公司,有正在施工的工程项目,且近期有工程款项即将到账。资助者将此执行信息提交法院,胜诉当事人顺利得到货款

我国诉讼资助者资助的案件中,不乏社会影响力的案件。如多盟诉讼融投基金资助的"咸宁麻塘风湿病医院诉镇济堂风湿病专科医院商标侵权纠纷"一案,入选湖北省高级人民法院2018年知识产权白皮书十大经典案例;❹ 帮瀛网络科技(北京)股份有限公司资助的"敦骏诉腾达专利侵权"一案,入选《最高人

---

❶ 为安法律金融:"案件中心",http://www.weand.com.cn/html/1//152/158.html,最后访问时间:2020年11月10日。

❷ 为安法律金融:"案件中心",http://www.weand.com.cn/html/1//152/158.html,最后访问时间:2020年11月10日。

❸ 鼎颂官网:"投资案例":http://www.dslegalcapital.com/investmentcase/info.aspx?itemid=20,最后访问时间:2021年3月22日。

❹ 该案中虽然一审法院认定被告的行为构成侵权并判令其赔偿经济损失,但二审经审查认为,被告系重复侵权,侵权恶意明显,应加大打击力度,遂将赔偿数额从第一次侵权时的20万元大幅提升至70万元,显著提高了侵权违法成本,充分保障了权利人合法权益。

民法院知识产权法庭裁判要旨（2020）》。[1] 以上案例积极响应了习近平总书记"全面加强知识产权保护工作，激发创新活力推动构建新发展格局"的精神，对促进全社会尊重和保护知识产权，激励创新、规范市场具有积极意义。

---

[1] 该案体现了"依据侵权获利确定损害赔偿数额中的证明责任问题"的裁判规则：即在侵害专利权纠纷案件中，权利人已尽其所能就侵权损害赔偿积极举证，且基于其所提交的证据可以合理推算出侵权获利，能够支持其所主张的赔偿数额的，人民法院应当予以支持；被诉侵权人主张该数额不应得到支持的，应当提交足以推翻前述侵权获利事实认定的反证，并证明其实际侵权获利情况。

第五章
第三方诉讼资助制度本土化的构建方案

第一节 第三方诉讼资助制度构建的基础逻辑

一、第三方诉讼资助制度的本土定位

(一) 作为一种诉讼费用分担补充机制

第三方诉讼资助使受资助当事人在评估是否提起诉讼时,不再受自身财务状况的影响。在这个层面上,第三方诉讼资助制度作为一种诉讼费用分担机制存在。

但值得注意的是,第三方诉讼资助制度的出现并非要取代司法救助和法律援助,三者在受众基础方面和角色定位方面存在一定差异。司法救助和法律援助旨在解决贫困弱势当事人诉讼费用分担问题,第三方诉讼资助旨在解决被司法救助和法律援

助排除在外的法人、非法人组织及中等收入群体诉讼费用分担问题。司法救助和法律援助在实践中更倾向于涉及家庭伦理人权保障的案件，如家事诉讼、刑事诉讼等，而第三方诉讼资助在实践中更关注案件的商业和经济价值。这也是在已经有司法救助和法律援助情况下，仍需构建第三方诉讼资助的重要原因之一。

第三方诉讼资助作为一种诉讼费用分担补充机制，其与司法救助、法律援助等形成多元化成本分担体系。多元化成本分担体系的形成，一方面可以满足人民群众接近司法的需求；在纠纷发生后，当事人可以根据自己的实际情况选择采用哪一种诉讼费用分担机制，赋予当事人广泛的自由选择权；另一方面，第三方诉讼资助可以分流司法救助和法律援助中的部分当事人，缓解法院和司法行政机关在资格审查、服务提供方面的压力，减轻国家的财政负担。司法救助、法律援助和第三方诉讼资助制度互相配合，更有利于推动我国司法制度的良好发展。

（二）作为一种诉讼经济风险转移补充机制

第三方诉讼资助制度将被资助当事人的全部或者部分诉讼经济风险转移给资助者。受资助当事人在不用支付法律费用和其他费用的情况下即可提起诉讼，而且在败诉时也不用支付资助者的投资。从这个层面上讲，第三方诉讼资助是一种诉讼风险转移补充机制。

但第三方诉讼资助制度的构建，并不意味着律师风险代理制度和诉讼保险制度的构建和完善就无必要。第三方诉讼资助制度和律师风险代理、诉讼保险并不是非此即彼的关系，三者协同发展，形成多元化的风险转移体系，更有助于当事人接近正义。在第三方诉讼资助案件中，资助者和被资助者之间绝大部分的利益分歧源于诉讼风险几乎由资助者一人承担。诉讼持续时间越长，诉讼风险就越高，尤其随着沉没成本的上升，对方当事人为了强化自己的地位可能采取更为激烈的对抗方式。资助者有将其风险分散出去的动机。律师风险代理和诉讼费用保险提供了这样的契机。在司法实践中，律师事务所、保险公司与资助者之间形成了共担风险的战略联盟合作关系。与各自为政、单独行动相比，战略联盟能够为各方带来更大的利益。联盟主体之间进行产品的交换、资源的整合、技术的转让，相互提供服务。

资助者通过与律师签订风险代理合同的方式，将败诉后支付律师费用的风险转移给律师。律师考虑到诉讼资助者在决定资助之前对案件进行了严格的审查，且资助者只会资助胜诉率高的案件，故认为风险代理的"风险"并不大从而愿意接受。资助者也通过与保险公司签订诉讼保险合同的方式，将败诉后承担费用的风险以及诉讼期间法院要求其提供费用担保的风险转移至保险公司。保险公司同样因为资助者的事前审查而愿意承保。

对当事人而言，第三方诉讼资助制度有助于弥补律师风险代理和诉讼费用保险存在的不足；对第三方诉讼资助者而言，律师风险代理和诉讼费用保险又可以帮助其分担诉讼风险；对提供风险代理的律师和承保诉讼费用的保险公司而言，第三方诉讼资助的存在提高了其产品和服务被使用的频率，可谓"三赢"。有人担心，律师风险代理服务和诉讼保险产品的购买，会增加资助者的成本，因而降低被资助者的收益。但其实并非如此，资助者因为与律师事务所、保险公司具有长期业务来往和合作关系，其购买的成本通常比当事人自行购买更加低廉。

二、第三方诉讼资助制度的构建路径

鉴于第三方诉讼资助制度是作为一种诉讼费用分担补充机制和诉讼风险转移补充机制存在的，在构建第三方诉讼资助制度方面可以参照这两种机制下的司法救助、律师风险代理、法律援助和诉讼保险的立法模式。❶

首先，我国可以在《民事诉讼法》第 11 章第 121 条中，作出允许第三方诉讼资助的原则性规定。我国《民事诉讼法》第 11 章第 121 条系关于诉讼费问题的规定。❷ 可以在该条文中增加以下内容："部分民事案件中，当事人使用第三方诉讼资助，由资助者交纳诉讼费的，人民法院应该准许"。因为帮助当事人交纳诉讼费是第三方诉讼资助制度中必不可少的内容，因此在诉讼费中作出此规定，相当于承认了民事诉讼中第三方资助的合法性。

其次，可以通过单独制定"第三方诉讼资助条例"的方式，对第三方诉讼资助中的具体问题作出详细规定。第三方诉讼资助作为一种诉讼风险转移补充机制，其与律师风险代理具有共通之处，在制定"第三方诉讼资助条例"时，一方面可以参照《律师服务收费管理办法》。《律师服务收费管理办法》中对风险代理合法化、禁止风险代理的情形，以及实行风险代理收费要签订

---

❶ 之所以不建议采用法律援助的立法模式，是因为我国的法律援助制度不仅可以适用在民事诉讼法领域，还可以适用在刑事诉讼法领域，仅民事诉讼法领域中的法律援助就散见在各个部门法当中，现行立法中关于民事诉讼法律援助的规定有《中华人民共和国法律援助条例》《关于民事法律援助工作若干问题的联合通知》《关于完善法律援助制度的意见》《关于律师开展法律援助工作的意见》等。

❷ 《民事诉讼法》第 121 条规定：当事人进行民事诉讼，应当按照规定交纳案件受理费。财产案件除交纳案件受理费外，并按照规定交纳其他诉讼费用。当事人交纳诉讼费用确有困难的，可以按照规定向人民法院申请缓交、减交或者免交。收取诉讼费用的办法另行制定。

合同、约定双方应承担的风险责任、收费方式、收费数额或比例作出了详细规定。对应到第三方诉讼资助中，即为第三方诉讼资助的合法性、禁止诉讼资助的情形，以及实行诉讼资助要签订合同、约定双方应承担的风险责任、收费方式、收费数额或比例等。另一方面可以参照先进的立法经验。如我国香港《2017年仲裁及调解法例（第三者资助）（修订）条例》中分六部分规定了第三者资助仲裁的目的、相关概念的释义、第三方资助仲裁不受个别普通法罪行或者侵权法禁止、实务守则、其他措施及保障、杂项条文等。

最后，在司法解释、《律师执业管理办法》和《律师事务所管理办法》等中增加对审判人员、其他法定人员以及律师的规范。第三方诉讼资助除需要规范资助者、被资助者外，还需要规范审判人员、律师、律师事务所等主体的行为。因此，应在《民事诉讼法司法解释》回避条款中将第三方诉讼资助者与审判人员、其他法定人员的关系，作为申请回避或者主动回避的事由。在《律师执业管理办法》和《律师事务所管理办法》中增加律师、律师事务所在第三方诉讼资助案件中的执业行为守则。新加坡在2017年《民法（第三方资助）条例》❶颁布后，很快修订出台了2017年《法律职业（专业行为）（修订）规则》❷，新加坡律师协会发布《新加坡律师协会第三方资助指引10.1.1》❸ 对第三方诉讼资助中律师、律所的行为予以了规制，值得我们借鉴。

综上，笔者认为我国第三方诉讼资助制度的构建，可以在

---

❶ Civil Law Act (Chapter 43), Civil Law (Third – Party Funding) Regulations 2017.
❷ Legal Profession (Professional Conduct) (Amendment) Rules 2017.
❸ Law Society of Singapore, Guidance Note 10.1.1 Third – Party Funding (2017).

《民事诉讼法》第 121 条作出原则性规定后,通过制定"第三方诉讼资助条例"的形式对第三方诉讼资助中的实体问题作出规定,在《民事诉讼法司法解释》《律师执业管理办法》《律师事务所管理办法》等中对第三方诉讼资助中的程序性问题、利益冲突问题作出规定。

第二节 第三方诉讼资助制度的实体性规则

一、资本充足率规则

第三方诉讼资助中令人担心的情况是,资助者没有足够的资金为已经资助且提起诉讼的案件支付后续的费用。[1] 出现这一问题可能是资助者现金流出现了问题,也可能是资助者盲目扩张所致。

(一)构建资本充足率规则的必要性

第三方诉讼资助者的资本充足程度,指的是资助者的资本与资产的比率,即银行现金存款与各项资助安排的比例。设立第三方诉讼资助者资本的充足率规则是必要的。因为作为被资助者,其无法知晓第三方诉讼资助者是否有能力履行资助协议下的费用支付义务,无法知晓资助者还进行了哪些投资,这些投资是否超过了资助者的负担能力。资助者资本的充足率可以为被资助者提供重要保障。

设立第三方诉讼资助者的资本充足率规则之所以必要,是因

---

[1] Aren Goldsmith, Third–Party Funding in International Dispute Resolution, *International Law Practiun*, Vol. 25: 2, 2012.

为资助者资金匮乏所带来较大的负面影响：首先，影响被资助当事人的利益。在案件进行至一半时，资助者无力支付接下来的鉴定费用、律师费用、诉讼费等，将严重影响案件的推进，导致被资助当事人面临撤诉或者败诉的风险，违背了被资助当事人寻求资助的目的，影响被资助当事人有价值诉讼债权的实现。其次，影响对方当事人的权益。在被资助当事人通常是案件原告的情况下，对方当事人作为被告是被动加入诉讼的。其为了应付诉讼可能耗费了巨大的人力、物力、财力，做好了将诉讼进行到底的准备，但案件进行至一半遇到撤诉将使前期努力白费，后期可能还需要再次花费精力解决纠纷。即便是在被资助当事人败诉的情况下，如果被资助当事人是因为资金匮乏而起诉的，对方当事人也无法实现自己的胜诉利益。最后，浪费司法资源、降低诉讼效率。从司法资源和诉讼效率来说，完美的结果是纠纷一次性得到解决。被资助当事人可能因无法接受撤诉或败诉结果，事后重新提起诉讼或者上诉，这对司法资源来说是极大的浪费，尤其是在现在诉讼数量爆炸的年代，法院本已承担了巨大的案件压力。

（二）域外关于资本充足率的代表性规定

澳大利亚《诉讼资助条例2020》规定：从2020年8月22日起，诉讼资助计划的经营者通常需要持有澳大利亚金融服务许可证，每个诉讼资助计划都需要按照"受管理投资计划"要求进行注册……但这些变化不适用于2020年8月22日之前订立的诉讼资助协议，不适用于破产诉讼和涉及单一原告诉讼中的诉讼资助者。[1] 根据澳大利亚金融服务许可证申请要求，诉讼资助者要

---

[1] Explanatory Statement Issued by Authority of the Treasurer Corporations Act.

想取得许可证必须是一家上市公司、必须持有足够金额的专业赔偿保险和至少 15 万美元的净有形资产。而注册为管理投资计划的 AFSL 持有人还需要：拥有净资产并具有偿付能力；有足够的现金资源来支付未来 3 个月的费用以及足够的应急费用；具有可能超过 1000 万美元的"有形资产净值"；每年或应证券及投资监管委员会的要求，审核是否符合这些要求。金融服务许可证持有人必须根据澳大利亚 2001 年《公司法》第 912A（1）节的规定履行以下义务，[1] 其中就包括：采取一切必要措施，确保许可证所涵盖金融服务的提供是有效、诚实和公平的；保持提供这些金融服务的能力。澳大利亚生产力委员会、维多利亚法律改革委员会、律师协会等是要求第三方诉讼资助者持有金融服务许可证的呼吁者。[2] 澳大利亚生产力委员会认为：金融服务许可证监管可以确保诉讼资助者持有与其财务义务相关的充足资本，并适当告知客户相关义务，形成管理风险和利益冲突的系统。[3] 澳大利亚法律改革委员会认为，金融许可证的持有要求将有助于保护被资

---

[1] Corporations Act 2001 (Cth) 912A (1). 金融服务许可证持有人应履行以下义务：首先，采取一切必要措施，确保许可证所涵盖金融服务的提供是有效、诚实和公平的；有适当的制度安排，以管理提供金融服务时可能出现的全部或部分利益冲突；遵循持有许可证应具备的条件；采取必要的步骤确保金融服务代表遵循了金融服务法律的规定；拥有足够的财务、技术和人力资源以提供许可证涵盖的金融服务并进行监管安排；保持提供这些金融服务的能力；确保其代表接受过充分的培训并且有能力提供金融服务；如果这些金融服务是向零售客户或个人提供的，该金融机构除非是 APRA 的监管机构，否则要有适当的风险管理系统和遵守为本段目的而制定条例的其他义务。

[2] Victorian Law Reform Commission, Access to Justice—Litigation Funding and Group Proceedings Report (March 2010), pp. 17 – 19. Australian Bar Association, Victorian Law Reform Commission, *Access to Justice—Litigation Funding and Group Proceedings Report*, Submission 69.

[3] Productivity Commission 2014, Access to Justice Arrangements, Inquiry Report NO. 72, Vol. 2, p. 633.

助当事人以及诉讼的其他当事人，因为他们依赖资助者的资金支持来履行资助者在诉讼期间作出的承诺。[1]

英国第三方诉讼资助协会要求其协会成员必须始终保持获得充足财政资源的渠道，以履行资助者的义务。资助者子公司和关联实体为其同意出资的所有争议提供资金，特别是要确保做到以下几点。首先，必须保持偿还所有到期债务的能力，可以支付所有诉讼资助者至少36个月的总筹资负债。其次，需保持至少500万英镑的资本或协会规定的其他金额。再次，接受有关其资本充足性的持续披露义务，包括特定的如资助者合理地认为其在准则下关于资本充足性的陈述，若因情况变化而不再有效，则有义务及时通知协会和被资助者。最后，承诺每年由公认的国家或国际审计公司对其进行审计，同时向协会提供：在收到审计意见后的一个月内，以及在任何情况下在每个会计年度结束后的六个月内，审计事务所对资助者或资助者的子公司的最新年度财务报表（但不是基础财务报表）给出的审计意见的副本，或者如果资助者是关联实体的投资顾问，由审计事务所对关联实体给出的审计意见（但不是基础财务报表）。如果所提供的审计意见是有保留的（除了与相关诉讼资助投资估值的不确定性有关的任何强调事项），或对公司继续经营的能力表示任何疑问，协会有权进一步调查所表示的保留意见，并采取其认为适当的任何进一步行动；和合格第三方（最好是审计员）提供的合理凭据，以证明资助者或其子公司或关联实体满足年度投资时的最低资本要求；遵守本协会日后修订的其他资本充足性要求。

---

[1] Australian Law Reform Commission, Inquiry into Class Action Proceedings and Third Party Litigation Funders Discussion Paper, June 2018, p. 43.

此外，新加坡《民法（第三方资助）规则2017》❶ 对仲裁资助者提出了资本充足率的要求，这一要求可以为诉讼资助者资本充足率的设定提供一定的参考。

（三）我国资本充足率规则的确定

第三方诉讼资助发达的国家和地区，均对资助者设立了固定资本的要求。只是在设立方式和金额上有所不同。我国香港地区《第三者资助仲裁实务守则》也作了相关规定。❷ 我国构建第三

---

❶ Civil Law (Third – Party Funding) Regulations 2017, Article 4 Qualifications for "Qualifying Third Party Funder". 新加坡《民法（第三方资助）规则2017》规定一个符合条件的第三方诉讼资助者必须满足以下要件：①第三方资助者在新加坡或其他地方开展主资助业务，为其未参与的争议解决程序提供资金的，资助者的实缴股本不少于500万美元或等值外币，或不少于500万美元或等值外币的托管资产。②与第三方资助者相关的"托管资产"是指以下所有资产：由投资者授予第三方资助者可以自主决定订约、提取的资金和资产；投资者非全权委托予资助者，但与资助者签订合同的、资助者正在对其资金进行管理的款项或资产；承包给第三方资助者，但已分包给另一方且另一方正在进行管理的资金和资产。③就第2款而言，如款项及资产是第三方资助者与其投资者之间的基金管理合约下的标的物，则该款项及资产须订约承办予第三方资助者。

❷ 香港《第三者诉讼资助仲裁实务守则》第2.5条要求出资者必须：①确保本身持续有能力：(a) 在所有债项到期支付及需清缴支付该等债项；以及 (b) 在至少36个月期间承担根据其资助协议的所有总体出资债务；②拥有至少港币2000万元的可用资本；③向咨询机构提供以下其中一项：(a) 就出资第三者最近期的周年财务报表（但不需包括相关财务报表）作出的审计意见的文本，该文本须在收到有关意见的一个月内及任何情况下须在每个财政年度完结后的六个月内提交，或 (b) 由合资格的第三者（以核数师为佳，但第三者管理人或银行亦可）提供的合理证据，以证明出资第三者符合第2分段所列的最低资本要求；以及④根据每一份资助协议，接受就其资本充足程度有持续的披露责任，包括：(a) 如因情况有变，出资第三者相信其按实务守则的规定对受资助方就此资本充足程度作出的陈述不再有效，则出资第三者有特定责任及时通知受资助方；以及作出明确承诺，如果有关任何审计期的审计意见附带保留意见（不包括因相关争议解决资助投资估值方面的不确定性而强调的任何事宜），或该审计意见对出资第三者继续营运的能力提出质疑，则：(i) 该出资第三者会迅速将有关保留意见或者质疑告知受资助方；以及 (ii) 受资助方有权就有关保留意见或者疑问进一步查询及采取其通常认为的进一步行动。

方诉讼资助制度应采取哪种模式，资本额度控制在多少比较合适，是构建资本化要求需解决的问题。

第一，关于监管方式的选择，笔者认为应选择立法法令，即硬法监管的模式。澳大利亚、新加坡、中国香港通过立法法令的方式，英国通过诉讼资助者协会自我监管的方式设立了资本化要求。硬法监管的好处是容易执行，第三方诉讼资助者必须满足法律规定的要求，否则会遭受不利后果。如澳大利亚的资助者不满足资本额的要求，就无法获得金融服务许可证，没有金融服务许可证将导致其无法从事第三方资助业务；中国香港《仲裁条例》（第609章）规定，任何人没有遵守实务守则的，会仅因此在司法或者其他程序中被起诉，然而，在任何法院或者仲裁庭进行的程序中实务守则可接纳为证据，以及如有任何遵从或者没有遵从实务守则条文的事项，而该事项有关正由任何法院或仲裁庭决定的问题，则该法院或者仲裁庭可考虑该事项。❶

硬法监管的坏处是可能扼杀第三方诉讼资助产业的发展，尤其是在产业初期。硬性的规定以及较高的资本额将部分潜在资助者挡在门外，降低了市场的活力，减少了竞争。实际上，目前采用硬法监管的国家或地区，历史上采取的是轻触式监管或者不监管的政策。如澳大利亚，其第三方诉讼资助在20世纪90年代就已经兴起，但直到2020年才颁布立法要求资助者持有金融服务许可证。在法律出台之前，资助者处于法院个案监管的轻触式监管中。在个案监管模式下，澳大利亚法院试图确立严厉的监管政策，却一再被政府文件推翻。这方面经典的案例莫过于澳大利亚

---

❶ 香港《仲裁条例》（第609章）第98S条。

联邦法院审理的布鲁克菲尔德综合有限公司诉国际诉讼资助合伙人私人有限公司❶和国际诉讼合伙人私人有限公司诉变色龙矿业有限公司（任命的接管人和经理人）❷。以上两个案件中，法院分别作出了要求资助者持有金融服务许可证和信贷许可证的判决，但这两个判决很快因澳大利亚证券及投资监管委员会和政府出台的一系列文件的发布而失效，资助者得到豁免。这表明了政府不希望给予第三方诉讼资助过于严苛监管的态度。就像政府在解释性声明中指出的一样：法院的裁决将导致"受管理投资计划"系统实施对诉讼资助者及其与客户之间的资助计划提出的广泛要求，如注册、披露诉讼资助者与客户之间的协议等。政府支持集体诉讼和诉讼资助者，因为其可以为大量消费者提供诉诸司法的机会，否则他们可能难以解决纠纷。因此，政府的主要目标是确保消费者不会失去诉诸司法系统这一重要手段。澳大利亚法律委员会曾指出："诉讼资助在澳大利亚是一个新兴行业，为了获得司法救助，必须允许其发展和壮大。对诉讼资助的过度监管将抑制该行业的增长，并抑制降低这些服务成本所需的竞争力的发展。"❸ 也就是说，严苛的监管政策将束缚第三方诉讼资助产业发展的手脚，从而阻碍第三方诉讼资助在集体诉讼等大型诉讼中促进接近司法功能的实现。

自我监管即行业协会监管，其好处是更加灵活机动。首先，行业协会监管在规范第三方资助者的同时，不会限制产业的发

---

❶ Brookfield Multiplex Ltd *v.* International Litigation Funding Partners Pte Ltd，以下简称 Brookfield 案。
❷ International Litigation Partners Pte Ltd *v.* Chameleon Mining NL，以下简称 Chameleon 案。
❸ Law Council of Australia, *Regulation of Third Party Litigation Funding in Australia Position Paper*, June 2011, p. 4.

展。因为行业协会监管政策仅对要加入和已经加入的协会成员有效,不满足该资本额要求的资助者可以通过选择不加入的方式继续执业。这为尚在发展起步阶段的资助者留有一定的空间和余地,有助于促进市场的繁荣。其次,行业监管可以解决当下正式监管的缺乏。英格兰和威尔士之所以采取行业自愿监管模式,是当时各监管机构不愿承担监管职责情况下作出的最佳选择。2010年英国司法部发起了一项《第三方诉讼资助自我监管守则》(A Self-Regulatory Code for Third Party Funding,以下简称《守则》)❶ 咨询意见,由法律专业人士和诉讼资助者应邀考虑对第三方诉讼资助的监管问题。对第三方诉讼资助是继续维持现状,还是引入自律监管,或者引入正式监管制度? 其中引入正式监管制度被大多数资助者作为首选,但困难在于没有一家英国的监管机构愿意承担正式监管者的角色。而维持现状又会使得消费者和资助者均处于弱势,资助者容易遭到对方当事人以助诉及助诉获利为理由的攻击,消费者容易在资助者缺乏费用的情况下承担败诉费用。认识到监管的必要性,以及正式监管的复杂性,自我监管被确定为报告中的首选途径。

自我监管的坏处是难以实现全覆盖监管。英国诉讼资助者协会成员仅有十几名,数量远远低于市场的从业者数量,很多第三方资助者在《守则》之外"运作"。如何对没有进入协会的资助者进行有效监管,是当前英国面临的问题。尤其是在部分资助者

---

❶ Civil Justice Council, Consultation Paper on a Self-Regulatory Code for Third Party Funding Summary of Responses, p. 3. https://www.judiciary.uk/related-offices-and-bodies/advisory-bodies/cjc/archive/costs-funding-and-third-party-funding/third-party-funding-2/, last visited at 2025-01-19.

因为没有满足资本额要求无法加入的情况下，其带来的风险更大也更高。

我国目前宜采用立法法令监管的模式。原因在于：首先，从整体上看，我国的行业协会治理的制度环境仍然不够完善，行业协会治理的立法、执法与司法的实践监督水平尚待提高。❶ 其次，从行业上看，我国第三方诉讼资助者的基数比较小、发展水平参差不齐，对于发展初期的资助者来说其更希望政策是宽松的、操作上不受限制，因此指望其制定较高标准的行业监管政策不太现实。最后，从历史上看，即便是现在行业监管堪称典范的英国，立法监管也始终是其追求的目标，行业监管只是当下没有机构愿意承担监管职责的无奈之举。澳大利亚作为第三方资助的发源地，我国香港、新加坡作为第三方资助的后起之秀，三者在近年来不约而同采取了立法监管的模式，亦说明了立法监管是大趋势。

第二，关于资本额度问题。笔者认为，我国第三方诉讼资助者的资本额，应在结合我国市场上已有资助者的资本水平基础上，参照新加坡、我国香港的规定予以设置。第三方诉讼资助产业发达的国家和地区，对本区域执业的资助者设立了不同的资本额要求，即从1600万到6500万元人民币不等。其中，澳大利亚是1000万美元的"有形资产净值"，英国是500万英镑资本，新加坡是500万美元实缴股本，我国香港是2000万港元可用资本。

---

❶ 段传龙：《作为共治主体的行业协会发展研究》，西南政法大学2019年博士学位论文，第1页。

新加坡的相关经验值得借鉴。第一，因为同属于东亚地区，新加坡和我国在建设国际商事仲裁中心、国际商事法庭上，更多的是竞争关系。同水平资本额的设置，可以缩小各个方面的差距，不至于造成因为门槛过高出现资本难以进入我国的情况，也不至于因为门槛过低导致恶性竞争的局面。第二，新加坡第三方诉讼资助者的资本额度，基本上与我国市场上主要第三方诉讼资助者的注册资本额持平，如表 5.1 所示，可以涵盖我国现阶段的主要资助者，不至于将其排除在市场之外。综上，我国第三方诉讼资助者的资本额要求，可以控制在 1000 万至 2000 万元人民币。

表 5.1：我国市场上主要第三方资助者的注册资本额[1]

第三方资助者	注册资本额（万元）
深圳律石资本有限公司	500
深圳前海鼎颂法务创新集团有限责任公司	4525
赢火虫金融信息服务（上海）有限公司	1000
帮瀛网络科技（北京）股份有限公司	1349
为安法律金融	1293

综上，设立资本额度要求，对防止资助者没有足够的资金为其资助的案件提供支持是必要的，这有助于保护当事人、节约司法资源、提高司法效率。当前世界第三方诉讼资助发达的国家和地区主要采用立法法令监管和行业资源监管的模式，经比较研究，我国更适宜立法法令监督的模式，资本额可以设置在 1000

---

[1] 以上数据来源于企查查，最后查询日期：2021 年 4 月 9 日。

万至 2000 万元人民币。

二、资助案件范围规则

第三方诉讼资助制度适用范围的设定，涉及两方面的问题：一是第三方诉讼资助当事人的范围，二是第三方诉讼资助案件的范围。第一个问题旨在解决是否应对第三方诉讼资助的当事人范围有所限定，是只允许第三方诉讼资助者资助法人、非法人组织，还是允许其对自然人进行资助。第二个问题旨在解决是否应对第三方诉讼资助的案件范围进行限定，是允许第三方诉讼资助者资助全部类型的案件，还是有所限制。

（一）资助当事人类型范围

正如前文所述，尽管第三方诉讼资助制度具有普适性，但不同国家第三方诉讼资助者寻求的客户类型却不尽相同。澳大利亚和英国的资助者主要与公司原告打交道，绝大多数的投资都是在商业纠纷的背景下进行的，受资助的当事人要么是商业实体，要么是有经验的专业人士或商人。与澳大利亚、英国的诉讼资助不同，美国的诉讼资助已经发展到支持各种各样的案件和客户，诉讼资助对于个人和公司原告来说是常见的，人身伤害诉讼的原告经常寻求诉讼资助公司的帮助。

不同法域资助者寻求客户类型的不同，与当地诉讼资助公司的发展规模、战略定位，以及司法制度中是否允许律师风险代理、诉讼费用的高低等因素有关。但没有一个法域明确规定禁止资助某一类型的案件。并且，随着第三方诉讼资助产业竞争的加剧，以及保障个人原告权利法律的完善，为自然人较低价值的索赔提供资金是第三方诉讼资助行业的发展趋势。目前第三方诉讼资助的市场正在发生变化，第三方诉讼资助者尤其是一些新进入市场的资助者，越来越多地考虑为较小的债权提供资金。❶ 资助者侧重投资于股东诉讼和群体诉讼是第三方诉讼资助产业相对幼稚的产物，吸引资金事项的多样化趋势将继续下去。❷

从我国当前主要诉讼资助者公开的资助案例来看，诉讼资助者资助的当事人多以公司法人等商事主体为主，但也不乏作为民事主体的自然人。如鼎颂商事争议解决支持平台2018年共投资案例49件，其中44件当事人为公司、法人，涉及建设工程施工合同、外国裁决的执行、证券虚假陈述、公司专利纠纷、律所的代理纠纷等类型，剩余5件当事人为自然人，其中借款纠纷2件，合同纠纷3件。❸

综上，结合第三方诉讼资助的发展趋势，以及我国诉讼实践没有必要对被资助当事人的范围进行限定。比起当事人的身份，资助者在投资时更看重的是案件类型。当事人的身份与案件的类型价值存在一定的关联性。法人从事营业活动的属性，使得其更有可能卷入高额的经济纠纷中，成为被资助的对象。但随着社会的发展，在民间借贷、房屋买卖和租赁等合同中，自然人也有可能面临大额的索赔，成为被资助对象。

---

❶ IMF Bentham Limited, *Submission to the Victorian Law Reform Commission：Access to Justice—Litigation Funding and Group Proceedings*, 6 October 2017.
❷ Slater Gordon, *Submission to the Victorian Law Reform Commission, Access to Justice Litigation Funding and Group Proceeding*, 6 October 2017.
❸ 深圳前海鼎颂投资有限公司：《2018年鼎颂投决过会案件统计分析报告》，www.yunzhuan365.com/67547835.html，最后访问时间：2021年3月31日。

（二）资助案件类型范围

第三方诉讼资助制度可以适用于哪些案件，一方面是资助者市场选择的结果，另一方面是法律禁止性规定约束的结果。资助者的市场选择决定了哪些案件会受到资助，表明了这些案件对资助者而言是有盈利空间和投资吸引力的。法律的禁止性规定决定了哪些案件资助者不能进行资助，即使这些案件的当事人愿意接受资助，即使这些案件对资助者来说有盈利可能。

设置禁止性规定是必要的。设置禁止性规定可以防止第三方诉讼资助者为了获得经济利益，置公序良俗于不顾。这也是英美法系诸多法域，如英格兰和威尔士，澳大利亚的维多利亚州、新威尔士州，美国的纽约州、加利福尼亚州，以及新加坡等地，在废除第三方诉讼资助构成刑事犯罪和民事侵权规定的同时，保留了资助协议可能因为违反公共政策而无效的原因。以上国家和地区，虽没有通过立法的形式明确规定禁止第三方诉讼资助的案件范围，但通过法律保留的形式赋予了法院司法审查的权力。这与其不成文法和司法判例的传统有关。

禁止性规定的设置可以参照我国《律师服务收费管理办法》中关于律师风险代理的禁止性规定。可以参照的理由在于：首先，第三方诉讼资助和律师风险代理同为当事人诉讼风险转移的方式，具有同质性。其次，律师风险代理反映了我国立法者对公序良俗的关切，第三方诉讼资助参照其立法规定具有延续性。最后，之所以是参照而非照搬是因为第三方诉讼资助与律师风险代理在运行主体、运行模式以及诉讼中的作用存在差异，这些差异可以消除立法者对允许部分案件实行风险代理存在问题的担忧，部分禁止律师风险代理的案件可以允许第三方诉讼资助。结合我国《律师服务收费管理办法》的规定，笔者认为：

首先，在婚姻、家庭案件中，应禁止第三方诉讼资助。禁止的理由与禁止律师风险代理一致。家庭是社会的重要组成部分，婚姻、家庭诉讼案件除涉及个人利益外，还涉及社会和谐稳定、公共利益、秩序和社会风尚。以离婚诉讼为例，我国法律对离婚持谨慎的态度，《民法典》对当事人协议离婚设置离婚冷静期。离婚必须经过当事人的慎重考虑，因为婚姻的解除，除了涉及夫妻双方的意志自由，还牵涉妇女和儿童权益保护、家庭共有财产分割、社会和谐稳定等。在涉及民事财产关系的婚姻家庭案件中，允许第三方诉讼资助，不能排除资助者受利益驱动因素，积极怂恿当事人离婚，甚至干预法院的调解，以达成分割资产和收取回报的目的。在婚姻家庭案件中适用第三方诉讼资助，不利于维护家庭和睦、社会和谐，也与我国传统家庭观念相违背。

其次，禁止刑事诉讼案件中进行第三方诉讼资助。第三方诉讼资助者的投资回报来源于案件的标的额和执行额，刑罚经济价值的不可估算性以及刑罚执行的非经济性，使得第三方诉讼资助缺乏计费基础而难以适用。但刑事案件委托人对无罪或者从轻、减轻处罚的强烈追求，可能促使其与第三方诉讼资助者达成其他的费用收取约定。在刑事案件中，允许第三方诉讼资助，可能导致资助者出于经济动力，伙同辩护人一道毁灭证据、收买证人，从而干扰司法秩序、滋生司法腐败的风险。❶

---

❶ 王进喜：《风险代理收费：制度理论与在中国的实践》，载《中国司法》2005年第11期。

最后，在其他案件中应允许第三方诉讼资助。《律师服务收费管理办法》第 11 条禁止律师在请求社会保险待遇、请求支付劳动报酬等案件中进行风险代理。❶ 禁止以上案件中进行风险代理的目的在于保护弱势群体。❷ 但立法者忽略了一个重要问题，即对于那些无力支付律师费用但又需要律师服务的弱势群体来说，风险代理可能是其获得律师服务的唯一方式。法律援助申请的诸多限制，以及援助律师服务质量的参差不齐，难以满足当事人的需求，尤其是在请求抚恤金、工伤赔偿等需要证明劳动关系存在、伤残发生与工作内容有关的复杂案件中。当前为满足以上群体的法律服务需求，最为稳妥的方式是允许第三方诉讼资助，由资助者支付律师费用。而保护弱势群体的问题，可以通过对资助者的投资回报比例作出限制，或者交由法院审查比例的适当性来解决。《律师服务收费管理办法》第 12 条，禁止律师在行政诉讼、群体性诉讼等案件中实行风险代理收费。❸ 以上案件中，禁止律师风险代理的原因在于维护社会的和谐稳定。我国倡导通过"以和代争"的方式解决，能调解协商、和解结案的，就不要通过诉讼。有观点认为，如果允许在群体性诉

---

❶ 《律师服务收费管理办法》第 11 条规定："办理涉及财产关系的民事案件时，委托人被告知政府指导价后仍要求实行风险代理的，律师事务所可以实行风险代理收费，但下列情形除外：（一）婚姻、继承案件；（二）请求给予社会保险待遇或者最低生活保障待遇的；（三）请求给付赡养费、抚养费、扶养费、抚恤金、救济金、工伤赔偿的；（四）请求支付劳动报酬的等。"
❷ 梁尚秋：《浅议风险代理收费制度：以案件适用类型为视角》，载《知识经济》2016 年第 3 期。
❸ 《律师服务收费管理办法》第 12 条：禁止刑事诉讼案件、行政诉讼案件、国家赔偿案件以及群体性诉讼案件实行风险代理收费。

讼中实行风险代理，将激发律师参与的积极性，但部分律师为了自己的经济利益，可能鼓动当事人提起诉讼，导致法院案件数量激增。然而，这一担忧情形在第三方诉讼资助中出现的概率较小。与律师风险代理相比，资助者付出了更多的成本、承担了更大的风险，因此其在进行资助时更加谨慎。与律师"赢了就收取费用、输了也只是劳动报酬没有收回"不同，第三方诉讼资助者在案件中有实实在在的真金白银的投资，资助者收回成本和利润的诉求更加迫切，这使得其案件审查机制与律师风险代理相比更加严苛和完善。资本的逐利性，以及资助者败诉后承担败诉费用的可能性，足以防止资助者冲动地提起群体诉讼。第三方诉讼资助在集体诉讼中运行良好，例如澳大利亚禁止在集体诉讼中实行风险代理但允许诉讼资助，足以说明这一结论。

综上，第三方诉讼资助的案件范围设置，可以参照我国《律师服务收费管理办法》中关于禁止律师风险代理部分的规定，即婚姻、家庭案件以及刑事诉讼案件中禁止第三方诉讼资助。除此之外，应打破《律师服务收费管理办法》内容的局限，允许请求给予社会保险待遇或者最低生活保障待遇，请求给付赡养费、抚养费、扶养费、抚恤金、救济金、工伤赔偿，请求支付劳动报酬，以及群体性诉讼案件使用第三方诉讼资助。资助这类案件对促进当事人接近正义、化解纠纷矛盾、防止冲突升级具有积极的意义。

三、资助协议内容规则

第三方诉讼资助协议是资助者和被资助者展开合作、推进案件进程的基础协议，涉及双方权利义务的分配及纠纷的解决。一份内容不规范、权利义务设置不合理的资助协议，容易引发新的纠纷和冲突，造成"旧问题还未解决，新问题接踵而至"的尴尬局面。为此，第三方诉讼资助产业发达的国家和地区，均对资助协议应包含的条款及条款内容作出了规定，以规范资助者的行为，维护弱势当事人的权益。我国在构建第三方诉讼资助制度之际，应学习先进的经验，要求资助者与被资助者签订的协议中确定以下内容。

（一）确定资助者的诉费责任

在第三方诉讼资助中，资助者最重要的角色是资金的提供者。资助者对诉讼中的何种事项在何种程度上承担责任，是资助者义务履行的依据。以上资金提供额度的不明确以及诉费责任约定含糊，均可能导致资助过程中资助者与被资助当事人发生纠纷。为此，许多国家和地区要求资助协议应确定资助者费用及诉费方面的责任。如英国诉讼资助者协会发布的《诉讼资助者行为守则》第 10 条、❶ 澳大利亚诉讼资助者协会发布的《资助者和

---

❶ 英国《诉讼资助者行为守则》第 10 条规定资助协议应说明资助者或资助者的子公司或关联公司是否（以及在何种程度上）应对被资助者负责：10.1 承担由被资助者接受的解决方案或法院命令产生的败诉费用的任何责任；10.2 支付任何保费（包括保险费税）以获得不利成本保险；10.3 为费用提供担保；和 10.4 承担任何其他财务责任。

管理者最佳实践指南》第 11 条,[1] 以及中国香港《第三者诉讼资助实务守则》第 2.12 条[2]等规定。通过分析比较以上规定,我国应要求资助协议确定以下内容。

(1) 保险费用责任(insurance costs)。保险费用是诉讼当事人为了避免承担败诉后的不利成本责任,而向保险公司购买保险,由保险公司承担日后不利成本责任而支付的费用。一般情况下支付保险费用责任是资助者投资的一部分,但有些情况下该费用责任受资助当事人可以自行购买保险。在资助协议中确定该条款可以确定保险费用由谁承担,以避免诉讼过程产生争议。

(2) 担保费用责任(security for costs)。担保费用是法院在批准了费用担保申请人(通常为案件被告)的申请后,被申请人(通常为案件原告)需要根据费用担保命令而预支的费用。费用担保作为临时措施的一种特殊形式源于英国的法律与实践,其目的在于保障被迫进入诉讼的一方能够在胜诉后收回其为抗辩而支付的合理费用。资助协议应确定在法院作出针对被资助当事人的费用担保命令后,该费用由资助者还是被资助者承担,资助者或被资助者是承担全部费用还是一部分费用。费用担保责任的

---

[1] 澳大利亚诉讼资助者协会《资助者和管理者最佳实践指南》第 11 条规定:诉讼资助协议应说明出资方是否(以及在何种程度上)对被出资方负责:11.1 承担由被资助者接受的解决方案或法院命令产生的败诉费用的任何责任;11.2 支付任何保费(包括保险税费)以获得不利成本保险;11.3 为费用提供担保;11.4 和承担任何其他财务责任。
[2] 中国香港《第三者诉讼资助实务守则》第 2.12 条规定:资助协议需述明出资第三者是否须以下事项对被资助者负上法律责任(如需的话,所负法律责任的程度):①承担败诉费用或败诉费用的任何法律责任;②为取得费用保险而支付任何保费(包括保费税项);③提供费用保证或诉费保证;④承担任何其他财务法律责任。

约定，可以防止在法院作出费用担保命令后双方就费用承担责任出现争议的情形。

（3）败诉费用责任（adverse costs）。在被资助者败诉的情况下，法院会判决其承担一定的费用责任，该费用责任包括胜诉方为了抗辩而支出的诉讼费、律师费用、调查取证费、差旅费等合理开支。资助协议中应确定在被资助者败诉的情况下，败诉费用由资助者还是被资助者承担，以及双方或者一方承担的比例。但值得注意的是，在资助协议中约定了被资助者承担败诉费用但败诉后其无力支付的，法院有可能会作出针对资助者的费用承担判决。这一做法旨在保护对方当事人的胜诉权益。资助者在承担了法院判决的败诉费用责任后，可以依据其与被资助者签订的资助协议向被资助者追偿。

（4）其他财务法律责任（other financial liability）。其他财务法律责任包含了支付与诉讼相关的法院费用责任、鉴定费用责任、证人费用责任、法院针对当事人或者律师不遵守法庭秩序作出的罚款责任等。

为确保上述费用责任清晰明了地被资助当事人所知晓，法律可以要求资助者在资助协议拟定后签订前，通过格式合同中规定的方式将资助协议中的关键性问题对客户进行披露，说明资助者的责任限度、胜诉后能获得的回收金额以及资助者用于计算其回报的参数（如回收时间、投资金额的倍数、回收金额的百分比等）。资助者在拿到关键参数信息后，可以通过寻求独立法律意见的方式来评估协议的公平性。

(二) 确定禁止资助者控制诉讼程序

诉讼资助者想要控制诉讼程序是可以理解的。资助一项诉讼，资助者可能要投入上百万美元的资金。资助者希望通过管理或者控制诉讼程序，使得诉讼能够朝着预想或者理想的方向发展。要求被资助者定期汇报案件信息、与资助者共享信息、保留资助者对和解等重大问题的发言权，几乎是资助协议中的必备条款和对被资助者最低限度的要求。❶ 除此之外，资助者还会要求被资助者：向律师提供完整和诚实的指示；按时进行诉讼，以避免不必要的费用和延误；遵循律师的合理法律建议；未经律师或资助者书面同意，被资助者不得向任何其他人披露其提供的任何信息等。❷

关于是否应该禁止资助者控制诉讼程序，第三方诉讼资助产业发达的国家和地区分成了三个派别：一是以澳大利亚为代表的允许控制型。澳大利亚允许资助者在诉讼中享有广泛的程序控制权，资助者可以对律师发号施令，要求律师按照资助者的指示行事。澳大利亚诉讼资助者的程序控制权是在 Fostif 案中确立的，❸

---

❶ Vicki C. Waye, Conflicts of Interests Between Claimholders, Lawyers and Litigation Entrepreneurs, *Bond Law Review*, Vol. 19, 2008.

❷ U. S. Chamber Institute for Legal Reform, *Litigation Funding in Australia Identifying and Addressing Conflicts of Interest for Lawyers*, February, 2012, p. 25.

❸ 该案件中，原告与费尔斯通公司签订的资助协议约定，资助者享有诉讼的主要控制权；就此被告向法院提出申请要求中止诉讼程序；被告认为："费尔斯通公司控制诉讼程序的行为，属于滥用诉讼程序，在该诉讼中当事人的利益服从于诉讼资助者的利益。"初审法官认为被告指控资助者"有非常明显的机会……滥用权力影响诉讼的进行"是没有根据的，该指控忽视了律师的在场和法院对诉讼的控制。澳大利亚允许资助者控制诉讼程序是其第三方诉讼资助制度的一大特色，这一特色甚至影响了其官方机构对第三方诉讼资助的定义。澳大利亚法律委员会将诉讼资助定义为，投资者支付诉讼当事人的诉讼费用和承担败诉时支付对方当事人费用的风险，以换取诉讼的控制权，以及案件胜诉后的部分收益。

该案中上诉法院法官认为："既然资助者要承担诉讼风险，那么资助者想对诉讼进行控制就不足为奇。"[1] 二是以我国香港为代表的禁止控制性。我国香港《第三者诉讼资助实务守则》第2.9条规定，禁止资助者通过控制律师来控制程序。[2] 三是以英国为代表的中间型国家。就诉讼资助者是否可以控制诉讼程序这一问题，英国《诉讼资助者协会规则》没有明确性的规定，即没有表示认可也没有表示反对，只是第11.1条规定：资助协议应说明资助者或资助者子公司或关联实体是否可以，以及如何为资助者的和解决策提供意见。

我国在构建第三方诉讼资助制度时宜采用香港的制度模式。在资助协议中明确禁止诉讼资助者控制诉讼程序。这是因为：首先，第三方资助者对诉讼程序的深度控制，容易造成当事人程序自决权与资助者控制权之间的矛盾冲突，使资助者成为诉讼程序包揽者、被资助者成为傀儡。[3] 其次，容易引发律师利益冲突，律师作为被资助者的代理人，却要按照资助者的指示行事，在被资助者和资助者利益不一致时，律师按照资助者的指示行事，违反了其对客户的忠实信托义务而引发利益冲突。再次，深度控制型第三方诉讼资助，容易受到对方当事人的挑战。对方当事人会

---

[1] Fostif,（2006）229 CLR at 432-435.
[2] 香港《第三者诉讼资助实务守则》第2.9条规定，资助协议需清楚列明：①出资第三者不会寻求影响被资助者或者资助者法律代表，令其将有关仲裁的控制权或操作事宜交给出资第三者，唯在法律准许的情况下除外；②出资第三者不会采取任何会引致或可能会引致被资助者的法律代表违反专业职责而行使的步骤；③以及出资第三者不会寻求影响第609章第98F条所指的"仲裁机构"以及任何所涉管理仲裁的机构。
[3] Michele M. DeStefano, *Claim Funders and Commercial Claim Holders: A Common Interest or A Common Problem*, University of Miami Law School, 2014.

以"诉讼资助者试图控制诉讼、构成诉讼程序的滥用"而申请法院中止诉讼程序，加重法院的审理负担，降低诉讼的效率。最后，即使在允许控制性的澳大利亚，学者也提出了改革意见，认为："虽然资助者可以保持对索赔的日常控制，但法律代表应就关键问题与客户协商。在这方面，资助协议应保留客户推翻资助者指示的权利。它们通常包括争议解决机制，以管理资助者和客户之间的潜在冲突。资助者与客户之间未解决的纠纷可要求律师向高级律师通报，就争议领域提供最后和具有约束力的意见，例如，拟议的解决要约的合理性。"❶ 由此可见，即便在允许资助者控制诉讼程序的澳大利亚，其改革的方向亦是朝着相反的方向行进的。因此，禁止资助者控制诉讼程序既符合被资助当事人的利益，也不容易引发律师的利益冲突，同时还可以保障诉讼的进程，紧跟历史的潮流。

（三）确定资助者终止诉讼资助的情形

在第三方诉讼资助中仅要求协议里资助者承诺不控制诉讼程序是不够的。因为资助者始终保留了"钱袋子"的权力，如果被资助者拒绝按其意愿行事，资助者可能以终止资助相威胁。因此，资助协议中确定资助终止权的行使情形，防止资助者随意终止资助是必要的。这一约定可以防止资助者以终止资助为由控制诉讼程序，并且是保障对方当事人权益以及保持资助者权利义务相统一的关键。

资助者任意终止资助的行为，打破了被资助当事人获得权利

---

❶ Jason Geisker, Dirk Luff, *The Third Party Litigation Funding Law Review*, 3rd edition, 2017, Law Buessiness Reseach Ltd, pp. 1 – 19.

救济与对方当事人获得不利成本赔偿之间的平衡。被资助者有权通过第三方资助接近正义,法律不限制被资助当事人使用第三方资助的权利,但第三方资助的使用不能损害对方当事人的利益。如果一方当事人明显无偿付能力,并依赖于第三方资助负担诉讼费用时,其实现诉讼公正的权利仅在第三方资助者愿意担保其合理费用的情况下才可准许。第三方资助者可根据自己的主观意愿随意终止资助协议、随时从诉讼程序中出走的行为,使得其愿意担保被申请人败诉费用的承诺显得极其虚伪。[1] 资助者任意终止资助的行为,违背了权利义务相统一的原则。资助者资助当事人,与其说是为当事人提供接近正义的机会,倒不如说是借当事人之案达成自己的经济目的。为此有人批评说,第三方资助者对正义并不感兴趣,他们只在乎案件的输赢。[2] 按照权利义务相统一的要求,资助者要想在胜诉时分享成果,就必须在败诉时承担不利后果。资助者在申请人败诉后,支付胜诉方败诉费用,是正义的应有之义。[3]

为此,世界上第三方资助产业发达的国家和地区均规定,资助协议中应确定资助者终止资助的情形,在该情形之外资助者不享有任意的解除权,资助者在法定情形之外终止资助的仍然要对案件承担责任。如英国《诉讼资助者行为守则》第 12 条规定,

---

[1] 张晓萍:《论国际仲裁第三方资助费用担保中的资金困难》,载《国际商务研究》2021 年第 2 期。

[2] Frignati, Valentina, Ethical Implications of Third‑Party Funding in International Arbitration, *Arbitration International*, Issue 3, 2016.

[3] 张晓萍:《论国际仲裁第三方资助费用担保中的资金困难》,载《国际商务研究》2021 年第 2 期。

资助者只能在特定的情形下解除资助协议，诉讼资助协议不得为资助者或资助者的子公司或关联实体设立终止诉讼资助协议的自由裁量权。❶ 我国香港《第三者资助实务守则》第 2.13 条作出了同样的规定。❷

为此，我国在构建第三方诉讼资助制度时，应规定资助协议中确定资助者可以终止资助的情况，以及资助者在情形之外终止承担的责任。资助者只有在其对有关诉讼的理据不再有合理理由理由信赖、案件胜诉的可能发生重大转变以及被资助当事人有严重违约行为的情况下，才可以终止资助；资助者在上述情形中终止资助的，需要承担其资助之日起到资助终止之日止的所有资助责任；资助者在上述情形外终止资助的，需要承担资助之日到案件终止之日的所有费用责任。

---

❶ 《诉讼资助者行为守则》第 11.2 条规定资助者只能在以下情形下终止资助协议：11.21 合理地不再对争议的是非曲直感到满意；11.22 合理地认为争议在商业上不再可行；11.23 合理地认为被资助者对资助协议有实质性地违反。第 13 条规定如果资助协议给予出资方或出资方的子公司或关联实体上述的权利，资助协议应该规定：13.1 如果出资方或出资方的子公司或关联实体终止资助协议，除非终止是由于被资助者出现了重大违约行为，否则出资方的子公司或关联实体仍应对终止之日产生的所有资助义务负责；13.2 如果出资方、出资方的子公司或关联实体与被出资方之间存在关于解决或终止 LFA 协议的争议，应获得一名御用大律师的有约束力的意见，该御用大律师应得到律师协会理事会主席的共同指示或提名。

❷ 香港《第三者资助实务守则》第 2.13 条规定资助协议需述明出资第三者是否可以（如可以的话，则以何方式）在下述各种情况终止资助协议：①出资第三者合理地不再信纳有关仲裁的理据；②出资第三者合理地相信被资助者在有关仲裁中的胜算或成功追讨的可能性有重大不利转变；③出资第三者合理地相信被资助者已严重违反资助协议。第 2.14 条规定：资助协议不得为出资第三者设定酌情决定权，让其可在没有出现 2.13 段所述的情况下终止资助协议。第 2.15 规定：资助协议须确定，如出资第三者终止资助协议，仍须承担累算至终止日期的所有资助责任，但有关终止是因第 2.13（3）段所述的严重违反资助协议一事而导致，则属例外。

第三节　第三方诉讼资助制度的程序性规则

一、信息披露规则

(一) 构建信息披露规则的必要性

在第三方诉讼资助中一个非常有争议的话题是：被资助者及其律师是否有义务在法庭上披露资助的存在，以使法庭意识到潜在的利益冲突，同时使被告能够更好地了解原告的情况。出现这一话题的原因在于：第三方诉讼资助者作为诉讼的间接参与者，与案件结果有经济上的利害关系，但其不是诉讼规则中概述的任何典型角色，案件的决策者（法官、陪审团）、对方当事人和对方当事人的律师都有可能不知道资助者的参与。如果法官与第三方资助者有某种联系，或者法官是第三方诉讼资助者实际控制人的近亲属、持有第三方诉讼资助公司的大额股票，则可能会有利益冲突的情况。如果资助者的身份没有在一开始披露出来，那么后来这种联系的披露可能会给各方带来灾难性的后果和高昂的代价。从法律制度的角度来看，第三方资助者介入的主要目的是减少被资助者的成本负担和败诉风险。然而，不公开资助者的参与可能会导致该方以后的额外费用。例如，如果法官因与资助者有联系而被指控有《民事诉讼法》第 4 章中应当回避的情形，则可能会产生额外的费用。关于是否应构建第三方诉讼资助信息披露机制，理论界有如下两种观点。

一种观点认为应该构建信息披露机制。理由在于：首先，构建信息披露机制可以及时发现潜在的利益冲突，确保法官在案件进行实质性审理之前解决是否需要回避的问题，为未来案件裁决的生效和执行扫清障碍。其次，构建信息披露机制可以保障诉讼程序的公正透明，有助于法庭识别"真正的当事人"，防止诉讼被一个看不见的实体控制。有助于对方当事人识别"真正的敌人"，基于对称的信息及时调整诉讼的策略。❶ 最后，构建信息披露机制可以方便法庭作出费用担保命令。对法庭来说费用担保命令的作出并非简单的"是与不是"的判断，而是需要考虑诸多的因素，法庭必须在接近正义和胜诉情形下能够收回的成本之间进行权衡。披露第三方诉讼资助可以保护被告的合法权益。信息披露机制也可以让法庭在作出费用担保命令时，更加清晰地了解被资助当事人的财务状况和诉讼资助者的诉费责任承担情况。在当事人因资金困难选择第三方诉讼资助，而资助者又对不利成本不承担责任的情况下，法庭可以作出费用担保命令。

另一种观点认为不应当构建信息披露机制。理由在于：首先，在没有信息披露的情况下，法官并不知道第三方诉讼资助者的存在。不知道意味着法官没有受到第三方诉讼资助者的影响，因此所做出的裁决是公正合理的。其次，构建第三方诉讼资助信息披露制度反倒容易引发裁决不公。鉴于资助者只资助胜诉率高且价值大的案件，因此披露资助信息会给法官形成强烈的心理暗示，法官潜意识当中会认为被资助的案件更有理据，进而影响法官公正判决。最后，资助者和被资助当事人通常签订了保密协

---

❶ 张晓萍：《论国际商事仲裁第三方资助信息披露机制》，载《国际经济法学刊》2021年第2期。

议，信息披露机制将使得被资助当事人违背保密协议的义务，同时容易让对方当事人获得战术上的优势。❶

笔者认为，应当构建第三方诉讼信息披露机制，信息披露带来的益处远远大于弊端。构建信息披露机制，有助于法院管理诉讼程序和保护法律程序的完整性。反对信息披露的理由是站不住脚的，原因在于：

首先，法官因不知晓第三方诉讼资助者的存在，故作出的裁决是公正的，这一推论在理论上是合乎逻辑的，但在现实中，一旦裁决作出后发现法官和资助者之间存在某种联系属于潜在利益冲突情形时，法官要证明自己不知晓资助者的存在是困难的。这一证明不能将导致裁决被推翻，法官的公正和法院的公信力受到挑战，这对司法的冲击是极大的。

其次，第三方诉讼资助的披露会使得法官认为被资助案件更有理据，这一论点是没有根据的。公正的自然法原则要求法官在诉讼中处于独立于原被告的超然地位，法官不得因个人的喜好、宗教信仰、肤色种族等问题对原被告差异对待。但现实中要想找出一个超然独立完全不受个人特质影响的法官是不可能的，法官的学识、生活阅历、工作经历以及性别角色等或多或少会影响法官的判断。针对以上因素，法官要做的是尽可能地排除以上因素对自己的干扰，从案件事实和法律适用出发思考案件。对法官来说，第三方诉讼资助既不是瘟疫也不是灵丹妙药，它只是当事人接近正义的一种手段。随着第三方诉讼资

---

❶ Eva Boolieris, *Third - Party Funding: The Effect of the Growing Third - Party Funding Industry in International Arbitration on New Zealand*, Faculty of Law, Victoria University of Wellington, 2015, p. 35.

助使用范围愈加广泛，第三方诉讼资助可能被胜诉率高的案件使用，也可能被资助组合案件中胜诉率相对较低的案件使用；既可能被资金困难的当事人使用，也可能被资金宽裕的当事人使用。法官及公众对第三方诉讼资助的刻板印象会随着资助的推广使用而进一步消解。

最后，披露第三方诉讼资助信息并非必然导致对方当事人获得战术上的优势。对方当事人获得战术上的优势是基于资助协议内容毫不隐瞒、毫不修改地披露，这当中可能包括资助者对案件事实和法律关系的分析报告。但这一缺陷可以通过设定披露协议内容的范围以及对相关内容隐去处理予以规避。

（二）信息披露的主体

在解决了是否要构建信息披露机制这一问题后，接下来需要解决的问题是如何构建这一机制。这一问题涉及：由谁来披露、向谁披露、披露什么内容、什么时候披露、如何披露这几个方面的问题。

在信息披露主体设定方面形成了两种不同的模式：一种是以我国香港和迪拜为代表的受资助当事人披露模式。香港《仲裁条例》第609章第98U条规定，在订立资助协议后，受资助当事人应告知仲裁庭资助协议已经订立，并说明资助者的姓名或者名称。❶ 迪拜国际金融中心（Dubai International Fincical Centre，DIFC）于2017年发布了《迪拜金融法院关于第三方资助行为指

---

❶ 香港《仲裁条例》第609章第98U条规定，如订立资助协议，被资助者须就以下事项发出书面通知：（a）已订立资助协议一事；以及出资第三者的姓名或名称……

南》(2017年第2号法令)。❶ 该法令第4条规定，被资助者必须通知相关争议的另一方，他获得第三方诉讼资助的资助者的身份，但不要求披露诉讼资助协议副本或者任何部分，除非法院要求。另外一种是以新加坡为代表的律师披露模式：新加坡《法律执业规则》第49A条规定争议解决程序的从业人员必须在程序开始之日或之后，尽快向法院或者法庭以及案件的任何其他当事人披露第三方资助合同的存在和资助者的身份。❷

两种模式各有其优劣：我国香港模式的优势是由于所有的案件都有当事人，能够保证披露主体在所有案件中存在，缺点是对违反披露义务要求的当事人没有设定法定的不利后果，只是将没有披露作为法院在有关事项中的参考因素，这可能导致当事人在诉讼中不履行披露责任。❸ 新加坡模式的优势是当律师是资助协议的一方时，这项义务将作为律师专业职责的强制性部分，违反这一义务将导致律师违背其专业职责。缺点是我国作为非强制代理的国家，有可能出现部分第三方诉讼资助案件中没有律师参与的情况，这种情况下披露主体就空缺了。

综上，笔者认为：我国可以把被资助当事人和律师均作为信息披露的主体，在有律师的案件中由律师披露，在没有律师的案件中由当事人披露。毕竟随着第三方诉讼资助制度的广泛使用，一些低标的额案件中可能没有律师参与，此种情形是由当事人与

---

❶ Dubai Int'l Fin. Ctr., Practice Direction No. 2 of 2017 on Third Party Funding (2017).
❷ Legal Profession (Professional Conduct) (Amendment) Rules (2017).
❸ 香港《仲裁条例》第609章98W条规定，凡任何人没有遵守本部分，该人不会仅因此事，而在司法或者其他程序中被起诉；然而，如有任何遵守或没有遵守本公布的事项，该事项有关正在任何法院或仲裁庭决定的问题，则该法院可考虑该事项。

资助者直接对接的。

(三) 信息披露的内容

关于律师和当事人在诉讼中应该披露哪些内容,学界基本上达成了统一的认识:第三方诉讼资助案件应披露第三方诉讼资助协议的存在、资助者的身份,以及资助协议的终止情形,部分案件中需要披露资助协议的部分条例。

首先,信息披露的内容应服务于信息披露的目的。建立第三方诉讼资助信息披露的目的,在于减少第三方诉讼资助对诉讼程序造成的不利影响,信息披露范围应当受制于这一目的面向。❶ 过度的信息披露势必增加被资助者和律师的披露负担,导致诉讼进程的拖沓;同时,增加诉讼费用,让资金本就缺乏的当事人雪上加霜,第三方资助者基于投资回报率的考虑望而却步,断送了第三方资助产业的发展前程。

其次,披露第三方资助者的存在及身份、资助协议的终止情形,基本可以实现将被资助者纳入披露义务主体范围之目的。第一,从发现潜在利益冲突的角度,被资助者披露第三方资助者的存在和身份,便于法官审查其与第三方资助者之间的关系,以作出是否接受指定的决定。第二,从保障诉讼程序公正透明的角度,当事人披露第三方资助者的存在及身份,保障了对方当事人的知情权,避免了在裁决作出后当事人因未披露第三方资助信息而对诉讼裁决提出质疑。第三,从方便法庭作出费用担保裁决的角度,当事人披露第三方资助者的存在及身

---

❶ 周艳云、周忠学:《第三方资助国际商事仲裁中受资方披露义务的规制:基于"一带一路"视阈》,载《广西社会科学》2018年第2期。

份，有助于对方当事人和法庭了解被资助者的财务状况，查明第三方资助者的资本和资质信息，对败诉后被资助者以及资助者有无能力偿还败诉费用有基本的认识，并据此决定是否申请或者批准费用担保。

再次，少数费用担保案件还需要披露第三方资助协议的部分条款，原因在于通过审查第三方资助者的身份，可推断其有无能力支付对方当事人的诉讼费用以及在何种情况下会无法支付。部分资助协议约定资助者仅支付被资助者的起诉费用、律师费用等，而不承担担保费用。该部分资助条款的披露，可以让对方当事人和法庭清楚资助者和被资助者在具体费用问题上是如何约定的。如果资助协议约定资助者不承担任何败诉费用负担，那么法庭就有充足的理由作出费用担保裁定；如果约定资助者和被资助者共同承担败诉费用，且资助者有能力支付，法庭就没必要再考虑费用担保。❶

最后，披露的部分条款可以是经过信息隐匿处理的文本。过度的披露会让对方当事人获得战术优势（tactical advantage），从而影响司法公平正义。第三方诉讼资助协议除了约定资助者和被资助者的权利义务，通常还包含了资助者对案件的判断分析、律师的法律意见以及诉讼策略等内容。以上内容的披露，一方面容易让对手获得战术优势，另一方面容易影响法庭对案件的公正审

---

❶ 例如，2017年9月颁布的《中国国际经济贸易仲裁委员会香港仲裁中心第三方资助仲裁指引》（China International Economic and Trade Arbitration Commission Hong Kong Arbitration Center Guidelines for Third Party Funding for Arbitration）规定，仲裁庭可将资助存在和程度，作为审核仲裁费用保证金申请时的考虑因素。资助程度暗含了协议条款披露，因为只有对协议条款予以披露，才能确定资助的程度。

理。因此，从保护被资助者的角度，法院应允许被资助当事人在披露之前，对部分信息加以处理，在满足对方当事人知情权的同时，保护被资助者当事人的信息。

（四）信息披露的方式

披露的方式应该和披露内容相匹配。第三方资助者的存在、身份属于披露内容中一般情形，第三方资助协议部分条款属于例外情形。对于一般情形，施行系统性强制披露，可以提高效率降低成本；对于例外情形，施行申请决定披露，方便平衡双方当事人利益。

首先，关于强制披露。强制披露第三方诉讼资助的事实和资助者的名称是国际趋势。❶ 被资助者和律师作为资助协议的签订者和一方当事人，要求其披露第三方资助者的存在及身份甚至是部分资助条款，不存在操作技术上的难题。但实践中，可能会受到资助协议或者代理协议中一些条款的限制。❷ 资助者设置以上两个条款目的在于，希望被资助者或者律师对诉讼资助的存在和

---

❶ Queen Mary, University of London and White & Case, 2015 International Arbitration Survey: Improvements and Innovations in International Arbitration, https://www.whitecase.com/sites/whitecase/files/files/download/publications/qmul-international-arbitration-survey-2015_0.pdf, last visited at 2019-08-14. 根据《2015 玛丽女王学院关于国际仲裁的调查》，在国际仲裁中，有76%的受访者认为应当通过立法的方式强制要求被资助当事人或者律师披露受资助的事实，有63%的受访者认为应当通过立法的方式强制要求被资助者或者律师披露资助者的身份。

❷ 周清华、程斌：《第三方资助下仲裁员潜在利益冲突披露的体系建构》，载《中国海商法研究》2018年第4期。资助者通常会在资助协议设置"不得披露条款"和"保密条款"。"不得披露条款"是指除非资助者在某种特殊情形下有披露的需求，否则被资助者不得向其他主体披露第三方资助者的存在和身份。"保密条款"指的是资助协议的双方当事人应对资助协议中的核心信息保密，不得泄露。

资助者的身份信息保密。第三方资助者不愿意公开以上信息主要基于以下几个方面的考虑：第一，资助者担心资助事实的存在被披露，会让对方当事人以此为由向法庭申请费用担保，导致其前期投资成本和投资风险增加。第二，资助者担心资助事实和资助者身份信息的披露，会影响对方当事人在诉讼中的行为。如对方当事人基于对资助者实力的分析，采用各种手段拖延程序以耗尽资助者的投资或者在调解、和解谈判中漫天要价。第三，资助者担心其公众形象受到被资助者行为的影响，如被资助者的商业行为违反法律规定、存在道德争议、违背人权理念等。❶ 第四，资助者担心对某些资助条款的披露，如涉及资助者对诉讼程序的控制权、分红比例等，会导致法庭对资助者产生偏见，招致不利裁决。

强制披露第三方资助者的存在和身份，将被资助者从"不得披露条款"中解救出来，避免了被资助者陷入法庭要求披露、资助协议限制披露的两难境地；资助协议中"不得披露条款"，违背了披露义务的强制性规定，应为无效条款。强制披露给第三方资助者传递了明确的信号，使得资助者选择资助对象、签订资助协议时，将披露及披露可能造成的影响作为考虑因素，提高了投资判断的准确性和稳定性。强制披露有助于节约成本提高效率。强制披露避开了任意披露或者个案申请决定披露中的一系列烦琐程序，减轻了法官和当事人的负担，使得法官和当事人能够将时间精力集中在实质问题的审查和判断上。

---

❶ Allison Ross, The Dynamics of Third Party Funding III, http://www.fulbrookmanagement.com/the－dynamics－of－third－party－funding－iii/, last visited at 2019－08－18.

其次，关于申请披露。个案中，对方当事人在被资助者已经披露了第三方资助者存在及其身份的情况下，基于"诉讼肇事逃逸"（Hit and Run）的担忧，可能要求被资助者进一步披露资助协议条款，以查明第三方资助者是否承诺承担败诉费用。这种担忧并非杞人忧天，根据联合国贸易和发展会议发布的报告，第三方资助者除了投资胜诉率高的案件，还投资胜诉率较低的案件，通过批量组合的方式，将风险分配到许多案件中，以使其收益最大化。❶ 对方当事人向法庭申请披露资助条款，必须基于一定的事实和理由，证明披露的必要性。如果申请人不能证明拟申请披露的条款与案件审理存在实质性关联，那么法院有可能拒绝披露申请。对方当事人向法庭提交披露申请后，法庭应组织双方当事人对是否需要进一步披露进行辩论，听取双方当事人的意见。法庭在作出披露决定时，不仅要考虑披露申请是否合理、有无事实基础，还要考虑披露可能带来的不利影响。法庭综合判断后认为有披露必要的，可以通过命令方式要求被资助者披露。被资助者无须披露资助协议的全部内容，仅须对法庭作出决定命令的部分进行披露。

被资助者违反法庭的命令而拒绝披露的，法庭可以推定对方当事人申请披露的理由成立，进而作出要求被资助者提供费用担保等决定。被资助者拒绝披露，给对方当事人造成损失的，应承担损害赔偿责任。

---

❶ UNCTAD, Recent Developments in Investment – State Dispute Settlement, https://www. transnational – dispute – management. com/article. asp?key = 2125, last visited at 2019 – 08 – 26.

（五）信息披露的时间

信息披露的时间，指的是强制性披露的时间；申请决定披露的时间节点由法院自行掌握。我国香港《仲裁条例》第609章第98U条规定，被资助方信息披露应于以下时间或者期间发出：①如资助协议是仲裁展开时或之前订立的——在仲裁展开时；或②如资助协议是在仲裁展开之后订立的——在订立资助协议后的15日内。新加坡《律师执业规则》第49A条规定，律师必须在诉讼程序开始之日或之后，尽快向法院或者法庭以及案件的任何其他当事人，披露接受第三方诉讼资助的事实和资助者的身份。

尽早披露接受第三方资助的事实以及第三方诉讼资助者的身份，可以方便法庭及时审查利益冲突。我国在设定第三方诉讼资助披露时间时，可以借鉴我国香港的规定，同时参照我国诉讼的审理周期，在诉讼开始之前达成资助协议的，应在第一次开庭审理之前披露；在诉讼过程中达成的，应在达成协议后的7天之内披露。

综上，我国在构建第三方诉讼资助信息披露机制时，应将受资助当事人和律师作为信息披露义务主体，要求被资助者和律师在每个案件中披露第三方资助的存在及资助者的身份，在个别案件中根据法庭的指令披露第三方资助协议中的部分条款，形成系统性强制披露为主、个案申请决定披露为辅的信息披露机制。

二、费用担保规则

第三方诉讼资助增加无意义诉讼的可能性并不大，但一旦出现无疑会增加当事人和资助者投机的可能性，加重司法机关的办案压力，浪费司法资源，影响法院处理真正亟待解决的、事关公民切身利益和社会公共利益的重大案件。为此，诸多国家和地区将费用担保作为防止资助者滥诉的重要手段。❶ 我国在构建第三方诉讼资助制度时，也应该将费用担保机制作为配套机制。

（一）构建资助者费用担保规则的必要性

第三方诉讼资助加大了对方当事人在其胜诉情况下收回成本的风险。第三方资助给资金困难的申请人提供了接近正义的机会，因此被誉为灵丹妙药。在第三方的资助下，被资助当事人可以雇用顶级的律师团队行使每一项诉讼权利，有完整的诉讼程序。但对对方当事人而言，第三方资助加大了其成本收回的风险。在资金困难的被资助当事人败诉的情况下，对方当事人无法寄希望于从被资助当事人处获得费用赔偿。而第三方资助者因非案件的当事人，法庭不对其享有管辖权，可能无法要求其支付不利成本。于是为了确保胜诉后能够收回费用，对方当事人往往诉诸费用担保。

第三方诉讼资助中费用担保申请日益增多，原因在于：首先，第三方诉讼资助的使用在一定程度上揭示了原告资金困难，败诉后可能无力支付费用命令。使用第三方诉讼资助的原告分为三种：第一种是资金困难，无力支付诉讼费用和败诉后的费用命令，不得已求助第三方诉讼资助的；第二种是有钱支付自己的诉

---

❶ 费用担保作为临时措施的一种特殊形式，源于英国的法律与实践，指被告向法院提起的，要求法庭命令原告通过提供银行不可撤销的担保函、托管账户或者其他形式的担保，目的在于确保被告胜诉时，原告有能力履行法庭作出的不利决定。如果原告不能按照法庭的要求提供有效担保，诉讼程序将被终止。诉讼程序的提前终止，可将被告早日从诉累中解脱出来，以达到节约诉讼成本的目的。

讼费用，但无力支付败诉后的费用命令的；第三种是资金富裕，为了分散诉讼风险、保持现金流等选择第三方诉讼资助的。除了最后一种之外，其他两种原告使用第三方资助本质上都是因为资金匮乏。第三方资助的使用在大概率上揭示了原告的状况，就像"房间中的大象"一样警示着被告，原告可能在败诉后无力支付费用命令，被告就此提出费用担保申请。其次，第三方资助的使用可能没有改变原告资金困难的状况。尽管第三方诉讼资助在广告宣传中将承担败诉后的费用命令作为其投资计划的一部分，但实际上第三方诉讼资助者并没有那么慷慨。实践中，第三方诉讼资助者在原告败诉后不承担费用命令的案件比比皆是。如在詹佛瑞与卡塔尤斯卡斯有限公司诉瑞卡德建筑有限公司（Jeffery & Katauskas Pty Ltd *v.* Rickard Constructions Pty Ltd）一案中，[1] 资金困难的原告败诉后，因第三方诉讼资助者拒绝支付费用命令，导致被告46.5万美元的费用没有收回，不得不自己承担。最后，第三方诉讼资助者资助终止权的存在，使得第三方资助者对支付费用命令的保证显得不可靠。尽管部分资助者作出了对败诉费用负责的承诺，但第三方诉讼资助者享有的诉讼终止权使得这一承诺显得极不可靠。第三方资助者可能在原告违约或者案件情形急转直下的时候，终止对原告的资助。资助协议的终止，意味着除非资金困难的原告找到新的资助者，否则诉讼程序难以为继，也意味着资助者之前对费用命令的保证不再有效，被告无法从资助者的保证中收回费用。

---

[1] Jeffery & Katauskas Pty Ltd *v.* Rickard Constructions Pty Ltd［2009］260 ALR 34；83 ALJR 1180；［2009］HCA 43.

第三方诉讼资助加剧了法庭费用担保命令裁量困难。法庭应否把第三方诉讼资助作为作出费用担保命令的考量因素存在争议。支持者认为，应该把第三方诉讼资助作为费用担保的考量因素。第三方诉讼资助形成强有力的表面证据，预示着原告申请人资金困难、无足够的资产支付费用命令。而原告资金困难是法庭作出费用担保考量的关键因素。反对者认为，法庭不能因为存在第三方诉讼资助就作出费用担保命令。首先，使用第三方诉讼资助的原告并非都资金困难，还有部分原告是为了分散风险、保持现金流。随着第三方诉讼资助业务的不断拓展，第三方资助不再是资金困难原告的专利，资金富裕的原告同样使用第三方资助。第三方资助使用目的多元化，阻断了第三方资助和申请人资金困难之间的必然联系。其次，第三方资助的使用可能改善了原告资金困难的状况，如第三方资助者承诺支付败诉后的费用命令，且第三方诉讼资助者和原告之间就资助终止权的行使进行了严格的限制。在以上情况下，仍然要求提供费用担保，会增加资助者的负担，不利于第三方资助产业的长远发展。

笔者认为，支持者中"既然第三方资助者已经决定要对败诉后的费用命令承担责任，那么其就没有理由不提供费用担保，否则就是诉讼逃逸"[1]的观点，实际上混淆了提供费用担保支付现实性与承担败诉费用命令可能性二者之间的关系。第三方资助者承诺支付败诉后的费用命令，并不意味着其一定会支付，因为只

---

[1] J. E. Kalicki, Security for Costs in International Arbitration, www. transnational dispute management. com, last visited at 2021 - 01 - 23.

有在原告败诉的情况下，才需要履行。而费用担保支付命令具有现实性，一旦作出即要求第三方资助者代替申请人现实地支出一大笔金钱。将未来可能需要支付的钱提前支付，显著增加了第三方资助者的投资成本，尤其是在费用担保命令数额巨大，甚至动辄几十上百万美元的情况下。长此以往，第三方资助者要么因为投资成本过高选择退出该行业，要么提高其从原告处分割胜诉赔偿金的比例。比例的提高意味着原告胜诉收益的减少，直接影响原告使用第三方资助的积极性，进而也间接影响了第三方诉讼资助产业的发展。因此，法院在审查存在第三方诉讼资助的费用担保案件中，需要审查原告使用第三方诉讼资助的原因以及第三方资助协议内容。

（二）法院针对资助者作出费用担保命令的法律依据

在有第三方诉讼资助的案件中，资助者基本上都履行了针对被资助者的费用担保命令。但现在出现的新情况是，费用担保申请不再针对被资助当事人，而是直接针对资助者。如 2019 年澳大利亚特纳诉萨特矿业（新南威尔士州）有限公司［Turner v. Tesa Mining（NSW）Pty Limited］❶ 一案中（以下简称 Turner 案），被告要求法院作出针对第三方诉讼资助者的费用担保命令。法院是否有权直接向资助者发布费用担保命令，这涉及法院作出费用担保命令的法律依据和范围问题。

一般而言，法院作出的费用担保决定都是针对当事人实施的。如我国《民事诉讼法》第 103 条关于财产保全、行为保全的

---

❶ Turner v. Tesa Mining（NSW）Pty Limited［2019］FCA 1644.

规定，❶ 澳大利亚《联邦法院法案》第 56 条第 1 款规定，法官可以命令原告或上诉中的上诉人，为可能判给他的讼费提供保证。关于法庭是否有权对非当事人的第三方资助者作出费用担保命令，有两种观点：

一种观点认为，法庭无权向非当事人的第三方诉讼资助者作出费用担保命令。理由在于我国《民事诉讼法》第 103 条规定法院的费用担保命令只能向案件的原告或者上诉人作出，不能向非当事人作出。这与英国的情况大不相同，英国《民事诉讼程序规则》规定，被告可寻求针对申索人以外第三人的费用命令。在以下情况下，法院可作出针对索赔人以外第三人的费用担保命令。第一，综合考虑案件所有情况后，认为作出针对第三人的费用担保命令是公正的。第二，第三人满足以下条件的一项或者多项：索赔人已将申索的权利转让给第三人，以避免针对他作出讼费命令的可能性；第三人已经分担或同意分担索赔人的费用，以换取索赔人可在法律程序中追讨的任何金钱或财产的一份。但这一规定仅在特殊情况下行使。而我国没有类似于第 25.14 条的规定。

另一种观点认为，法庭有权向第三方诉讼资助者发出费用担保命令。就像澳大利亚麦克杜格尔法官所言："如果一方当事人由诉讼资助者出资，法院可以在特定案件的情况下作出它认为公正的命令，由诉讼资助者提供费用担保，并由诉讼资助者支付全部或部分费用，或由诉讼的任何一方支付费用。"❷

---

❶ 《民事诉讼法》第 103 条第 1 款规定，人民法院对于可能因当事人一方的行为或者其他原因，使判决难以执行或者造成当事人其他损害的案件，根据对方当事人的申请，可以裁定对其财产进行保全、责令其作出一定行为或者禁止其作出一定行为。

❷ The Hon Justice R. McDougall, Keynote Address to the NSW Young Lawyers' Civil Litigation Seminar, 13 March 2010.

笔者认为，法院有权向作为非当事人的资助者作出费用担保命令。理由如下：首先，我国《民事诉讼法》第 103 条是对法庭针对某一方当事人作出费用担保命令肯定性的授权。这一肯定性的授权并不意味着法庭不能调用其他权力作出针对非一方当事人的担保命令。❶ 其次，虽然我国没有类似于英国《民事诉讼程序规则》的规定，但《民事诉讼法》赋予了法院广泛的权力，法院有权作出其认为"公正的"或"适当的"的费用命令。再次，作为公平正义代表的法院，其法官可以在自由裁量的基础上处理所有关于费用的问题。法院作出提供费用担保的权力并非源于法律的详细规定，而是法院控制其程序的固有管辖权的一部分。❷ 在适当的情况下发出费用担保令的权力来源是法院控制其自身程序的固有管辖权，这是可以接受的，并得到民事诉讼法的支持。❸ 最后，当前国内外学界和实务界的主流观点也认为法院有权对第三方诉讼资助者作出费用担保命令。如在澳大利亚 Turner 案中，法院作出了针对资助者的费用担保命令。尽管这一命令在上诉中被推翻，但推翻并非因为法院权力来源和范围的问题，而是考虑到劳工权益保护集体诉讼中对资助者作出费用担保命令的正当性问题。❹

（三）法院针对资助者作出费用担保命令的标准

法庭费用担保的作出，并非简单的"是与不是"的判断，

---

❶ Turner *v.* Tesa Mining (NSW) Pty Limited [2019] FCA 1644, para 63.
❷ [2009] UKPC 39 at para 13.
❸ C. T. Bowring & Co (Insurance) Ltd *v.* Corsi Partners Ltd [1994] 2 Lloyd's Rep 567 at 570 (Dillon LJ), at 576 (Millett LJ) and 582 (Sir Michael Kerr).
❹ Augusta Ventures Limited *v.* Mt Arthur Coal Pty Limited [2020] FCAFC 194, para 77.

而是需要平衡诸多的利益，如平衡原告接近正义、诉诸司法权利与被告胜诉后收回费用权利，平衡法院费用裁量管辖权的有效实施以及司法资源的有效利用。法庭作出费用担保命令会综合考量多方面的因素，如原告的经济状况、案件的是非曲直、双方当事人的行为及意图。尽管法庭在作出费用担保决定时会考虑诸多因素，但不可否认的是原告的财务状况是法庭作出费用担保命令时所考虑的关键因素。因为，原告资金困难是被告提出费用担保的根本原因，原告资金困难是法庭作出费用担保决定的主要因素。案件的是非曲直、双方当事人的行为及意图应否作为法庭费用担保的考虑要素本身存在争议。

鉴于第三方诉讼资助在一定程度上揭示了原告资金困难，因此有国外的法官主张，第三方诉讼资助的存在可以作为法庭命令提供费用担保的理由，如在澳大利亚新南威尔士州法院审理的格林（作为阿米科矿业有限公司的清算人）诉 CGU 保险有限公司一案中，霍奇森法官认为："当与案件实体争议无关的一方（如第三方诉讼资助者），能够从诉讼程序中获益时，法庭应该做好作出费用担保命令的准备。"❶ 又如佩雷拉诉哥特斯维夫一案的法官认为："资助者利用法院的程序来获取商业利益，这种做法的必要条件是提供充分的担保。司法系统的主要目标是维护权利，而不是让商业实体获取利润。法庭应该特别注意那些纯粹为了商业利益的诉讼资助者在案件失败时不能逃避费用责任。"❷ 但多数法官认为，在第三方诉讼资助案件中法庭应根据案件的事

---

❶ Green (as liquidator of Arimco Mining Pty Ltd) *v.* CGU Insurance Ltd［2008］NSWCA 148,［51］.

❷ Perera *v.* GetSwift at 53［192］.

实，运用自由裁量权酌情而定。笔者认为，我国法院在满足以下条件时应该作出费用担保命令：

（1）被资助者无力支付败诉费用。尽管被资助当事人使用第三方资助的目的越来越多元化，但如果被资助当事人系因资金困难而使用第三方资助的，法庭就有理由怀疑其日后支付败诉费用的能力。如何证明被资助当事人使用第三方资助系因资金困难，这涉及举证责任分配的问题。按照"谁主张，谁举证"的举证责任分配原则，对方当事人作为费用担保的申请者，无疑要承担原告无力支付诉讼费用的举证责任。但将这一举证责任全部强加给被告是不公平的，因为被告并非"拥有最佳条件提供证据的一方"。因此，将证明被资助当事人资金困难的全部举证责任强加给对方当事人，将很可能导致举证的不能，从而架空这一制度。因此，最为稳妥的方法是：由对方当事人承担初步举证责任，之后举证责任转移至被资助当事人，由被资助当事人证明自己有能力支付败诉后的不利成本。

（2）费用担保的作出不会影响被资助者的重大权益。费用担保令的本质特征是一项命令，遵守该命令是相关程序不被中止或驳回的一个条件。❶ 法院在针对第三方诉讼资助者作出费用担保时，必须考虑被资助者诉诸司法和接近正义的权利，必须考虑如果第三方诉讼资助者因为某些原因未能提供费用担保时的应对措施。因为资助者不遵守费用担保命令，就下令中止或驳回被资助者的诉讼程序，对被资助者来说有可能是不公正的。尤其是在

---

❶ Priestley JA in Rajski *v.* Computer Manufacture & Design Pty Ltd［1983］2 NSWLR 122 at 129.

涉及环境污染、食品药品安全等代表人诉讼中。在这一方面有影响力的案件是澳大利亚的 Turner 案。❶ 该案一审法院作出的针对资助者的费用担保命令，在上诉中被二审法院撤销。二审法院认为一审法院在作出针对资助者的费用担保命令时，没有考虑该命令对特纳先生和该团体成员的影响，也没有考虑到《公平工作法案 2009》[Fair Work Act 2009（Cth）] 第 570 条的规定。特纳不是奥古斯塔风险投资有限公司（Augusta Ventures Limited，AVL）的合资者或共同投资者，他是一名诉讼当事人，试图证明他认为的自己对被告的权利，并在一定程度上维护公共利益。要求资助者提供费用担保，有可能导致其不能提供时特纳的诉讼被中止或驳回。第 570 条规定，法院只有在以下情况下可命令当事人支付费用：法院确信，当事人提起诉讼是无理取闹或没有合理的理由；或者法院确信一方当事人的不合理行为或不作为导致另一方当事人承担费用；或者法院对以下两项均感到满意——该当事方不合理地拒绝参与法庭审理的案件且此事与诉讼的事实相同。而在本案中，特纳和 AVL 均没有以上行为。因此，我国法院在作出第三方诉讼资助时，必须考虑被资助者的利益。仅仅因为存在第三方诉讼资助，就要求资助者提供费用担保，会造成费用担保

---

❶ 该案件中一审法院作出的费用担保命令。该案涉及一起集体诉讼，申请人特纳是一名煤矿工人，他代表自己和煤矿的其他工人根据《IVA 法案》提起针对萨特矿业公司的集体诉讼，诉称雇主错误地将他和其他矿工归为临时雇员，导致他们无法享有长期雇员所应享有的工资和福利。而这些权利对特纳个人来说至关重要，因为他在一次工作场所事故中受伤，靠法定的工人赔偿金生存。为此，特纳及其他申请人与总部设在英国的奥古斯塔风险投资有限公司签署了资助协议，约定由其为集体诉讼提供资助金，胜诉后享有 25% 的收益。在一审中，被告申请法院作出针对资助者的费用担保命令，法院予以准许。资助者上诉至二审法院，二审法院撤销了费用担保命令。

申请的泛滥。

综上所述，第三方诉讼资助的兴起加剧了对方当事人收回成本的困难，对方当事人为了抵御这一风险多向法院提起费用担保申请。与之前情况不同的是，目前费用担保的被申请人不再局限于被资助当事人，也可能是第三方诉讼资助者。笔者认为，我国的法院有权对第三方诉讼资助者作出费用担保命令，但在作出这一命令时需要考虑被资助当事人使用第三方诉讼资助的目的、资助协议中资助者是否对不利成本承担责任，以及费用担保命令的作出是否会损害被资助当事人的利益。只有在被资助当事人确有资金困难，且资助者不承担不利成本支付义务，以及不会损害被资助当事人权益的情况下，法院才可以作出针对资助者的费用担保命令。

三、败诉费用承担规则

诉讼资助者是与潜在或实际诉讼当事人签订合同以资助诉讼的实体，通过支付包括律师费、诉讼费、项目管理费和索赔调查费用等在内的相关费用，以换取一定比例的诉讼收益。如果索赔失败，按照诉讼费用转移规则，被资助者需要承担对方当事人为了抗辩而支出的合理费用。在被资助者无力支付的情况下，法院能否要求资助者支付上面的费用？

（一）构建资助者败诉费用承担规则的必要性

关于是否有必要要求资助者承担败诉费用，澳大利亚高等法院在 Jeffery and Katauskas Pty Ltd *v.* SST Consulting Pty Ltd 上诉案[1]

---

[1] Jeffery & Katauskas Pty Ltd *v.* Rickard Constructions Pty Ltd［2009］260 ALR 34；83 ALJR 1180；［2009］HCA 43；239 CLR 75.

（简称 Jeffery 上诉案）中进行了深入的探讨。本部分以该案作为引子，阐述笔者的观点和对我国的立法建议。

Jeffery 上诉案中[1]，Jeffery 作为被资助案件中的对方当事人，向澳大利亚高等法院起诉该资助案件的资助者 SST，认为 SST 不承担原告败诉费用的行为构成滥用诉讼程序，请求法院判决由 SST 支付。[2] Jeffery 提出诉讼请求的依据是《新南威尔士州民事诉讼法案（2005）》第 98 条和《新南威尔士州统一民事诉讼规则（2005）》第 42.3 条的规定。[3] 根据《新南威尔士州民事诉讼法（2005）》第 98（1）条的规定，新南威尔士州最高法院拥有决定谁支付诉费的自由裁量权；[4] 这一自由裁量权可以延伸至非诉讼当事人。[5] 然而，这一自由裁量权的行使，受《新南威尔士州统一民事诉讼规则（2005）》的限制。该规则第 42.3 条规定，法院在行使其费用命令和自由裁量权时不得对非当事人发出任何费用命令[6]；除非当事人存在藐视法庭或滥用法院诉讼程序的行为，法院可以要求非当事人支付因藐视或滥用诉讼程序而产生的全部

---

[1] 本案中的被上诉人 SST Consulting Pty Ltd（简称 SST）是新南威尔士州法院审理的 Rickar Constructions v. Jeffery and Katauskas Pty Ltd 一案件中原告方的诉讼资助者，资助了资金困难的原告起诉本案的上诉人 Jeffery and Katauskas Pty Ltd（简称 Jeffery），Jeffery 为此曾先后两次向法庭申请费用担保命令，并获批准。但 Jeffery 胜诉后，担保费用和审判费用存在 45 万美元差距，因原告资金困难，诉讼资助者 SST 拒绝承担败诉费用的支付义务，Jeffery 无法收回全部的费用成本。

[2] Jeffery at para 10 – 11.

[3] Civil Procedure Act 2005 (NSW) s 98, Uniform Civil Procedure Rules 2005 (NSW) s 42.3.

[4] Civil Procedure Act 2005 (NSW), s 98 (1) (a).

[5] Civil Procedure Act 2005 (NSW), s 98 (1) (b).

[6] Uniform Civil Procedure Rules 2005 (NSW), r 42.3 (1).

或部分费用。[1] Jeffery 认为，本案存在"非当事人"滥用诉讼程序的情况。SST 作为诉讼资助者资助了一个贫困的原告，但没有向原告提供败诉费用命令的赔偿。[2] SST 的行为构成滥用诉讼程序，法院有权力向 SST 作出要求其支付败诉费用的费用命令。

澳大利亚高等法院认为：Jeffery 上诉案不存在滥用诉讼程序的情况，新南威尔士州最高法院无权在这种情况下对诉讼资助者发出诉讼费用命令。[3] 首席法官费兰治（French CJ）以及甘慕贤（Gummow）、海恩（Hayne）、古理南（Crennan）四位法官共同作出的多数判决认为：诉讼程序没有被滥用，上诉人的主张过于宽泛，缺乏理论基础。该提议将导致支持公司原告索赔的股东、支持个人原告索赔的亲属以及向公司原告提供透支便利的银行承担同样的费用责任。上诉人的主张缺乏理论基础。上诉人试图先采用关于滥用程序的一般原则（尤其是有关"不公平"的概念）立论，然后抓着本案在资助安排上的某一特点说明这一安排的后果对被告"不公平"。这是一项循环论证。资助者以抽取胜诉费用或其他形式获得利益，并没有增加任何会打破推理循环或以其他方式支持存在滥用过程的主张。[4] 因此 Jeffery 的上诉被驳回。Jeffery 上诉案的裁决支持了法院为针对第三方诉讼资助者的费用命令设定了高标准的观点，即不能仅仅因为诉讼由诉讼资助者资助就援引该规则。高等法院的决定对诉讼资助者来说是一个绝好

---

[1] Uniform Civil Procedure Rules 2005（NSW），r 42.3（2）.
[2] Jeffery at para. 17.
[3] Jeffery at para. 29 – 30.
[4] Jeffery at para. 43.

的消息，因为判决意味着在与本案案件事实相同或者相似的其他案件中，诉讼资助者同样不需要承担败诉后的费用责任。

然而，该案的黑顿法官在判决书中表达了不同意见，他认为第三方资助者没有向原告支付败诉费用，已属滥用程序，资助者不支付败诉费用，使被告遭受了不公正的待遇。诉讼程序的目的是维护诉讼当事人的权益，不是为第三方资助者赚取利润，如果诉讼失败，纯粹为了商业利益的第三方不应逃避费用责任。❶ 尽管 Fostif 案已确认与案件实体争议无关的第三方资助者为了谋求商业利益而资助他人诉讼是合法的、不违反公共政策的，但值得注意的是，Fostif 案件中的资助者在资助协议中承诺：如果被资助当事人败诉，资助者将代表被资助当事人支付败诉后的相关费用，而 Jeffery 上诉案中资助者却没有做到这一点。基于公平公正的理念，胜诉方有权要求败诉方支付诉讼费用，败诉方拒绝支付使得胜诉方受到了不公正的对待。❷ 资助者为了取得巨额抽成比例而资助诉讼，但又不为原告对被告的法律责任提供任何有效保障，这对被告来说，显失公平且负担过重。❸ 笔者赞同黑顿法官的意见，理由在于：

第一，被告所遭受的不公是诉讼资助者滥用诉讼程序造成的。资助者以诉讼贷款中的出借人、按条件收费律师都不需要承担诉费命令为自己辩解的理由不能成立。回报和风险一致，资助者收取的报酬通常是总投资的 2~3 倍，远远高于诉讼贷款利息

---

❶ Green (as liquidator of Arimco Mining Pty Ltd) *v.* CGU Insurance Ltd [2008] 67 ACSR, para. 51.
❷ Jeffery at para. 111.
❸ Jeffery at para. 112.

和按条件收费案件中的律师提成费。如果贷款人或者律师按照这个标准收费的话，恐怕会受到法律的惩处。第三方诉讼资助者资助他人提起诉讼，但又不为他人提供充足的资金保障，以使该当事人能够在败诉时赔偿对方当事人的合理费用，应属于滥用诉讼程序。

第二，法院支持诉讼资助者不支付败诉费用的做法是有害的。资助者拒绝支付合理费用的做法，就像资助者对被告的挑衅："玩不玩这个游戏，不由你选择。这游戏由我们出资开始会一直玩下去。我们赢，你付钱给我们；你赢，我们不会付钱给你。"❶ 长此以往，会造成两种极端的局面：一是第三方诉讼资助制度成为赌徒的天堂，资助者抱着博彩赛马的心态赌某匹马会赢，认为马跑赢了可以收钱，马跑输了赔点赌注而已；二是被告在第三方诉讼资助案件中费用担保申请会进一步增多，原被告双方以及法院花费更多的时间、精力和金钱在程序性事务上，造成了当事人诉累和程序拖延。因此，法院裁判第三方诉讼资助者无须支付败诉费用，在单个案件中看似第三方诉讼资助者占了便宜，但从长远来看并不利于整个产业的纵深发展。

第三，要求资助者承担败诉费用，有助于防止投资者为了减少损失而在失败的情况下随意离开，因为最终其可能要承担成本。其他好处还包括：确保只有具备偿付能力的诉讼资助者才能为案件提供资金，并且只有具备能力为费用提供担保的资助者才能接手案件，特别是大型商业案件或群体诉讼。❷

---

❶ Jeffery at para. 112.
❷ Law Council of Australia, *Regulation of Third Party Litigation Funding in Australia: Position Paper*, p. 9.

因此，我国在构建第三方诉讼资助制度时，应构建资助者败诉费用承担规则。该规则的建立，有助于保护对方当事人的胜诉权益，防止资助者滥诉，防止司法资源被浪费。

（二）法院针对资助者作出败诉费用判决的法律依据

在确定了要构建资助者败诉费用承担规则后，另一个问题是法院对资助者作出承担败诉费用判决的法律依据和限度问题。

对于这一问题，澳大利亚法院要求资助者承担败诉费用的法律依据有两个：一是民事诉讼法的规定。澳大利亚新南威尔士州统一规则委员会于 2010 年 7 月废除了《新南威尔士州统一民事诉讼规则（2005）》第 42.3 条的规定，以便法院能够对诉讼资助者发出费用命令。维多利亚州《民事诉讼法》规定，促进公正、有效、及时和成本效益高的争议问题解决的首要义务，适用于向任何一方提供经济或其他援助的任何人，只要此人对民事诉讼的进行行使任何直接控制或任何影响。❶ 这明确包括保险公司和第三方诉讼资助者。在澳大利亚的所有司法管辖区，除了首都地区外，其他地区的法院可以针对非当事人的诉讼资助者发布费用命令。❷ 二是判例法确定的规则。澳大利亚新南威尔士州地区法院在 2012 年尤南诉吉奥有限公司（Younan v. GIO General Limited）❸ 一案中，确认了法院对非当事人作出诉费命令的权力。法院表示，对非当事人作出费用命令是例外情况，但一个为诉讼提供资金以追求利益的资助者，在败诉情况下不承担风险是

---

❶ Civil Procedure Act 2010（Vic）s 10（1）（d）.
❷ Legg et al, The Rise and Regulation of Litigation Funding in Australia, p. 647.
❸ Younan v. GIO General Limited（ABN 22 002 861 583）（NO.2）[2012] NSWDC 149.

不合理的。

英国法院要求资助者承担败诉费用的法律依据有两个。一是《最高法院法案》(Supreme Court Act) 规定：根据本法令或任何其他法令的规定和法院规则，所有诉讼的费用和附带费用应由法院酌情决定；法院有权决定由谁支付费用以及支付的额度。法院可以据此作出针对第三方资助者的败诉费用命令。二是判例法确立的规则。英国法院在 Arkin 案[1]和 Chapelgate 案[2]中，确立了法院要求资助者承担败诉费用的规则。

我国《民事诉讼法》中没有关于法院作出败诉费用命令的规定。但是按照《诉讼费用交纳办法》第 29 条"诉讼费用由败诉方负担，胜诉方自愿承担的除外"的规定，可以得出我国法院有权针对当事人作出费用命令的结论。为此，在构建第三方诉讼资助制度时以及诉讼实践中，我国可以通过立法的方式确定资助者在败诉费用承担方面的责任。

(三) 法院要求资助者承担败诉费用的比例与限度

在确定了法院有权针对资助者作出败诉费用命令的基础上，更深层次的问题是法院要求资助者承担败诉费用责任的比例和限度，是要求资助者承担全部的败诉费用，还是承担与其资助比例或者获利比例相当的败诉费用？关于该问题，英国法院的判例展现了国际社会对这一问题的常见判断，我们以此为范本讨论我国对这一问题的解决路径。

公益资助者不承担败诉费用。英国法院在 Arkin 判决中指

---

[1] Arkin v. Borchard Lines Ltd [2005] EWCA Civ. 655.
[2] [2020] EWCA Civ. 246.

出:"一般来说,法院不会对公益资助者(Pure Funders)行使费用命令裁量权。"公益资助者指的是那些在诉讼中没有个人利益,不能从中受益,没有将诉讼资助作为业务事项,也没有试图控制诉讼过程的资助者。❶ 在公益资助者资助的案件中,法院通常的做法是优先考虑被资助者获得司法救助的公共利益,而不是资助方收回其费用的权利,因此资助者不必承担费用。❷ 但如果资助者不仅为诉讼提供资金,而且在很大程度上控制诉讼或从中受益,假如诉讼失败,资助者需支付胜诉方的费用。在这些案件中,后一类资助者与其说是为被资助者诉诸司法提供便利,不如说是为自己的目的诉诸司法。他本人是诉讼的"真正当事人"。❸

营利型资助者在资助金额范围内承担不利责任。英国法院在 Arkin 案件中确立了这一规则。❹ 该案中,一审法院拒绝判令资助者支付原告败诉费用,被告提起上诉。上诉法院推翻了一审判决,判令资助者承担败诉费用,但仅需要承担与其提供资助金额一致的败诉费用。上诉法院认为,在本案中资助者仅资助了案件

---

❶ Hamilton v. Al Fayed, para 40.
❷ Arkin v. Borchard Lines Ltd. [2005] EWCA (Civ) 655, [2005] CP Rep 39 (2).
❸ Arkin v. Borchard Lines Ltd. [2005] EWCA (Civ) 655, [2005] CP Rep 39 (3).
❹ Arkin 案的一审原告阿尔金先生因资助困难、无力提起诉讼,说服律师与其签订了有条件收费协议,说服资助者 MPC 公司与其签订了资助协议。资助协议约定,MPC 承诺指示、聘请并支付安永会计师事务所的一名或多名专家费用,以提供一份关于因被告的行为造成的原告损失金额的报告,以及为这项会计工作提供各种辅助服务,包括秘书服务。如果案件胜诉,在 500 万英镑范围内,资助者抽取 25%,超过部分抽取 23%;如果案件败诉,资助者不享有追索权。在 MPC 共资助了原告 130 万英镑,被告共花费约 600 万英镑后,案件以阿尔金败诉告结。被告要求法院作出针对资助者 MPC 的败诉费用命令,赔偿其为诉讼支出的全部费用。这一请求被法院驳回,被告提起上诉。被告认为,一个为营利而支持一项被证明没有根据的索赔的资助者,应被要求赔偿胜诉被告在抵制索赔时合理产生的法律费用。

的一部分，没有参与阿尔金先生对案件的处理，也没有试图控制诉讼。❶ 在这种情况下要求其承担被告全部的费用，将导致没有资助者愿意提供资助，接近正义的途径将受阻。❷ 但鉴于资助者在案件胜诉的情况下有经济利益，因此，一个切实可行、公正的解决办法就是资助者在所提供的资金范围内对被告的费用承担潜在责任。❸ 要求资助者承担与其资助金额相同的败诉费用，可以使得正义得到更好的伸张，避免被告处于无权从营利型资助者处收回任何费用的境地。专业投资者将限制其提供的资金，以便将风险限制在合理的水平。专业资助者将更加谨慎地考虑诉讼的前景是否足够好，这符合公共利益。❹ Arkin 案作出的"资助者承担败诉费用的责任，仅限于其提供的资助金额"的判决，被人们称为"阿尔金上限（Arkin Cap）"规则。人们认为，该费用限制规则适用于所有的第三方诉讼资助案件和第三方资助者。然而这一默认在 Chapelgate 一案被推翻。

营利型资助者承担全部的败诉费用。Chapelgate 案❺中法院

---

❶ Arkin *v.* Borchard Lines Ltd [2005] EWCA Civ. 655, Rep 14.
❷ Arkin *v.* Borchard Lines Ltd [2005] EWCA Civ. 655, Rep 33.
❸ Arkin *v.* Borchard Lines Ltd [2005] EWCA Civ. 655, Rep 41.
❹ Arkin *v.* Borchard Lines Ltd [2005] EWCA Civ. 655, Rep 42.
❺ Chapelgate Credit Opportunity Master Fund Ltd *v.* Money [2020] EWCA Civ. 246. Chapelgate 案中，Chapelgate 公司是一名资助者，其向一位个人索赔者提供财政援助。该个人索赔者就管理人员违反各种职责和以低于价值的价格出售关键资产，以及邓巴资产有限公司（Dunbar Assets PLC）参与共谋和干涉行政程序提起索赔，后案件败诉。当个人索赔者没有支付被告败诉费用时，法院并没有将 Chapelgate 公司的赔偿责任上限定为 125 万英镑，而是命令 Chapelgate 公司向被告支付 430 万英镑费用时，被告根据《高级法院法》第 51 条申请法院对资助者发出败诉费用命令。该申请遭到了资助者的强烈反对，资助者认为应适用"阿尔金上限"规则，将其赔偿责任限制在该公司出资的 125 万英镑范围内。

要求资助者承担全部的败诉费用。Chapelgate 案中一审法院没有适用"阿尔金上限"规则，没有将 Chapelgate 的赔偿责任上限定为 125 万英镑，而是命令 Chapelgate 向被告支付 430 万英镑的全部费用。资助者不服提出上诉，上诉法院认为，"阿尔金上限"不是自动适用的约束性规则，并非在任何情况下都适用；在资助者承担败诉费用的限度上，法院应考虑案件的所有事实，然后自由裁量决定资助者承担败诉费用的责任限度。

一审法院法官斯诺登（Mr Justice Snowden）拒绝在本案中适用"阿尔金上限"规则时指出，"在 Arkin 一案中，法院只是简单地提出了一种方法，其希望这种方法可能会得到其他行使自由裁量权法官的认可"。因此，阿尔金上限并不是一个硬性规定，并非必须适用于所有涉及商业资助者的案例。是否适用阿尔金上限规则的关键在于，适用该规则是否会导致"特定案件能够得到公正结果"。[1] 要求资助者承担全部败诉费用的理由在于：首先，Chapelgate 公司资助的案件中，索赔人的行为是"明显不正常的"，含有猜测和夸张的成分，这导致被告为维护自己的职业声誉承担的费用有所增加。其次，Chapelgate 公司在选择资助之前，有充分的机会对索赔的性质进行调查并形成看法，资助者无法与索赔人的行为脱离关系，适用"阿尔金上限"规则将与赔偿费用的命令"绝缘"。最后，Chapelgate 公司作为一个商业企业为诉讼提供资金时，理应密切关注自身利益。对 Chapelgate 公司来说，显然原告很可能无力承担应由其支付的费用，被告的费很可能更多，远远超过 Chapelgate 提议在诉讼中投入的金额。

---

[1] Davey v. Money & Anor［2019］EWHC 997（Ch）.

Chapelgate 公司意识到了这一点,因此将其资金承诺额减半,即从 250 万英镑降至 125 万英镑,但保留相同的潜在回收份额,即承诺额的 5 倍或净奖金的 25%,以较大者为准。很明显 Chapelgate 公司通过谈判获得了可观的商业利润。在这种情况下,法官认为,如果被告被迫为自己辩护而承担大量费用,但胜诉时只能收回一部分费用,显然会有不公正的风险,因此资助者应该承担被告全部的费用。

上诉法院同意斯诺登法官对"阿尔金上限"的分析。上诉法院认为,Arkin 案的判决只是一种值得赞扬的"方法""建议""提议"或者"解决方案",今后处理类似案件的法官没有严格的义务采取这种办法。"阿尔金上限"绝不是"多余的",但它也不是"有约束力的规则"。法院有决定商业资助者应支付费用命令额度的自由裁量权。上诉法院指出:首先,与 Arkin 案资助者只提供了索赔人费用的一个独特部分不同的是,本案自资助协议签订之日起,索赔人所有的费用均由 Chapelgate 公司提供。其次,Arkin 案判决是在诉讼第三方资助刚刚出现,以及有条件费用协议和事后保险处于发展初期时作出的。当时缺乏责任上限可能会阻止商业资助者参与诉讼,并对诉诸司法产生不利影响。然而,随着这些制度的发展和成熟,这种风险已经减少。资助者已经可以通过确保自己或索赔人拥有事后保险来保护自己的权益。最后,如果获胜 Chapelgate 公司将获得丰厚的回报。事实上,原告必须从被告那里收回超过 Chapelgate 公司支出费用 5 倍的赔偿金,才有可能为自己保留一些。如果资助者为索赔人成本中的最大份额出资,以换取对多方诉讼的潜在成果中的最大份额收益,则法官下令该资助者至少承担最大份额出资的责任也就不足为奇。此时资助者在索赔人费用上的支出是否是较小的数字已经无关紧要。

有人认为 Chapelgate 案的判决意味着"阿尔金上限"的终结。对此笔者持反对意见，笔者认为 Chapelgate 案的判决并不意味着"阿尔金上限"的终结，相反这两个案件反映了法院在判定资助者承担败诉费用比例方面共同的思路，即法官享有自由裁量权，这一自由裁量权决定了资助者承担的金额范围从资助者的投资限额直至全部的败诉金额。这种自由裁量权上限形式将提供更好的风险和回报平衡，并在一定程度上确定投资者的潜在风险程度。这两个案件揭示出英国法院在决定资助者承担败诉费用比例时，着重考虑以下几点：

一是资助者的资助比例。资助者是支付与索赔相关的所有费用还是部分费用；Arkin 案中资助者只是资助了案件的一部分，而 Chapelgate 案中资助者资助了案件的全部。

二是资助者的行为。资助者在诉讼中是否存在不当的行为，如试图控制诉讼程序、提出夸大索赔金额；Arkin 案中资助者没有试图控制诉讼程序，而 Chapelgate 案中索赔人的行为是"明显不正常的"，含有猜测和夸张的成分，资助者在之前的评估中没有重视这一问题而理应承担责任。

三是资助的投资回报率和回报金额。胜诉情况下资助者报酬越高越有可能被认为是"真正的当事人"，并被命令支付败诉费用；Arkin 案中资助者投资回报率控制在 23%~25%，Chapelgate 案中资助者在资助金额减半后，仍保留相同的潜在回收份额，表明了巨大的利润空间。

四是接近正义的可能性。Arkin 案中法官认为，要求资助者承担与其资助金额相同的败诉费用既可以使正义得到伸张，也可避免被告处于无权从营利型资助者处收回费用的境地，同时可以督促资助者更加谨慎地作出资助决定。如果要求资助者承担全部的败诉费用，会导致没有资助者愿意提供资助，接近正义途径将因此受阻。Chapelgate 案法官认为，随着诉讼资助、有条件费用协议和事后保险市场的发展和成熟，要求资助者承担全部费用将阻碍当事人实现正义，导致资助者不愿意资助的风险已经减少，资助者现在可以通过与律师签订有条件的费用协议或者购买事后保险减轻风险。

因此，我国法院在判定资助者承担败诉费用的比例和限度时，可以参照以上要素，作出关于资助者承担败诉费用的命令。在资助者资助案件的全部，并在诉讼过程中存在不当行为，如控制诉讼程序、恶意夸大索赔金额等，以及提取高额回报率的情况下，可以要求资助者承担全部的败诉费用。但在资助者只是资助案件部分，并且在诉讼中没有试图控制诉讼程序等不当行为，且回报比例适当的情况下，可以将资助者承担的比例限制在资助金额内。

第四节　第三方诉讼资助制度的利益冲突消减规则

一、资助者内部管理规则

第三方诉讼资助中所涉各方关系，可能导致被资助者与资助者、被资助者与律师之间的利益冲突。从宏观上讲,资助者、被资助者、律师的利益具有一致性,三方都希望案件胜诉,各自获得回报。但从微观上讲,资助者的利益在于将与诉讼资助有关的法律和行政成本降至最低,以寻求回报最大化;被资助的利益在于尽可能减少支付给资助者的报酬,尽可能多地增加从被告处收回的金额;律师的利益在于收取与提供服务有关的费用。利益的不一致导致资助者、律师和被资助者之间的利益冲突。[1]

(一)构建资助者内部管理机制的必要性

在第三方诉讼资助中利益冲突问题凸显,是因为资助者、被资助者的利益存在冲突。以和解为例,一项诉讼资助长达数年,在此期间资助者投入了大量的金钱和行政成本。资助者基于此压力,多半希望通过和解等方式快速结案,以回笼资金投入下一项诉讼资助计划中,即使和解的金额可能低于最后的判决金额。而这可能要遭到被资助者的反对。在有第三方资助的情况下,被资助者无须支付与诉讼有关的费用。因此,被资助者没有成本压力,更倾向于将诉讼进行到底。在和解中相反的情形也可能发生,即被资助者希望和解,但资助者反对和解。被资助者作为案件的当事人,与对方当事人通常有合作关系。当诉讼进行至一半,双方当事人关系缓和时,被资助者可能希望通过和解结案,以修复双方关系,尽管此时的和解金额可能低于最后的判决金额。但这种情况可能招致资助者的反对,资助者更希望通过

---

[1] ASIC Regulatory Guide 248, Litigation Schemes and Proof of Debt Schemes: Managing Conflicts of Interest.

诉讼结案获取更高的赔偿金额和更高比例的投资回报。资助者与被资助者之间的利益分歧，还缘于其他的原因。资助者几乎都是公司企业，需要对合伙人或股东负责；资助者有时不得不着眼于短期利益以实现良好的财务报表，令投资者和股东满意；如果资助者投资了一系列案件，在针对个案作出决定时还需要考虑整个投资组合情况。而作为案件当事人的被资助者，其在诉讼中除了希望能够拿到更多的赔偿金之外，有时还希望有朝一日能够出庭，通过法庭公开审理的方式恢复自己被损害的商业信誉；或者希望获得非金钱补偿，如对方当事人赔礼道歉，对方当事人行为改变等。

资助者与被资助者的利益冲突，通常出现在以下情形中：第一，诉讼策略的选择问题。例如在诉讼结构模式选择上，群体诉讼中是采用人人都可以随时加入的开放式模式，还是采用只有签订资助协议者才能加入的封闭式模式。第二，替代性纠纷解决方式的适用。如是否以调解或和解方式结案，调解或和解的结算金额、支付方式等。第三，撤诉和上诉。在诉讼进行至一定阶段时，被资助者因为自身的原因，如恢复与被告的关系等想要撤回起诉；而此时资助者投入了大量的费用和成本，撤诉将导致其血本无归，资助者反对撤诉。在上诉问题上，如被资助者对案件判决结果不满意，希望通过上诉的方式获得更为有利的结果，但资助者经过判断后认为上诉的意义不大。

在存在利益冲突的情况下，往往是以损害被资助者利益收场。这是因为：首先，被资助者作为偶然涉诉的当事人，和长期从事诉讼资助的专业资助者相比，在法律知识储备、资助协议条款理解能力、资助条件谈判能力等方面存在差距。这造成了资助者和被资助者之间的信息掌握和讨价还价能力的不对称。诉讼资助者可能借此机会，通过控制律师或者控制诉讼程序等方式损害被资助者的利益。其次，由于信息不对称，被资助者严重依赖律师以合乎职业道德的方式行事，其判断受律师专业精神的显著影响。客户的脆弱性和律师对自身固有的道德和诚实的幻想相结合，形成了"有限的道德性"，这可能会在不知不觉中影响律师的判断和决策质量。❶ 换句话说，即使律师有意识地认为自己是在为客户的最大利益行事，但无意识地对资助者的经济依赖也有可能影响其决策。

资助者、被资助者之间的利益分歧，意味着利益冲突难以避免。因此，有必要构建资助者内部利益冲突管理规则，通过规制资助者的行为，管理可能出现的利益冲突，保护被资助当事人的利益。

（二）我国资助者内部管理规则的内容

构建资助者内部利益冲突规则，做得最好的国家是澳大利亚。澳证券投资委员会 2012 年出台了《监管指南 248》。该监管指南是 2012 年联邦政府在资助者持有金融服务许可证背景下，要求资助者遵守适当的程序管理利益冲突的产物。❷ 资助者不遵守《监管指南 248》管理利益冲突的行为，可能构成犯罪。❸《监管指南 248》的影响是深远的。我国香港在制定《第三者资助实

---

❶ D. Chugh, M. H. Bazerman, M. R. Banaji, *Bounded Ethicality as a Psychological Barrier to Recognizing Conflicts of Interest*, in D. Moore, D. M. Cain, G. Loewenstein & M. H. Bazerman eds, Cambridge University Press, 2005, n. 5, pp. 74 – 95.

❷ Explanatory Statement, Select Legislative Instrument 2012 NO. 172 1. Corporations Regulations 2001（Cth）reg 7. 6. 01AB.

❸ Corporations Regulations 2001（Cth）reg 7. 6. 01AB（3）.

第五章　第三方诉讼资助制度本土化的构建方案 | 273

务守则》第2.6条和第2.7条的规定时,❶ 基本上照搬了《监管指南248》的内容。结合澳大利亚和我国香港地区在构建资助者内部利益冲突方面的规定和经验,我国应要求资助者在管理利益冲突方面做到以下几点。

（1）资助者要有识别和管理利益冲突的书面程序。资助者要对其与诉讼资助有关的业务运行进行审查,以确定和评估潜在利益冲突。资助者需要有效地执行以上评估检查程序并定期审查（时间间隔不少于12个月）程序。由资助者的高级管理层或合作伙伴监督程序的实施和管理。诉讼资助者要有保护被资助者利益的程序。在资助者和被资助者利益发生冲突时,被资助者的利益应得到充分保护。资助者需要证明其已有措施来确保不论存在何

---

❶ 香港《第三者资助实务守则》第2.6条规定,出资第三者：（1）须在资助协议存续期间维持有效的程序,以管理因出资第三者就资助协议所从事的活动而可能产生的利益冲突；（2）须在资助协议持续期间依循第2.7段所述的书面程序；（3）以及不得采取任何会引致或可能引致被资助者的法律代表违反其专业职责而行事的步骤。第2.7条规定：就第2.6（2）段而言,出资第三者如能以文件证明已采取以下步骤,即属已设立有效程序管理可能产生的利益冲突：（1）出资第三者已检讨其有关资助协议的业务运作,以识别及评估潜在的利益冲突；（2）出资第三者：（a）设有识别及管理利益冲突的书面程序；以及（b）已执行有关程序；（3）每隔不超过12个月检讨有关书面程序一次；（4）有关书面程序包括有关以下事宜的程序：（a）检查出资第三者的运作,以识别和评估潜在的利益冲突；（b）向被资助者及潜在被资助者披露利益冲突；（c）管理可能出现利益冲突的情形；（d）保障被资助者及潜在被资助者的利益；（e）处理律师同时为出资第三者及被资助者或潜在被资助者行事的情况；（f）处理出资第三者、律师及被资助者（或潜在被资助者）相互之间有先前存在关系的情况；（g）检讨资助协议的条款,确保有关条款符合第609章10A部分及本《实务守则》；以及（h）向潜在被资助者进行推销；（5）检讨资助协议的条款,确保有关条款符合第609章10A部分及本《实务守则》；（6）有下列人事实施、监察及管理第（1）至（5）分段所述的事宜［包括第（4）（a）至（h）分段所述的程序］：（a）如出资第三者是实体而非个人,则该出资第三者的高级管理人员或合伙人；（b）如出资第三者是代表某实体的个人,则是该实体的高级管理人员或合伙人。

种不同的利益，资助者的服务都以符合其义务的方式提供，以保持适当的措施并遵循某些管理利益冲突的程序。资助者的商业利益需要以确保充分保护成员利益的方式来追求。在进行诉讼资助计划时，资助者会考虑利益分歧可能对成员利益造成的风险。

（2）资助者要有防止利益冲突情形出现的程序。该程序应包含以下内容：第一，营销合规审查。在招揽客户时，应审查营销宣传方案，确保广告或材料的内容形式不会在重要特征、风险或回报等方面误导潜在被资助者。第二，协议必备条款。例如，冷静期条款，保障被资助者寻求法律咨询的机会；明确律师有义务优先考虑被资助者的指示而不是资助者的要求；和解要约的审查和决策程序，包括在决定和解时将考虑和不考虑的因素；向被资助者和法院全面披露和解条款的义务；与该计划有关的争议解决方案；向成员清楚全面地披露资助者和律师之间的协议条款等。

（3）资助者要有披露利益冲突的书面程序。资助者要有向被资助者或者潜在被资助者披露利益冲突的书面程序。资助者的利益冲突书面程序应做到及时、突出、具体且有意义，并包含足够的细节以便被资助者了解不同利益的潜在影响。利益冲突书面披露程序有助于被资助当事人理解潜在利益冲突的具体情况，可提高被资助者在签订资助协议时的决策能力，并降低被误导的风险。利益冲突书面披露程序有助于被资助当事人选择争议解决方案的详细信息。争议解决机制是解决潜在利益冲突的重要机制，是平衡资助者和被资助者利益的公平手段。因此，任何关于争议解决机制的可用性细节，对于被资助者评估潜在冲突的可能影响系重要的。

（4）资助者要有和解监督程序。在未经过诉讼程序达成和解协议的情况下，任何和解协议的条款应得到被资助者律师或者独立第三方律师的批准。独立第三方律师的批准，可以防止资助者和律师在和解谈判时更倾向于自己的商业利益，而不是被资助当事人的商业利益，可以确保和解协议是公平合理的。独立第三方律师在确定和解方案是否公平合理时应考虑以下因素：和解协议拟支付给被资助当事人的赔偿金额；如果不和解，该案诉讼成功的前景（案件具有的实质性或程序性弱点）；被资助者获得判决金额明显超过和解金额的可能性；在群体诉讼中其他成员对和解的态度；如果继续诉讼，可能需要消耗的时间和费用；资助协议中关于审查和决定是否接受任何和解要约时将适用的程序性条款，包括在决定和解时将考虑和不考虑的因素；如果和解未获批准，资助者是否会拒绝为接下来的诉讼提供资金；和解是否会损害第三方利益，是否会造成对他人的不公等。

二、律师外部防范规则

（一）构建律师外部防范规则的必要性

在资助者与被资助者出现利益冲突时，律师作为被资助者的代理人，理应为当事人提供专业建议并代表被资助者行使判断权。但现实情况并非总是如此。在第三方诉讼资助中律师与资助者的关系，远非资助者支付律师代理费用这么简单，资助者和律师之间的关系错综复杂。如律师可能是资助者的法律顾问，律师之所以能够担任案件代理人系资助者引荐而来，律师和资助者私下约定如果案件和解结案资助者愿意另外支付报酬，律师持有资助者上市公司大额的股票债券等。在以上情形中，律师可能违背对被资助者的忠实义务，劝说被资助当事人作出不利决定。

律师对客户的责任包括三个方面：一是能力，律师需要具备解决委托事宜所要求的专业知识和专业技能。❶ 二是忠诚，律师应及时、全面地向客户披露其所掌握的信息，并尽最大努力为客户利益行事。❷ 三是保密，除危害公共安全、涉嫌犯罪等法定事由外，律师不得泄露与客户沟通或者案件办理过程中获得的信息。❸ 在第三方诉讼资助中，侧重关注律师的忠诚责任。忠诚意味着律师不得将自己置于存在或可能存在冲突的位置，除非得到客户的知情同意。在忠诚责任下，律师可能面临利益冲突的场景有二：一是职责与利益的冲突，律师作为受托人的职责与自己利益之间存在冲突，如律师作为被资助当事人的代理人，本应该在和解等事宜中维护被资助当事人的利益，但因为和解后律师能获得更高的代理费用，律师此时面临职责与利益的冲突。二是职责与职责的冲突，律师作为一个人的受托人的职责和他作为另一个人的受托人的职责之间的冲突，如律师同时作为诉讼资助者和被资助者的代理人，在资助者和被资助者存在利益分歧时律师面临职责与职责的冲突。

法律和行业规则要求律师严格遵守忠诚义务，不得将自己置

---

❶ 如澳大利亚法律委员会《职业行为和实践示范规则》第 1.1 条（Law Council of Australia, Model Rules of Professional Conduct and Practice, Rule 1.1）规定从业者必须诚实、公平、称职、勤勉地为客户服务。
❷ 如澳大利亚《职业行为和实践示范规则》第 9 条规定：从业者不得允许任何个人利益与客户利益相冲突，不得为个人利益对客户施加不当影响，一旦利益冲突显现，不得继续行动。
❸ 澳大利亚《职业行为和实践示范规则》第 3 条规定：法律从业人员不得披露客户的机密信息，除非得到客户授权，或者法律强制披露以防止实施或隐瞒刑事犯罪，或者信息已失去保密性。

于任何较低标准之下。忠诚义务被严格适用，旨在确保律师能够忠诚地为客户提供中立和有益的建议，确保市场上对律师代理制度的信心。如果第三方诉讼资助中律师违背职业和义务，通过损害被资助者利益获得私利，将动摇社会对律师的信任，这对第三方诉讼资助制度的长远发展而言是极其不利的。

（二）我国律师外部防范规则的内容

在构建利益冲突律师外部防范规则方面做得最好的地方是新加坡和迪拜。新加坡在 2017 年《民法（第三方资助）条例》[Civil Law (Third-Party Funding) Regulations] 颁布后，很快修订出台了 2017 年《法律职业（专业行为）（修订）规则》[Legal Profession (Professional Conduct) (Amendment) Rules]。新加坡律师协会在 2019 年发布了《新加坡律师协会第三方资助指引 10.1.1》(Law Society of Singapore, Guidance Note 10.1.1 Third-Party Funding)。迪拜国际金融法院在 2019 年颁布的《法律从业人员强制行为守则》(Mandatory Code of Conduct for Legal Practitioners in the DIFC Courts) 第 12（E）条规定：执业律师不得因客户的指示或利益与任何相关资助者的指示或利益之间的任何冲突而偏离其对客户的职责，除非客户已书面授权从业律师接受资助者而非客户的指示。❶ 因此，律师在关键问题上应听命于被资助当事人，防止资助者过度干预。借鉴新加坡的立法经验，我国在构建利益冲突律师外部防范规则时，可以着重关注以下五个方面。

（1）律师仅与被资助者签订代理协议。若律师同时与资助

---

❶ Dubai Int'l Fin. Ctr., Order No. 4 of 2019.

者、被资助者签订代理协议,将导致律师需要对双方承担忠诚职责和信托义务,以及维护双方的最大利益。在双方利益不一致时,律师面临着职责与职责之间的冲突。因此,最为稳妥的办法是律师仅与被资助者签订代理协议,并在资助协议中明确律师与资助者之间不存在聘用关系,律师听从被资助者的指示。但值得注意的地方是,律师与资助者不存在聘用协议,并不意味着一定不存在信托关系。澳大利亚高等法院在联合领地有限公司诉布赖恩有限公司(United Dominions Corporation Ltd v. Brian Pty Ltd)一案中指出:"信托义务可以存在于尚未达成协议或可能永远不会达成协议的各方之间。"❶ 律师与资助者的关系始终是密切的。这种密切关系贯穿了诉讼资助的整个过程。律师和资助者之间的经济关系可以用一句话来概括:"谁出钱,谁做主。"尤其在集体诉讼中资助者扮演了诉讼企业家的角色,资助者负责识别诉讼原因、收集证据、对案件进行尽职调查,并通过动员权利人起诉来创建诉讼实体,资助者资助的案件是律师重要的案源。因此,有必要再次强调在涉及案件处理的关键问题上,律师要听从被资助当事人的指示。

(2) 律师在关键问题上听命于被资助当事人。资助者想要与律师建立关系,源于其控制诉讼程序的需要。❷ 资助者不是案件的当事人,因此对诉讼程序的控制需通过律师实现。资助者认识到了这一问题,因此在事关律师问题上资助者会要求被资助者:与资助者协商律师的委任;不可撤销地指示律师就诉讼中的

---

❶ (1985) 157 CLR 1.
❷ U. S. Chamber Institute for Legal Reform, *Litigation Funding in Australia Identifying and Addressing Conflicts of Interest for Lawyers*, February, 2012, p. 28.

任何重大问题与资助者协商并适当考虑其对诉讼的意见；允许资助者直接与律师沟通。❶ 资助者通过律师控制诉讼程序，容易为律师利益冲突埋下隐患。如资助者直接与律师沟通，将导致被资助者与律师之间的沟通受阻，律师难以履行其对客户的沟通、告知义务，诉讼成为资助者和律师之间的事情。如澳大利亚法院在美食城达尔梅尼诉 IGA 配送有限公司（Keelhall Pty Ltd t/as "Foodtown Dalmeny" v. IGA Distribution Pty Ltd）❷ 一案中，因律师直接与资助者联系而不与被资助当事人沟通，❸ 而被法院以律师没有作为客户坚实的代理人因而存在滥用诉讼为由中止了诉讼程序。❹ 而在 QPSX 一案中❺，因为资助者无权向律师发出任何指示，❻ 法院判决不存在滥用诉讼程序，并驳回被告中止诉讼程序的请求。

（3）律师不得与案件结果有经济利益。律师与案件结果有经济利益，容易引起律师职责与利益之间的冲突。律师可能为

---

❶ U. S. Chamber Institute for Legal Reform, *Litigation Funding in Australia Identifying and Addressing Conflicts of Interest for Lawyers*, February, 2012, p. 25.
❷ Keelhall Pty Ltd t/as "Foodtown Dalmeny" v. IGA Distribution Pty Ltd ［2003］54 ATR 75.
❸ Keelhall Pty Ltd t/as "Foodtown Dalmeny" v. IGA Distribution Pty Ltd ［2003］54 ATR 75 at ［25］-［28］.
❹ Keelhall Pty Ltd t/as "Foodtown Dalmeny" v. IGA Distribution Pty Ltd ［2003］54 ATR 75 at ［64］.
❺ QPSX Ltd v. Ericsson Australia Pty Ltd (No. 3) ［2005］219 ALR 1.
❻ QPSX Ltd v. Ericsson Australia Pty Ltd (NO. 3) ［2005］219 ALR 1 at ［45］-［46］.该案中，律师由被资助者 QPSX 指定，并受资助者管理。资助者一是无权向律师发出任何指示，二是不得对诉讼程序行使任何控制权，三是要根据律师提出的合理要求适时提供协助。在和解事宜上，如果资助者和被资助者意见不一发生争议，争议将提交给双方共同选择的独立第三方决断；如果争议持续存在，则由澳大利亚商事争议中心提名的调解员进行调解；争议在首次出现后两周内得不到解决的，被资助者有权通过和解的方式结案。

了自身经济利益损害被资助当事人利益。为此，可以规定：第一，律师可以为其客户介绍资助者，但不能从介绍中获得任何直接经济利益；第二，律师不得持有其向客户介绍资助者或与其客户签订第三方资助协议的资助者的任何股份或所有权权益，以及从其持有股份或所有权权益的资助者处收取佣金、费用或收益分成。

（4）律师应全面、充分、及时地披露利益冲突。忠诚责任要求律师在存在潜在利益冲突时，全面、充分、及时地披露利益冲突，确保客户知情、同意，以及必要时获得独立的第三方意见。"全面披露"要求律师必须认真披露所有重要信息，以及他知道的可能影响当事人利益的一切信息。"充分披露"要求律师在披露利益冲突时，确保客户知晓利益冲突的存在以及利益冲突对客户的影响；律师不能仅披露利益冲突存在，而不披露利益冲突的不利影响。"及时披露"要求律师在利益冲突显现或者律师发现有利益冲突可能性时立即行动，在第一时间向客户披露。若客户在充分知晓利益冲突后仍然同意继续聘用的，律师因得到当事人的豁免可以继续代理。然而，即使律师完全披露仍然存在一个问题，即在存在利益冲突的情况下律师很难为客户提供完全公正的建议。因此，律师有必要建议客户从第三方处获得独立、客观的法律意见。

（5）必要情况下聘请独立第三方介入。在资助者和被资助者对和解等重大事项存在分歧时，律师应将争议提交至独立的第三方，由第三方提供解决方案。交由独立第三方解决，既限制了资助者指示律师的权利，也防范律师为迎合资助者或者谋取自身利益而损害被资助者利益。第三方可以是独立的律师，也可以是商事调解机构。第三方作出的意见可以有约束力，也可以没有约束力。在意见不具有约束的情况下，律师面临的利益冲突实际上没有得到有效解决。因此，最为稳妥的做法是律师不要将自己置于利益冲突的位置。

三、法院司法审查规则

资助者内部利益冲突管理规则和律师外部利益冲突防范规则，可以杜绝大多数利益冲突情形的出现，但除了市场从业者的自我管理和防范，法院的司法审查可以起到查漏补缺的作用，成为保护被资助当事人利益的兜底性规则。针对存在利益冲突的情形，法院有权中止构成利益冲突的资助程序。法院对利益冲突的审查，通常是在审查资助协议是否违反公共政策或者构成滥用程序的背景下进行的。

（一）法院有权终止构成利益冲突的资助程序

法院在审查律师利益冲突方面的经典案例是澳大利亚克莱尔·凯利公司诉特拉塞案［Clairs Keeley（A Firm）v. Treacy］（以下简称 Clairs 案）[1]。该案件因律师存在职责与利益的冲突，诉讼程序被中止。Clairs 案中原告与第三方诉讼资助者 IMF 签订了资助协议约定：资助者承担原告一切费用，如果案件胜诉原告向资助者支付 35% 的胜诉金，并偿还资助者支付的费用。在与被资助者签订资助协议后，资助者 IMF 和所罗门兄弟律师事务所（Solomon Brother Law Firm）签订了律师费用协议，约定如果案件败诉，资助者没有按照资助协议收回成本和利润，律师费

---

[1] ［2003］28 WAR 139.

用将打 8 折；如果案件胜诉，资助者按照资助协议收回成本和利润，律师费用在 100% 费用基础上增加 25% 的提成。按照资助协议约定，案件胜诉后被资助者要支付资助者已付费用，因此这意味着资助者将律师可能多收取的 25% 费用转嫁给了被资助者。但资助者与律师签订的协议，事前没有获得被资助者的授权，事后也没有披露给被资助者。

西澳大利亚州上诉法院认为，律师没有告知被资助者支付高于定额的法律费用损害了被资助者利益，律师的行为违背了对客户的忠实责任，裁定中止程序。❶ 为了使法院恢复诉讼程序，资助者和律师先后三次修改了费用协议内容，直至最后向被资助者披露了这一信息，并让被资助者自主作出了选择。第一次资助者 IMF 承诺将原先由被资助者承担的 25% 的律师费用提成改为自己承担。但上诉法院认为，即使修改了协议，律师仍然存在利益冲突；因为在资助者商业利益和客户利益不一致的情况下，律师为了实现代理费用的提高可能会侧重资助者而非被资助者的利益；律师对诉讼结果有个人利益导致其处于利益冲突中。❷ 第二次律师事务所承诺放弃 25% 的律师费用提成，不论案件成败都收取 100% 的基础费用。上诉法院认为律师仍然存在利益冲突，因为律师没有将费用协议中费用提成一事告知被资助者而是试图签订新的协议，再次违反了忠诚责任。❸ 如果该律所能更充分地理解他们对被资助者的义务，在被资助者知情同意的情况下作出继续与资助者和律师合作的决定，那么合议庭将准备接受程序被

---

❶ Clairs Keeley (A Firm) v. Treacy [2003] 28 WAR 139 at [162] and [168].
❷ Clairs Keeley (A Firm) v. Treacy [2004] 29 WAR 479.
❸ Clairs Keeley (A Firm) v. Treacy [2004] 29 WAR 479 at [87]–[88].

滥用的风险。但遗憾的是，合议庭律师没有将上述密切影响着被资助者的权利和义务的情况以及合议庭的决定充分告知被资助者。❶ 第三次律所写信给被资助者，明确告知被资助者上诉法院发现其违反了信托义务，被资助者应获得独立的法律咨询。❷ 被资助者可以选择是否继续与诉讼资助者以及律师合作。❸ 被资助者向法院表示，他已经完全了解所有情况后，法庭恢复了对案件的审理。

Clairs 案件表明，尽管法律规定了资助者和律师在避免利益冲突方面的义务，但资助者的内部审查规则和律师外部防范规则在一定程度上还是会有疏漏，此时法院的司法审查就尤为关键。法院在确定是否存在滥用程序时，最重要的考量因素系律师的地位。如果律师独立于资助者，能够充分意识到对客户的信托义务，法院可以更加确信诉讼程序不会滥用。❶ 但如果律师和资助者存在利益关系，律师存在职责和利益的冲突，那么法院倾向于认定诉讼程序被滥用，可作出中止诉讼程序的决定。

我国法院在第三方诉讼资助案件中，针对被资助当事人提出的资助协议可能存在利益冲突，或者对方当事人提出资助者或者律师存在滥用诉讼程序、违反公共利益的行为时，应该对资助协议和律师费用协议予以审查。在资助者或者律师存在利益冲突的情况下，法院有权中止诉讼程序，要求资助者或者律师修改协议内容，直至利益冲突情形消除。法院司法审查权在防范利

---

❶ Clairs Keeley (A Firm) v. Treacy [2004] 29 WAR 479 at [133] - [134].
❷ Clairs Keeley (A Firm) v. Treacy [2005] WASCA 86 at [22] - [23].
❸ Clairs Keeley (A Firm) v. Treacy [2005] WASCA 86 at [24] - [25] and [28].
❶ Clairs Keeley (A Firm) v. Treacy [2004] 29 WAR 479 at [75].

益冲突、保障当事人利益、维护司法秩序方面具有兜底的保障作用。

(二)法院有权修改构成利益冲突的资助条款

第三方诉讼资助中存在一种最直接的利益冲突情形:资助者利用被资助者在签订资助协议时的劣势地位或者信息的不对称,约定的抽成比例超过正常合理的市场水平,即显失公平。在此种情况下,法院是否有权降低资助协议中约定的抽成比例?实务界有两种观点:

一种观点认为,法院有权降低资助协议中的抽成比例。如澳大利亚埃尔格劳有限公司诉新克瑞斯特矿业有限公司(Earglow Pty Ltd v. Newcrest Mining Ltd)一案中(以下简称 Earglow 案),❶ 原被告双方达成了一项3600万美元的和解协议,根据和解协议中的费用分配计划,被资助者需要支付679万美元给诉讼资助者。在请求法院批准和解协议过程中,❷ 被资助者要求法院批准和解协议但减少支付给资助者的佣金。法官墨菲(Murphy)认为,如果法院认为集体诉讼的和解协议符合集体成员利益、是

---

❶ [2016] FCA 1433.
❷ 澳大利亚集体诉讼施行和解协议法院批准机制。联邦法院《集体诉讼行为指引》规定,集体诉讼的原告律师和诉讼资助者必须在案件第一次听证之前,向法院披露费用和资助协议。但是法院不会审查资助协议,直到双方当事人达成和解协议。《联邦法院法案》第33V条规定:未经法院批准,不得和解或者中止集体诉讼;如对和解协议给予批准,法院可根据和解协议中支付或缴纳费用的分配作出公平的命令。《联邦法院法案》第33ZF条规定:法院可以主动或者应任何一方当事人的申请,作出任何法院认为适当或者必需的命令,以确保法律程序的公正。以上规定使法院能够在和解协议中的法律费用不成比例时,拒绝批准和解协议,迫使当事人接受审判。然而,不明了的是如果法院认为资助协议中的佣金过高能否拒绝批准和解,法院是否有权发布命令拒绝承认资助协议的效力?

公平合理的，但根据分配计划支付给资助者的佣金过多，那么法院的权力并不限于在批准和拒绝和解协议之间作出选择，法院有权在批准和解协议的同时降低资助佣金。❶

另一种观点认为，法院没有权力降低资助协议中的抽成比例。如在澳大利亚法院审理的利物浦市议会诉麦克格雷希尔金融公司（Liverpool City Council v. Mc Graw - Hill Financial Inc）一案中❷，法官李（Lee）认为，资助协议是当事人双方的意思自治合同，法院没有改变当事人之间"有效合同"的权力。

笔者认为，法院有权降低资助协议中的抽成比例。首先，尽管资助协议是双方当事人合意的表现，从尊重当事人意思自治的角度应当予以认可，但法律对当事人意思自治的尊重是建立在真实意思表示、不侵害弱势群体的利益、不损害第三方利益、不违背公序良俗的基础之上的。在第三方诉讼资助中，被资助当事人的弱势地位、信息不对称、能力不对等这些因素，极有可能导致其为了获得资助或者因不了解市场行情而作出错误的意思表示，尤其是在集体诉讼、代表人诉讼中，如何防止代表人和资助者串通损害被代表的广大当事人利益，是第三方诉讼资助中必须关注的问题。其次，授权法院降低资助协议中的抽成比例，也是国际社会的改革趋势。澳大利亚法律改革委员会建议修订《联邦法院法案（1976）》ⅣA部分，规定集体诉讼的第三方资助协议，只有经法院批准才具有可执行力；法院有明确的法定权力拒绝变更

---

❶ Earglow Pty Ltd v. Newcrest Mining Ltd［2016］FCA 1433, para 7.
❷ Liverpool City Council v. McGraw - Hill Financial, Inc（now known as S&P Global Inc）［2018］FCA 1289, para 75.

或修改此类资助协议的条款。❶ 最后，法院有权降低诉讼资助协议中的抽成比例和一定降低抽成比例是有区别的。在 Earglow 案中，尽管墨菲法官认为法院有权修订抽成比例，但考虑到佣金的计算方式（以 26%～30% 的利率计算的 678 万澳元的资助佣金总额），使佣金比率处于"范围的下限"，结合资助总额、资金的提供使诉讼得以开始的事实，以及资助者承担的大量费用和风险等，被资助者支付给资助者的佣金是合理的。

因此，我国在构建利益冲突法院司法审查机制时，应该赋予法院修改资助协议中构成利益冲突条款的权力。但我国法院在行使这一权力时，应仔细审查资助的金额、资助者的法律成本、承担的风险，被资助当事人获得的赔偿数额、诉讼经验以及案件的复杂程度等，综合以上因素作出是否要降低资助协议约定抽成比例的决定。

---

❶ 该建议仅针对集体诉讼，反映了澳大利亚法院在集体诉讼中的监督职责。在集体诉讼中集体成员虽然加入了诉讼，但是他们对资助协议的性质和协议中确定的回报率往往并不确定。授权法院审查、修订、批准资助协议，可以加强法院对资助协议的监管力度，保护集体成员利益免受不利条款的侵害。资助协议的内容包括但不限于：资助者向原告代表提供赔偿的范围和程度、资助者寻求控制诉讼的程度、资助者单方面指示不同原告律师事务所的能力以及争议解决机制适当性等。

结　语

积极回应人民群众新要求新期待，用法治保障人民安居乐业、人格尊严，是司法为民的重要内容。第三方诉讼资助制度帮助当事人支付与诉讼有关的费用以及资助者在败诉后不对投资进行追索的特性，满足了我国当事人分担诉讼费用和转移诉讼风险的新需求，弥补了现有法律援助、律师风险代理、诉讼保险等平行制度的不足，有助于促进当事人诉诸司法、接近正义，符合我国司法为民和"百姓有所呼、司法有所应"的政策导向。

在我国深入推进"一带一路"倡议及深化改革的背景下，国际商事服务贸易不断发展。第三方诉讼资助制度的构建，一方面可以避免我国当事人在国际商事纠纷解决中因资金缺乏、法律知识储备匮乏处于不利地位，另一方面有助于我国国际商事纠纷解决机制和机构的发展。在亚洲周边国家和地区均允许第三方资助的情形下，我国如果继续采取保守政策，可能造成国际商事诉讼案源外流，进而影响与之相关服务业的发展，同时也不利于我国国际商事纠纷解决中心的构建。

在经济全球化的今天,引领全球化的工具和手段不再局限于商品、服务等传统贸易领域和资本流动,还包括制度和文化。如果我们能够抓住历史发展的机遇,在第三方诉讼资助制度蓬勃发展的今天,构建出一套既符合我国国情,又具有国际影响力的第三方诉讼资助制度,对于提升我国法律制度自信、文化自信大有裨益。早在 2017 年我国国际经济贸易仲裁委员会便允许在国际投资仲裁中使用第三方资助。正如香港法律改革委员会第三方资助仲裁小组在第三方资助仲裁咨询文件中所言,有充分法律依据的当事人不应被剥夺通过寻求第三方资助进行申索或者反申索的权利。笔者相信在不久的将来,我国将允许在诉讼、国内仲裁、调解等多元化纠纷解决机制中使用第三方资助制度。希冀本书关于第三方诉讼资助制度的探讨,可为日后我国相关制度的构建提供有益参考。

参考文献

一、中文类参考文献

(一) 著作类

[1] 张卫平、齐树洁主编:《德国民事诉讼法》,丁启明译,厦门大学出版社2016年版。

[2] 《法国新民事诉讼法典》,罗结珍译,法律出版社2008年版。

[3] [美]伯尔曼:《法律与革命》,高鸿钧、张志铭等译,中国大百科全书出版社1993年版。

[4] 常怡主编:《比较民事诉讼法》,中国政法大学出版社2002年版。

[5] 陈光中:《中国古代司法制度》,北京大学出版社2017年版。

[6] 顾培东:《社会冲突与诉讼机制》,法律出版社2004年版。

[7] 冯博:《集体诉讼的功能定位及在反垄断法中的应用》,中国政法大学出版社2019年版。

[8] 高陈：《接近正义：美国纽约州法院司法改革项目研究》，中国政法大学出版社2015年版。

[9] 何勤华主编：《澳大利亚法律发达史》，法律出版社2004年版。

[10] 江伟、邵明、陈刚：《民事诉权研究》，法律出版社2002年版。

[11] 蒋勇：《法律服务的未来》，中国政法大学出版社2019年版。

[12] 李祖军：《民事诉讼目的论》，法律出版社2000年版。

[13] ［德］柯武刚、史漫飞：《制度经济学：社会秩序与公共政策》，韩朝华译，商务印书馆2000年版。

[14] 李建波主编：《中国法律援助制度》，中国检察出版社2004年版。

[15] 廖永安等：《诉讼费用研究：以当事人诉权保护为分析视角》，中国政法大学出版社2000年版。

[16] 刘曼红主编：《风险投资：创新与金融》，中国人民大学出版社1998年版。

[17] 刘敏：《当代中国的民事司法改革》，中国法制出版社2001年版。

[18] 刘思萱：《政策对我国司法裁判的影响：基于民商事审判的实证研究》，中国政法大学出版社2016年版。

[19] ［美］罗伯特·考特、托马斯·尤伦：《法和经济学》，张军等译，上海人民出版社、上海三联书店1994年版。

[20] ［德］马克斯·韦伯：《经济与社会：第一卷》，阎克文译，上海人民出版社2010年版。

［21］［意］莫诺·卡佩莱蒂等：《当事人基本程序保障权与未来的民事诉讼》，徐昕译，法律出版社 2000 年版。

［22］［意］莫诺·卡佩莱蒂等：《福利国家与接近正义》，刘俊祥等译，法律出版社 2000 年版。

［23］［美］诺内特、塞尔兹尼克：《转变中的法律与社会》，张志铭译，中国政法大学出版社 1994 年版。

［24］［日］棚濑孝雄：《纠纷的解决与审判制度》，王亚新译，中国政法大学出版社 1994 年版。

［25］［法］皮埃尔·特鲁仕主编：《法国司法制度》，丁伟译，北京大学出版社 2012 年版。

［26］齐树洁主编：《英国民事司法改革》，北京大学出版社 2004 年版。

［27］深圳前海鼎颂投资有限公司编：《中国"法律 + 资本"创新及探索》，中国法制出版社 2017 年版。

［28］孙笑侠：《法治需求及其动力》，法律出版社 2016 年版。

［29］宋朝武主编：《民事诉讼法学》，中国政法大学出版社 2015 年版。

［30］苏力：《制度是如何形成的》，北京大学出版社 2007 年版。

［31］汤维建等：《民事诉讼法全面修改专题研究》，北京大学出版社 2008 年版。

［32］［日］小岛武司：《诉讼制度改革的法理与实证》，陈刚、郭美松等译，法律出版社 2001 年版。

［33］王亚新：《社会变革中的民事诉讼》，中国法制出版社 2001 年版。

［34］王中伟、冉崇高：《我国诉讼费用制度改革的理论与实务问题研究》，法律出版社 2016 年版。

［35］肖建国：《民事诉讼程序价值论》，中国人民大学出版社 2000 年版。

［36］徐昕：《英国民事诉讼与民事司法改革》，中国政法大学出版社 2002 年版。

［37］徐昕：《英国民事诉讼规则》，中国法制出版社 2001 年版。

［38］许章润、徐平编：《法律：理性与历史：澳大利亚的理念、制度和实践》，中国法制出版社 2000 年版。

［39］杨良宜：《国际商务仲裁》，中国政法大学出版社 1997 年版。

［40］杨良宜、莫世杰、杨大明：《仲裁法：从 1996 年英国仲裁法到国际商务仲裁》，法律出版社 2006 年版。

［41］游劝荣：《法治成本分析》，法律出版社 2005 年版。

［42］张进德：《司法文明与程序正义》，中国政法大学出版社 2015 年版。

［43］张晋藩：《中国古代民事诉讼制度》，中国法制出版社 2018 年版。

［44］张文显：《二十世纪西方法哲学思潮研究》，法律出版社 1996 年版。

［45］张卫平：《民事诉讼的逻辑》，法律出版社 2015 年版。

［46］张卫平、陈刚：《法国民事诉讼法导论》，中国政法大学出版社 1997 年版。

［47］张卫平等：《司法改革：分析与展开》，法律出版社

2003年版。

[48] 钟瑞华：《消费者权益及其保护新论》，中国社会科学出版社2018年版。

[49] 赵旭东、董少谋：《港澳台民事诉讼法论要》，厦门大学出版社2008年版。

[50] 卓泽渊：《法的价值论》，法律出版社1999年版。

（二）论文类

[51] 曹逸群：《我国诉讼融资基金的发展现状及建议：以多盟诉讼融资基金为例》，载《现代商贸工业》2020年第12期。

[52] 蔡伟：《国际商事法庭：制度比较、规则冲突与构建路径》，载《环球法律评论》2018年第5期。

[53] 陈桂明：《再审事由应当如何确定：兼评2007年民事诉讼法修改之得失》，载《法学家》2007第6期。

[54] 陈瑞华：《法官员额制改革的理论反思》，载《法学家》2018年第3期。

[55] 陈卫佐：《〈民法总则〉中的民事法律行为：基于法律行为学说的比较法分析》，载《比较法研究》2017年第4期。

[56] 陈文婧：《商业第三方资助诉讼的中国实践及域外经验借鉴》，载《商业研究》2019年第4期。

[57] 邓建鹏：《健讼与息讼：中国传统诉讼文化的矛盾解析》，载《清华法学》2004年第1期。

[58] 范冰仪：《论国际投资仲裁中第三方资助披露问题》，载《国际商务研究》2020年第2期。

[59] 樊崇义：《中国法律援助制度的建构与展望》，载《中国法律评论》2017年第6期。

［60］范愉：《小额诉讼程序研究》，载《中国社会科学》2001年第3期。

［61］方流芳：《民事诉讼收费考》，载《中国社会科学》1999年第3期。

［62］符望：《从"接近正义"到"司法为民"》，载《上海政法学院学报》2005年第2期。

［63］傅郁林：《诉讼费用的性质与诉讼成本的承担》，载《北大法律评论》2001年第1期。

［64］谷浩、林玉芳：《中国国际商事法庭构建初探》，载《大连海事大学学报（社会科学版）》2018年第4期。

［65］郭华春：《第三方资助国际投资仲裁之滥诉风险与防治》，载《国际经济法学刊》2014年第2期。

［66］郭星华：《无讼、厌讼与抑讼：对中国传统诉讼文化的法社会学分析》，载《学术月刊》2014年第9期。

［67］贺海仁：《法律援助：政府责任与律师义务》，载《环球法律评论》2005年第6期。

［68］何文燕、曾琼：《论民事诉讼当事人的处分权：人权保障的另一视角》，载《湘潭大学学报（哲学社会科学版）》2006第1期。

［69］侯怀霞、荆秋：《律师风险代理制度的完善》，载《法治论丛（上海政法学院学报）》2007年第6期。

［70］侯鹏：《第三方出资机制的二元监管模式》，载《法学评论》2019年第3期。

［71］侯鹏：《商事仲裁中的第三方出资及其规制》，载《国际法研究》2018年第5期。

［72］胡铭、王廷婷：《法律援助的中国模式及其改革》，载《浙江大学学报（人文社会科学版）》2017年第2期。

［73］胡旭晟：《中国传统诉讼文化的价值取向》，载《中西法律传统》2002年第2期。

［74］黄斌、李辉东：《英国法律援助制度改革及其借鉴意义：以〈1999年接近正义法〉为中心》，载《诉讼法论丛》2005年第10卷。

［75］黄东东：《民事法律援助范围立法之完善》，载《法商研究》2020年第3期。

［76］黄鹂：《域外第三人诉讼资助制度的发展》，载《理论界》2016年第10期。

［77］黄晓丰、周静：《西方国家民事诉讼融资的影响及规范》，载《内蒙古大学学报（哲学社会科学版）》2012年第5期。

［78］江必新：《论司法为民的内涵及其实践》，载《人民司法》2005年第3期。

［79］纪格非：《功能论视角下任意诉讼担当的类型研究》，载《东方法学》2020年第2期。

［80］蒋银华：《司法改革的人权之维：以"诉讼爆炸"为视角的分析》，载《法学评论》2015年第6期。

［81］李本森：《本月焦点：律师管理路在何方？——律师执业中的利益冲突立法及完善》，载《中国律师》2001年第4期。

［82］李浩：《民事程序选择权：法理分析与制度完善》，载《中国法学》2007第6期。

［83］李欢：《第三方诉讼融资：域外实践与我国的引入》，

载《市场周刊》2018年第9期。

[84] 梁尚秋：《浅议风险代理收费制度：以案件适用类型为视角》，载《知识经济》2016年第3期。

[85] 罗筱琦：《诉讼保险制度再探》，载《现代法学》2006年第4期。

[86] 廖永安：《论民事诉讼费用的性质与征收依据》，载《政法论坛》2003第5期。

[87] 廖永安：《〈诉讼费用交纳办法〉之检讨》，载《法商研究》2008第2期。

[88] 廖永安、段明：《民事诉讼费用交纳标准的设定原理与完善建议》，载《烟台大学学报（哲学社会科学版）》2017年第5期。

[89] 廖中洪：《小额诉讼救济机制比较研究：兼评新修改的〈民事诉讼法〉有关小额诉讼一审终审制的规定》，载《现代法学》2012第5期。

[90] 林静：《法律援助的现状与存在问题：基于对法律援助工作者的实证研究》，载《浙大法律评论》2017年第4卷。

[91] 刘斌：《从法官"离职"现象看法官员额制改革的制度逻辑》，载《法学》2015年第10期。

[92] 刘根菊：《法律援助制度的几个问题》，载《政法论坛》2001年第1期。

[93] 刘君博：《财产保全责任险保费承担机制研究》，载《法学杂志》2020年第6期。

[94] 刘云江：《国际仲裁中第三方资助方管辖权问题分析及应对》，载《人民论坛·学术前沿》2020年第13期。

[95] 李萌:《论我国民事诉讼代理的职业化》,载《东方法学》2015年第1期。

[96] 罗筱琦:《诉讼保险制度再探》,载《现代法学》2006年第4期。

[97] 毛新述、孟杰:《内部控制与诉讼风险》,载《管理世界》2013年第11期。

[98] 彭锡华:《法律援助的国家责任:从国际人权法的视角考察》,载《法学评论》2006年第3期。

[99] 齐树洁、周一颜:《司法改革与接近正义:写在民事诉讼法修改之后》,载《黑龙江省政法管理干部学院学报》2013年第1期。

[100] 宋四辈、王锦:《中国古代非必要诉讼研究:"厌讼"观反思》,载《湘潭大学学报(哲学社会科学版)》2010年第6期。

[101] 宋锡祥、吴瑶芬:《国际商事仲裁第三方资助利益冲突的合理规制及其借鉴意义》,载《海峡法学》2018年第2期。

[102] 孙佑海:《对修改后的〈民事诉讼法〉中公益诉讼制度的理解》,载《法学杂志》2012第12期。

[103] 谈晨逸:《第三方资助仲裁对仲裁员独立性的挑战与防范》,载《国际商务研究》2019年第1期。

[104] 唐琼琼:《第三方资助纠纷解决规制模式的国际经验及思考》,载《上海财经大学学报》2018年第6期。

[105] 王超:《商事仲裁第三方资助的制度构建》,载《国际商务研究》2019第4期。

[106] 王福华:《代表人诉讼中的利益诉求》,载《法学》

2006 年第 6 期。

［107］王福华：《论民事司法成本的分担》，载《中国社会科学》2016 年第 2 期。

［108］瓮洪洪：《接近正义与知识产权诉讼第三方资助》，载《知识产权》2018 年第 5 期。

［109］王建华：《关于实现法律援助服务到位的几点思考》，载《中国司法》2020 年第 12 期。

［110］王进喜：《风险代理收费：制度理论与在中国的实践》，载《中国司法》2005 年第 11 期。

［111］王彦超、游鸿、樊帅：《法律诉讼与资本市场：实证研究综述》，载《中央财经大学学报》2017 年第 10 期。

［112］王彦超、姜国华、辛清泉：《诉讼风险、法制环境与债务成本》，载《会计研究》2016 年第 6 期。

［113］王亚新：《诉讼费用与司法改革〈诉讼费用交纳办法〉施行后的一个"中期"考察》，载《法律适用》2008 年第 6 期。

［114］文华良：《诉讼保险的历史沿革及发展研究》，载《中国保险》2019 第 3 期。

［115］吴洪淇：《司法改革转型期的失序困境及其克服：以司法员额制和司法责任制为考察对象》，载《四川大学学报（哲学社会科学版）》2017 年第 3 期。

［116］吴维锭：《诉讼中的第三方资助协议研究：域外经验与中国选择》，载《时代法学》2019 年第 2 期。

［117］肖芳：《国际投资仲裁第三方资助的规制困境与出路：以国际投资仲裁"正当性危机"及其改革为背景》，载《政

法论坛》2017 年第 6 期。

[118] 薛源、程雁群：《以国际商事法庭为核心的我国"一站式"国际商事纠纷解决机制建设》，载《政法论丛》2020 年第 1 期。

[119] 杨柳：《〈民事诉讼法〉执行篇修改的实践价值与制度创新》，载《法律适用》2008 第 1 期。

[120] 尤陈俊：《"厌讼"幻象之下的"健讼"实相？——重思明清中国的诉讼与社会》，载《中外法学》2012 年第 4 期。

[121] 张光磊：《第三方诉讼融资：通往司法救济的商业化路径》，载《中国政法大学学报》2016 年第 3 期。

[122] 张进德：《西方的接近正义运动与中国民事诉讼改革：以 2012 年〈民事诉讼法〉的修订为中心》，载《法治研究》2014 年第 5 期。

[123] 张亮、杨子希：《第三方资助国际仲裁的费用担保问题研究》，载《国际经济法学刊》2020 年第 2 期。

[124] 张卫平：《民事诉讼法比较研究方法论：对民事诉讼法比较研究中若干关联因素的思考与分析》，载《国家检察官学院学报》2019 年第 6 期。

[125] 张卫平：《中国民事诉讼法立法四十年》，载《法学》2018 年第 7 期。

[126] 张晓萍：《论国际商事仲裁第三方资助信息披露机制》，载《国际经济法学刊》2021 年第 2 期。

[127] 张晓萍：《论国际仲裁第三方资助费用担保中的资金困难》，载《国际商务研究》2021 年第 2 期。

[128] 张晓薇：《接近正义与诉讼保险制度研究》，载《河

北法学》2004 年第 10 期。

[129] 张晓薇、牛振宇：《德国诉讼费用制度研究》，载《当代法学》2003 年第 11 期。

[130] 张洋：《"一带一路"背景下第三方资助国际仲裁之披露规则》，载《石河子大学学报（哲学社会科学版）》2020 年第 2 期。

[131] 郑若颖：《我国诉讼保险制度构建探析》，载《行政与法》2014 第 2 期。

[132] 左卫民：《十字路口的中国司法改革：反思与前瞻》，载《现代法学》2008 第 6 期。

[133] 左卫民：《"诉讼爆炸"的中国应对：基于 W 区法院近三十年审判实践的实证分析》，载《中国法学》2018 年第 4 期。

[134] 左卫民、朱桐辉：《公民诉讼权：宪法与司法保障研究》，载《法学》2001 年第 4 期。

[135] 赵钢、朱建敏：《关于完善我国司法救助制度的几个基本问题：以修订〈民事诉讼法〉为背景所进行的探讨》，载《中国法学》2005 年第 3 期。

[136] 周清华、程斌：《第三方资助下仲裁员潜在利益冲突披露的体系建构》，载《中国海商法研究》2018 年第 4 期。

[137] 周艳云、周忠学：《第三方资助国际商事仲裁中受资方披露义务的规制：基于"一带一路"视阈》，载《广西社会科学》2018 年第 2 期。

（三）学位论文

[138] 程雪梅：《第三方诉讼融资制度研究》，西南政法大

学 2014 年博士学位论文。

［139］董暧：《国际投资仲裁中的第三方资助问题研究》，对外经济贸易大学 2020 年博士学位论文。

［140］段传龙：《作为共治主体的行业协会发展研究》，西南政法大学 2019 年博士学位论文。

［141］吕慧娜：《我国国家区域援助制度法律研究》，华东政法大学 2020 年博士学位论文。

［142］文华良：《诉讼保险制度研究》，西南政法大学 2015 年博士学位论文。

［143］杨婷：《民事诉讼成本控制研究》，中南财经政法大学 2018 年博士学位论文。

［144］殷勇：《民事诉讼成本分析及控制研究》，武汉理工大学 2011 年博士学位论文。

二、外文类参考文献

（一）著作类

［1］Anselmo Reyes, Weixia Gu, *The Developing World of Arbitration a Comparative Study of Arbitration Reform in the Asia Pacific*, Hart Publishing, 2018.

［2］Adam Smith, *An Inquiry into the Nature and Causes of the Wealth of Nations*, Cannan, 2007.

［3］Bishop Stubbs, *Constitutional History of England*, Oxford Clarendon Press, 1880.

［4］Mathias Reimann, *Cost and Fee Allocation in Civil Procedure*, Springer, 2011.

[5] Christopher Hodges Stefan Vogenauer, Magdalena Tulibacka, *The Costs and Funding of Civil Litigation a Comparative Perspective*, Hart Publishing Ltd, 2010.

[6] Clyde Croft, Christopher Kee, Jeffrey Waincymer, *A Guide to the UNCITRAL Arbitration Rules*, Cambridge University Press, 2013.

[7] D. Grave, K. Adams, J. Betts, *Class Actions in Australia*, 2nd ed, Thomson Reuters, 2012.

[8] D. Ricardo, *On the Principles of Political Economy and Taxation*, Murray, 1817.

[9] Daniel Sharma, Germany, Leslie Perrin, *Third-Party Litigation Funding Law Review*, 1st ed, Law Business Research Ltd, 2017.

[10] Francesco Francino, *Access to Justice as a Human Right*, Oxford University Press, 2007.

[11] B. Garth, J. Weisner, K. F. Koch, *Access to Justice*, Sijthoff and Noordhoff, 1978.

[12] Gian Marco Solas, *Third Party Funding Law, Economics, and Policy*, Cambridge University Press, 2019.

[13] Hodges, Christopher, Stefan Vogenauer, Magdalena Tulibacka, eds., *The Costs and Funding of Civil Litigation: A Comparative Perspective*, Bloomsbury Publishing, 2010.

[14] P. Fenn, N. Rickman, *The Empirical Analysis of Litigation Funding: New Trends in Financing Civil Litigation in Europe: A Legal, Empirical and Economic Analysis*, Cheltenham, Edward Elgar

Publishing Ltd, 2010.

[15] ICC International Chamber of Commerce, *Third Party Funding in International Arbitration*, Kluwer Law International, 2019.

[16] John Peysner, *Access to Justice a Critical Analysis of Recoverable Conditional Fees and No-Win No-Fee Funding*, Palgrave Macmillan, 2014.

[17] Jonasvon Goeler, *Third Party Funding in International Arbitration and its Impact on Procedure*, Kluwer Law International, 2019.

[18] Kyriaki Noussia, *Confidentiality in International Commercial Arbitration: A Comparative Analysis of the Position under English, US, German and French Law*, Springer, 2010.

[19] La doptee on suivante a été adoptée à la séance du Conseil de l'Ordre du 21 février 2017.

[20] Law Business Research Ltd, *Third - Party Funding Litigation Funding Law Review*, 1st ed, Gideon Roberton, 2017.

[21] Law Business Research Ltd, *Third - Party Funding Litigation Funding Law Review*, 2nd ed, Gideon Roberton, 2018.

[22] Law Business Research Ltd, *Third - Party Funding Litigation Funding Law Review*, 3rd ed, Gideon Roberton, 2019.

[23] Lord Justice Jackson, *Review of Civil Litigation Costs: Final Report*, Tso Information & Publishing Solutions, 2010.

[24] Margaret L. Moses, *The Principles and Practice of International Commercial Arbitration*, Cambridge University Press, 2008.

[25] Matti S. Kurkel, *Due Process in International Commercial Arbitration*, 2nd ed, Oxford University Press, 2009.

[26] Max Volsky, *Investing in Justice: An Introduction to Legal Finance, Lawsuit Advances and Litigation Funding*, 1st ed, The Legal Finance Journal, 2013.

[27] Neil Andrew, *The Three Paths of Justice Court Proceedings, Arbitration, and Mediation in England*, 2nd ed, Springer, 2018.

[28] Nick Rowles-Davies, *Third Party Funding*, Oxford University Press, 2014.

[29] Philip Vasquez, *Third Party Litigation Funding an Introduction, History and Snapshot for Professionals*, Independently Published, 2015.

[30] D. L. Rhode, *Access to Justice*, Oxford University Press, 2004.

[31] Roni Elias, *Litigation Finance: Funding the Pursuit of Justice, LawSuit Funding, Legal Funding*, Town Center Partners LLC, 2019.

[32] Selvyn Seidel, *Snapshot: Contemporary Litigation Finance*, Lambert Academic Publishing, 2019.

[33] Steven Friel, Jonathan Barnes, *Litigation Funding* 2020, Law Business Research Ltd, 2020.

[34] John Baker, *The Oxford History of the Laws of England*, Oxford University Press, 2003.

[35] Wayne J. Attrill, *The Future of Dispute Resolution*, 2nd ed, Lexis Nexis Butterworths Australia, 2012.

[36] Won L. Kidane, *The Culture of International Aribitration*, Oxford University Press, 2017.

(二) 论文类

[37] Andrew Watson, Michael Donelly, Financing Access to Justice: Third Party Litigation Funding and Class Action in Australia, *Canadian Business Law Journal*, Vol. 55, 2021.

[38] Aren Goldsmith, Third – Party Funding in International Dispute Resolution, *International Law Practiun*, Vol. 25: 2, 2012.

[39] R. Avraham, A. Wickelgren, Third – Party Litigation Funding A Signaling Model, *DePaul Law Review*, Vol. 63, 2013.

[40] G. R. Barker, Third – Party Litigation Funding in Australia and Europe, *The Journal of Law, Economics & Policy*, Vol. 8, 2011.

[41] Bernard Murphy, Camille Cameron, Access to Justic and the Evolution of Class Action Litigation Funding in Australia, *Melbourne University Law Review*, Vol. 30, 2006.

[42] M. Cappelletti, B. Garth, Access to Justice: The Newest Wave in the World Wide Movement to Make Rights Effective, *Buffalo. Law Review*, Vol. 27, 1977.

[43] C. Cameron, J. Kalajdzic, Commercial Litigation Funding: Ethical, Regulatory and Comparative Perspectives, *Canadian Business Law Journal*, Vol. 55: 1, 2014.

[44] N. K. Chipi, Eat Your Vitamins and Say Your Prayers: Bollea v. Gawker, Revenge Litigation Funding, and the Fate of the Fourth Estate, *Unversity of Law Review*, Vol. 72: 1, 2017.

[45] N. Darwazeh, A. Leleu, Disclosure and Security for Costs

or How to Address Imbalances Created by Third – Party Funding, *Journal of International Arbitration*, Vol. 33：2, 2016.

[46] A. F. Daughety, J. F. Reinganum, The Effect of Third – Party Funding of Plaintiffs on Settlement, *American Economic Review*, Vol. 104：8, 2014.

[47] Dietsch N., Litigation Financing in the US, the UK, and Australia：How the Industry has Evolved in Three Countries, *Northern Kentucky Law Review*, Vol. 38：4, 2011.

[48] M. Duffy, Two's Company, Three's a Crowd：Regulating Third – Party Litigation Funding, Claimant Protection in the Tripartite Contract, and the Lens of Theory, *UNSW Law Review*, Vol. 39：1, 2016.

[49] V. Frignati, Ethical Implications of Third – Party Funding in International Arbitration, *Arbitration International*, Vol. 32, 2016.

[50] D. R. Hensler, The Future of Mass Litigation：Global Class Actions and Third – Party Litigation Funding, *George Washington Law Review*. Vol. 79, 2010.

[51] J. Kalajdzic, P. Cashman, A. Longmoore, Justice for Profit：A Comparative Analysis of Australian, Canadian and U. S. Third Party Litigation Funding, *The American Journal of Comparative Law*, Vol. 61：2, 2013.

[52] W. Kirtley, K. Wietrzykowski, Should an Arbitral Tribunal Order Security for Costs When an Impecunious Claimant is Relying upon Third – Party Funding?, *Journal of International Arbitration*, Vol. 30：1, 2013.

[53] M. De Morpurgo, A Comparative Legal and Economic Approach to Third-Party Litigation Funding, *The American Journal of Comparative Law*, Vol. 61: 1, 2013.

[54] J. Eyers, Regulate Litigation Funders, *Judge Urges Australian Financial Review*, Issue. 3, 2011.

[55] J. Joseph, Stroble, Laura Welikson, Third-Party Litigation Funding: A Review of Recent Industry Developments, *Defense Counsel Journal*, Vol. 87: 1, 2020.

[56] J. Lyon, Revolution in progress: Third-Party Funding of American Litigation, *UCLA Law Review*, Vol. 58, 2010.

[57] J. H. McLaughlin, Litigation funding: Charting a Legal and Ethical Course, *Vermont Law Review*, Vol. 31, 2006.

[58] D. James, Jr. Dana, Kathryn E. Spier, Expertise and Contingent Fees: The Role of Asymmetric Information in Attorney Compensation, *The Journal of Law & Organization*, Vol. 9, 1993.

[59] T. Jonathan Molot, Litigation Finance: A Market Solution to a Procedural Problem, *Georgetown Law Journal*, Vol. 99, 2010.

[60] Julie-Anne Tarr, Dr A. J. George, Third-Party Litigation Funding in Australia: More External Regulation and/or Enhanced Judicial Supervision?, *Company and Securities Law Journal*, Vol. 36: 3, 2018.

[61] M. Radin, Maintenance by Champerty, *California Law Review*, Vol. 24: 1, 1935.

[62] M. Steinitz, Whose Claim is This Anyway? Third Party Litigation Funding, *Minnesota Law Review*, Vol. 95: 4, 2011.

[63] Marco de Morpurgo, A Comparative Legal and Economic Approach to Third – Party Litigation Funding, *Cardozo Journal of International and Comparative Law*, Issue. 19, 2011.

[64] Maya Steinitz, Abigail C. Field, A Model Litigation Finance Contract, *Iowa Law Review*, Vol. 99, 2014.

[65] Maya Steinitz, How Much is that Lawsuit in the Window? Pricing Legal Claims, *Vanderbilt Law Review*, Vol. 66: 6, 2013.

[66] Michael Legg, Edmond Park, Nicholas Turner, Louvisa Travers, The Rise and Regulation of Litigation Funding in Australia, *Northern Kentucky Law Review*, Vol. 38, 2011.

[67] Michael Legg, Louisa Travers, Edmond Park, Nicholas Turner, Litigation Funding in Australia, *University of New South Wales Law Journal*, Vol. 12, 2010.

[68] Michael Legg, Shareholder Class Actions in Australia—The Perfect Storm?, *University of New South Wales Law Journal*, Vol. 31: 3, 2008.

[69] Michael Legg, Louisa Travers, Necessity is the Mother of Invention: The Adoption of Third – Party Litigation Funding and the Closed Class in Australian Class Actions, *Common Law World Review*, Vol. 38: 3, 2009.

[70] Olivier Marquais, Alain Grec, Do's and Don's of Regulating Third – Party Litigation Funding: Singapore vs. France, *Asian International Arbitration Journal*, Vol. 16: 2, 2020.

[71] Philip Ells, Third Party Funding: Self – Regulation in the UK, *New Vistas*, Vol. 5: 2, 2019.

[72] D. R. Richmond, Other People's Money: The Ethics of Litigation Funding, *Mercer Law Review*, Vol. 56, 2004.

[73] D. L. Rhode, Access to Justice, *Fordham Law Review*, Vol. 69, 2000.

[74] Mariel Rodak, It's about Time: A Systems Thinking Analysis of the Litigation Finance Industry and its Effect on Settlements, *Unversity of Pennsylvania Law Review*, Vol. 155: 2, 2006.

[75] C. Silver, Litigation Funding versus Liability Insurance: What's the Difference, *DePaul Law Review*, Vol. 63, 2013.

[76] Susan Lorde Martin, Litigation Financing: Another Subprime Industry that has a Place in the United States Market, *Villanova Law Review*, Vol. 53, 2008.

[77] G. Swan, Economics and The Litigation Funding Industry: How Much Justice Can You Afford?, *New England Law Review*, Vol. 35, 2000.

[78] R. D. Thrasher, Expansive Disclosure: Regulating Third-Party Funding for Future Analysis and Reform, *Boston College Law Review*, Vol. 59, 2018.

[79] J. A. Trusz, Full Disclosure: Conflicts of Interest Arising from Third-Party Funding in International Commercial Arbitration, *Georgrtowm Law Journal*, Vol. 101, 2012.

[80] Victoria A. Shannon, Harmonizing Third-Party Litigation Funding Regulation, *Cardozo Law Review*, Vol. 36, 2015.

[81] Victoria A. Shannon, Recent Developments in Third-Party Funding, *Journal of International Arbitration*, Vol. 30: 4, 2013.

[82] Victoria A. Shannon, Third – Party Litigation Funding and the Dodd – Frank Act, *The Tennessee Journal of Business Law*, Vol. 16, 2014.

[83] Victoria Shannon, Sahani, Judging Third – Party Funding, *UCLA Law Review*, Vol. 388, 2016.

[84] K. White, A Call for Regulating Third – Party Divorce Litigation Funding, *Journal of Law & Family Studies*, Vol. 13, 2011.

(三) 报告类

[85] Australian Law Reform Commission, *The Future of Law Reform: A Suggested Program of Work 2020 – 2025*, December 2019.

[86] Australian Law Reform Commission, *Inquiry into Class Action Proceedings and Third – Party Litigation Funders Discussion Paper*, June 2018.

[87] Australian Law Reform Commission, *Integrity, Fairness and Efficiency—An Inquiry into Class Action Proceedings and Third – Party Litigation Funders*, ALRC Report 134, December 2018.

[88] Chrispher Hodges, John Peysner, Angus Nurs, *Litigation Funding: Status and Issues*, January 2012.

[89] Dr Warren Mundy, Submission to the Victorian Law reform Commission, *Access to Justice—Litigation Funding and Group Proceedings*, September 2017.

[90] Law Council of Australia, *Regulation of Third Party Litigation Funding in Australia Position Paper*, June 2011.

[91] Law Council of Australia, *Litigation Funding and the Regulation of the Class Action Industry*: *Parliamentary Joint Committee on Corporations and Financial Services*, June 2020.

[92] U. S. Chamber Institute for Legal Reform, *Litigation Funding in Australia Identifying and Addressing Conflicts of Interest for Lawyers*, February 2012.

[93] Michael Legg, Louisa Travers, Edmond Park, Nicholas Turner, *Litigation Funding in Australia*, 2010 Annual Civil Litigation One Day Seminar, March 2010.

[94] Michael Napier, Peter Hurst, Richard Moorhead et al, *Improved Access to Justice—Funding Options & Proportionate Costs*, June 2007.

[95] Productivity Commission, *Access to Justice Arrangements*: *Overview*, Inquiry Report No. 72, September 2014.

[96] *Proposals for the Reform of the Law Relating to Maintenance and Champerty*, Report NO. 7, 1966.

[97] Report of the ICCA – Queen Mary, *Task Force on Third - Party Funding in International Arbitration*, The ICCA Reports No. 4, 2018.

[98] Lord Justice Jackson, *Review of Civil Litigation Costs*: *Preliminary Report*, December 2009.

[99] Sundaresh Menon, *International Commercial Courts*: *Towards a Transnational System of Dispute Resolution*, Opening Lecture for the DIFC Courts Lecture Series 2015, Dubai, 2015.

[100] U. S. Chamber Institute for Legal Reform, *Third - Party*

Litigation Financing in Australia: Class Action, Conflicts and Controversy, October 2013.

［101］Victorian Law Reform Commission, *Access to Justice—Litigation Funding and Group Proceedings Consultation Paper*, July 2017.

［102］Victorian Law Reform Commission, *Access to Justice—Litigation Funding and Group Proceedings Report*, March 2018.

［103］Victorian Law Reform Commission, *Civil Justice Review Report*, 2008.

［104］Victorian Law Reform Commission, *Litigation Funding and Group Proceedings Consultation Paper*, October 2017.

［105］Wayne Attrill IMF (Australia) Ltd, *The Regulation of Conflicts of Interest in Australian Litigation Funding*, Paper Prepared for the UNSW Class Actions: Securities and Investor Cases Seminar Sydney, August 2013.

［106］The Right Honourable the Lord Woolf, *Access to Justice: Final Report*, July 1996.

［107］Dan Packel, *Litigation Funders Unite to Form Global Advocacy Group*, The American Lawyer, September 2020.

（四）案例类

［108］Arkin *v.* Borchard Lines Ltd ［2005］EWCA Civ. 655.

［109］Brookfield Multiplex Limited *v.* International Litigation Funding Partners Pte Ltd (NO. 2) ［2009］FCAFC.

［110］Campbells Cash and Carry *v.* Fostif ［2006］HCA 41.

［111］Clairs Keeley (A Firm) *v.* Treacy［2003］28 WAR.

[112] Davey v. Money & Anor [2019] EWHC 997 (Ch).

[113] Findon v. Parker [1843] 11 M & W 675, 682-683; 152 ER 976, 979.

[114] Fostif v. Campbells Cash and Carry [2005] 63 NSWLR 203.

[115] Gladstone Ports Corporation Limited v. Murphy Operator Pty Ltd & Ors [2020] QCA 250.

[116] Hamilton Capital VII LLC v. Khorrami LLP, 48 Misc 3d 1223(A), 9 (NY Supreme Court 2015).

[117] Hamilton v. Al-Fayed (No.2) [2003] QB 1175.

[118] Hill v. Archbold [1968] 1 QB 686 (CA).

[119] International Litigation Partners Pte Ltd v. Chameleon Mining NL (Receivers and Managers Appointed) [2012] HCA 45.

[120] Jeffery & Katauskas Pty Ltd v. SST Consulting Pty Ltd [2009] 239 CLR 75.

[121] Keelhall Pty Ltd t/as "Foodtown Dalmeny" v. IGA Distribution Pty Ltd [2003] 54.

[122] Kirby v. Centro [2008] FCA 1505.

[123] Mobil Oil Australia Pty Ltd v. Trendlen Pty Ltd [2006] HCA 42.

[124] QPSX Ltd v. Ericsson Australia Pty Ltd [2005] FCA 933.

[125] Re Trepca Mines (No 2) [1963] 1 Ch 199.

[126] Turner v. Tesa Mining (NSW) Pty Ltd [2019] FCA 1644.

[127] Wild v. Simpson [1919] 2 KB 544.

（五）法律法规

[128] Criminal Law Act 1967.

[129] ABA Commission on Ethics 20/20, White Paper on ALF filed with the House of Delegates.

[130] Abolition of Obsolete Offences Act 1969.

[131] American Bar Association Best Practices for Third – Party Litigation Funding dated August 2020.

[132] ASIC Corporations (Litigation Funding Schemes) Instrument 2020/787.

[133] ASIC Regulatory Guide 248: Litigation Schemes and Proof of Debt Schemes: Managing Conflicts of Interest.

[134] Australian Securities and Investment Commission, ASIC Class Order CO 10/333 – Funded Representative Proceedings and Funded Proof of Debt Arrangements.

[135] Australian Securities and Investments Commission, ASIC Class Order, CO 11/555, 23 June 2011.

[136] Civil Law (Wrongs) Act 2002, s. 221 (ACT).

[137] Corporations Amendment (Litigation Funding) Regulations 2020.

[138] Criminal Law Consolidation Act 1935.

[139] Dubai Int'l Fin. Ctr. Practice Direction No. 2 of 2017 on Third Party Funding.

[140] Explanatory Statement Issued by Authority of the Treasurer Corporations Act 2001.

[141] Federal Court of Australia, Practice Note CM 17—Representative Proceedings Commenced under Part IV A of the Federal Court of Australia Act 1976.

[142] Incorporated into English Domestic Law under the Human Rights Act 1988.

[143] Legal Aid and Advice Act 1949.

[144] Legal Profession (Professional Conduct) (Amendment) Rules 2017.

[145] Litigation Funding Corporations Amendment Regulation 2012 (No. 6).

[146] Maintenance, Champerty and Barratry Abolition Act 1993 (NSW).

[147] Solicitors Act 1974.

[148] Solicitors' Code of Conduct 2007.

[149] Wrongs Act 1958 (Vic).

[150] Crimes Act 1958 (Vic).